ON S'EST DÉJÀ VU QUELQUE PART ?

Nuala O'Faolain est née à Dublin en 1940. Après des études de littérature et divers métiers, elle est devenue productrice de télévision puis journaliste, à Londres d'abord pour la BBC, puis à Dublin. Elle a révélé en 1996 son talent d'écrivain avec *On s'est déjà vu quelque part ?*, récit autobiographique qui, à l'origine, devait être une simple préface à l'édition de ses chroniques dans l'*Irish Times*. Le succès de ce livre et le phénomène d'identification qu'il a suscité auprès de toute une génération de femmes a changé sa vie, qu'elle a alors consacrée à l'écriture. Nuala O'Faolain est décédée en 2008 à Dublin.

Paru au Livre de Poche :

Best Love Rosie

Ce regard en arrière

Chimères

L'Histoire de Chicago May

J'y suis presque

NUALA O'FAOLAIN

On s'est déjà vu quelque part ?

Les Mémoires accidentels d'une femme de Dublin

TRADUIT DE L'ANGLAIS (IRLANDE)
PAR JULIA SCHMIDT ET VALÉRIE LERMITE

SABINE WESPIESER ÉDITEUR

Titre original :

ARE YOU SOMEBODY?
THE ACCIDENTAL MEMOIR OF A DUBLIN WOMAN
Paru chez New Island Books à Dublin en 1996.

ISBN : 978-2-253-93438-7 – 1re publication LGF

INTRODUCTION

Je suis née dans un Dublin qui ressemblait beaucoup plus à une ville d'un autre siècle qu'à la ville d'aujourd'hui. Nous étions neuf enfants quand neuf enfants n'étaient même pas considérés comme une famille nombreuse, au beau milieu de cette foule grouillante d'Irlandais sans le sou, anonymes. J'étais l'Irlandaise type : une pas grand-chose, issue d'une longue lignée de pas grand-chose, de ceux qui ne laissent pas de traces. Dans un pays catholique conservateur qui avait peur de la sexualité et qui m'interdisait même d'avoir des informations sur mon corps, je pouvais m'attendre – en tant que fille, en tant que femme – à rencontrer des difficultés dans l'existence. Mais au moins – c'est ce qu'on disait alors – je n'aurais pas la lourde charge d'avoir à gagner ma vie. Un homme finirait bien par m'épouser et par me garder.

Mais les gens typiques n'existent pas. Et les lieux ne sont pas immuables. Le monde a changé autour de l'Irlande, l'Irlande elle-même a changé, et j'étais destinée à être aussi bien actrice de ces changements que bénéficiaire. Cela, je ne l'ai pas vu avant d'écrire mon histoire. J'étais enfermée dans les expériences de ma petite vie à moi. La plupart du temps, je passais aveuglément d'un jour à l'autre, et ce que je faisais pouvait paraître assez banal : grandir à la campagne, réussir ma scolarité, tomber amoureuse, découvrir le désir, étudier, travailler, voyager, être en bonne santé ou malade, être heureuse ou malheureuse. Mais, moi, j'avais l'impression d'être dans un état d'attente perpétuelle. Je ne me suis jamais retournée pour me regarder ou pour regarder ce que j'avais fait. À mes yeux, je n'avais pas assez de valeur, je ne me prenais pas assez au sérieux pour me demander ne serait-ce qu'en mon for intérieur si mon existence avait une quelconque structure, une signification. Je trouvais naturel de n'être qu'un accident, comme la plupart des millions de gens qui naissent et qui meurent sur cette planète. Je n'avais pas de raison d'être.

Pourtant, la vie brûlait en moi. Même telle qu'elle était, elle était la seule trace que je laisserais, elle était ma seule création, et quelque chose en moi n'acceptait pas qu'elle fût insignifiante. Quelque chose en moi attendait de se rebeller, d'exiger d'être pris en compte. Car finalement, dès qu'une opportunité de parler de moi s'est présentée, je l'ai saisie. De toute manière, je suis seule, me suis-je dit. Qu'ai-je à perdre ? J'avais besoin de parler. J'avais besoin de hurler.

Passé la quarantaine, de retour dans le Dublin de ma naissance, j'ai commencé à travailler en tant que chroniqueuse pour le journal le plus respecté du pays, The Irish Times. C'était merveilleux et assez inattendu d'avoir ce job. Jusque-là, l'idée même d'une Irlandaise chroniqueuse aurait paru impensable. Mes chroniques traitaient habituellement de politique, de questions sociales ou d'événements de culture populaire – elles *n'étaient pas personnelles du tout. Elles étaient écrites sur un ton assuré, général. Mes lecteurs pensaient probablement que j'étais aussi sûre de moi dans la vie mais, moi, je connaissais la vérité. En privé, j'étais solitaire. Ma voix privée était triste. L'influence que j'avais au niveau national me permettait de compter pour quelque chose en Irlande. Mais je ne possédais rien de ce qui comptait traditionnellement pour les femmes ni de ce qui avait compté pour moi la plupart du temps dans ma vie. Je n'avais ni amant, ni enfant. Il me semblait que je n'avais rien à me rappeler à part des échecs.*

Mais, après avoir écrit ces chroniques à peu près pendant dix ans, un éditeur est venu me voir et m'a demandé s'il pouvait en rassembler quelques-unes sous forme de livre. J'étais d'accord. Personne ne retrouverait la trace de mon travail dans les anciens numéros du journal, mais un livre circule. Il serait peut-être la seule chose qu'un randonneur trouverait à lire dans un refuge au Népal. Il figurerait dans le catalogue de la Bibliothèque nationale. Il serait là pour ma petite-nièce qui n'est encore qu'un bébé. Ce n'étaient pas les anciennes chroniques qui m'intéressaient, mais l'introduction personnelle que j'avais promis d'écrire. Qu'est-ce que je dirais sur moi-même, cette personne qui avait écrit ces chroniques ? Maintenant que j'en avais l'occasion, comment me présenterais-je moi-même ?

Je suis assez connue en Irlande. Je suis souvent passée à la télévision, et une photo de moi apparaît dans le journal, au début de ma chronique. Mais je ne suis pas une star. Les gens doivent me regarder deux ou trois fois avant de mettre un nom sur mon visage. Parfois, quand je suis en train de prendre un verre dans le bar d'un hôtel, par exemple, un groupe de femmes de l'autre côté de la pièce me regarde et m'envoie l'une d'elles, ou, quand je suis chez l'épicier, quelqu'un qui vient de me dépasser se retourne, revient vers moi et scrute mon visage: « On s'est déjà vu quelque part ? Vous êtes quelqu'un ? » demandent-ils. Bon – suis-je quelqu'un ? Je ne suis personne selon les critères du monde mais, après tout, qui décide qu'on est quelqu'un ? Comment un quelqu'un est-il fait ? Je n'ai jamais rien fait de remarquable, comme la plupart des gens. Pourtant la plupart des gens, comme moi, se sentent remarquables. Cette prétention a grandi en moi. J'ai eu envie de faire un compte rendu de ma vie. J'en avais fini avec cette vie dans l'ombre. Je me suis assise pour écrire mon introduction, et j'en ai appelé à ma fierté. Je l'ai transformée en Mémoires.

J'ai imaginé la réaction hostile qu'il y aurait dans mon petit monde irlandais. « Pour qui se prend-elle ? » prévoyais-je d'entendre de la part des critiques. Mais, en réalité, ce fut totalement différent. Le monde dans lequel mon histoire circulait se révéla être beaucoup plus grand que je ne l'avais imaginé. Et il s'avéra qu'il était plein de gens qui me connaissaient, qui étaient des frères et des sœurs bien que nous ne nous fussions jamais rencontrés, ils étaient là pour me souhaiter la bienvenue à la sortie de l'ombre et ils voulaient également dissiper les ombres qui obscurcissaient leurs vies à eux. Un grand chœur de voix a répondu à mon filet de voix: ma voix qui jadis avait été muette ! Car mon histoire commence justement à un point de ma vie où je ne pouvais pas parler du tout…

I

Arrivée à la trentaine, j'étais dans une mauvaise passe et je vivais seule à Londres où je travaillais comme productrice de télévision à la BBC. L'homme qui avait été le centre de ma vie pendant dix ans, et que je m'étais apprêtée à épouser autrefois, avait fini par partir. Je suis rentrée un jour dans notre appartement d'Islington, et j'ai trouvé un mot sur la table qui disait : « De retour mardi. » Je savais qu'il ne reviendrait pas, et il n'est pas revenu. Je ne le désirais pas vraiment. Nous n'en pouvions plus. Malgré ça, je ne savais pas quoi faire. Je passais des soirées dans un fauteuil à lire et à boire des quantités de mauvais vin blanc. Je disais bonjour au frigo quand le moteur se mettait à ronronner. Un soir de réveillon, j'ai répondu à l'animateur de radio, lui souhaitant une bonne année à lui aussi. J'étais très déprimée. J'ai demandé à mon médecin de m'indiquer un psychiatre.

Le psychiatre consultait dans un hôpital. « Bon, pour commencer, on va bien noter votre nom », dit-il sur un ton engageant. « Comment vous appelez-vous ? » – « Je m'appelle… je m'appelle… » J'étais incapable de dire mon nom. J'ai pleuré – un océan de larmes – tout le reste de la séance. J'étais trop accablée, jusqu'au plus profond de moi, pour pouvoir parler. De plus, ici en Angleterre, je n'étais pas au bon endroit. Mon nom était un fardeau pour moi.

Non que ce fût l'analyse du psychiatre. Je ne suis retournée le voir qu'une fois, mais je suis arrivée à me livrer un peu sur mes origines et sur ma façon de vivre. Il a finalement dit quelque chose qui a été comme une trouée dans le brouillard de mon inconscient. « Vous vous exposez à de grosses difficultés et, en essayant de reproduire la vie de votre mère, vous êtes en contradiction avec la réalité de votre propre vie », dit-il. Aussitôt l'idée formulée, j'ai réalisé que c'était vrai. Maman était assise dans le fauteuil de son appartement à Dublin, à lire et à boire. Et avant d'être assise dans le fauteuil, elle était au lit. Elle pouvait parfois s'aventurer à descendre jusqu'au pub en chancelant. Après ça, elle rentrait, titubante, pour retrouver son fauteuil. Et elle se couchait. Elle s'était appuyé la corvée de nourrir, d'habiller et de laver un enfant après l'autre pendant des années. Puis il n'y avait plus eu qu'un enfant sur les neuf. Mon père avait déménagé avec elle et cette petite dernière dans un appartement, et elle s'était posée là. Elle avait l'argent qu'il lui donnait (jamais assez pour éteindre ses angoisses). Elle n'avait rien à faire, et il n'y avait rien qu'elle eût envie de faire, excepté boire et lire.

Et j'étais là – j'avais la moitié de son âge, je ne dépendais de personne, je n'étais ni fatiguée ni piégée par ma situation, j'avais un travail intéressant et bien payé, j'étais libre, en bonne santé et élégante à l'occasion.

Toujours est-il que je reproduisais fidèlement l'univers dévasté de ma mère autour de moi.

Une des aventures de ma vie a consisté à m'affranchir de son exemple puissant et nuisible. Sur tous les plans. Rien n'a d'importance, sauf la passion, affirmait-elle. C'est ce qui avait eu de l'importance pour elle, et elle avait plus ou moins nourri le mythe du bonheur passionnel durant les dix premières années de son mariage. Elle n'accordait aucun prix à quelque autre forme de lien que ce fût. L'amitié ne l'intéressait pas. Si elle avait des pensées ou des idées, elle ne les évoquait jamais. Elle ressemblait plus à un animal timide en marge de la société humaine qu'à une personne qui y aurait vraiment vécu. Elle lisait tout le temps, non pas pour nourrir sa réflexion, mais dans le but délibéré d'échapper à toute réflexion.

Que lui était-il arrivé ? Son père – mon grand-père – avait écrit ses Mémoires : quelques pages au crayon dans un cahier ligné. Il faisait partie d'une fratrie de quatorze enfants qui vivaient entassés dans une petite ferme. C'est peut-être parce que, comme ses frères et sœurs, il avait été obligé d'émigrer quand il était encore tout jeune et que jamais plus il n'avait retrouvé de famille, qu'il se souvenait de la maison de son enfance avec une émotion débordante. « Je vais tenter de vous décrire une scène familiale typique telle que je l'ai vécue au début des années 1890 », écrivait-il.

Père entrait dans la cuisine quand il faisait déjà nuit et se mettait à bricoler et à réparer – une chaise, une corbeille ou quelque harnais. Il chantait toujours quand il travaillait et avait un vaste répertoire de chansons, en anglais comme en irlandais. Les bébés dormaient déjà, et les cadets se lavaient les pieds dans une bassine en bois avant d'aller se coucher à leur tour. Après avoir récité le chapelet, les aînés devaient aller dormir. Mère enfilait une dernière aiguillée. Une lampe à huile était suspendue devant la fenêtre et on renforçait le feu de tourbe dans l'âtre avec un morceau de mauvais bois qui éclairait le buffet de telle sorte que les cruches et la vaisselle brillaient comme si elles avaient été illuminées. Parfois, quand il n'était pas occupé par son travail, père prenait le journal hebdomadaire et lisait à haute voix, surtout les nouvelles politiques, s'interrompant parfois pour donner sa propre interprétation des faits. Mère, tout près de lui, l'écoutait attentivement…

Ma mère, la petite fille de ce couple idéal, était tout sauf une auditrice attentive. Je ne sais pas ce qui s'est passé au fil des générations. Je ne pense pas que l'histoire puisse l'expliquer, que l'individu soit issu d'un moule dans lequel on aurait versé le contenu de deux cruches appelées Hérédité et Milieu. Mais peut-être l'émigration a-t-elle modifié la relation entre femmes et enfants. Les enfants étaient endurcis très jeunes car ils étaient envoyés dans le monde avec leur valise en carton. Un instant bien au chaud dans la tribu, ils se retrouvaient l'instant suivant à descendre les marches d'une gare lointaine dans un monde qu'ils devaient affronter seuls. Sous une aisance de surface, ils ont dû rester des enfants. D'une certaine manière, pendant les années qui ont été déterminantes pour ma mère, il y avait trop d'enfants et trop peu de ressources. Elle était la femme la plus privée de mère qui soit.

Sa propre mère, d'après les brèves évocations qui ont jamais été faites d'elle, était coléreuse et énergique. Elle avait installé un atelier de couture dans le salon de leur maison mitoyenne en brique rouge de Clonliffe Road où elle cousait des linceuls pour les morts de la paroisse jusque tard dans la nuit. La tuberculose rend fiévreux, et elle mourait lentement de cette maladie. « Elle m'a lancé un fer à repasser brûlant à la tête », c'est tout ce que ma mère, maussade, a dit sur elle. « Elle disait que j'avais toujours le nez dans un livre. » Mais, à ce moment-là, un enfant était déjà mort. Une des filles aînées se mourait de tuberculose en même temps que la mère. Il y avait sept autres enfants qu'on élevait pour qu'ils émigrent. C'était un ménage ordinaire, respectable, de Dublin. La maîtresse de maison ne sortait jamais, n'avait jamais d'argent, ne s'arrêtait jamais d'avoir des enfants. Ma mère elle-même a encore touché cette réalité du doigt. Elle a grandi sans rien apprendre. Elle ne savait ni faire la conversation, ni préparer le petit déjeuner, ni ficeler un paquet, ni désigner un arbre ou une fleur par son nom.

Quand j'ai connu mon grand-père, il était veuf depuis longtemps. Il rêvait de lévriers de course et il clopinait en remontant Clonliffe Road vers un banc public pour y discuter tranquillement avec d'autres patriarches, d'autres campagnards déplacés. Je ne savais pas pourquoi ma mère avait peur de lui. Il mangeait des yeux de bœuf et lisait les aventures du *Saint*. Il me disait, du fond de son lit qui sentait le renfermé : « Passe-moi ce pantalon. » Il fouillait dans les poches et me donnait quelques pennies. Il s'asseyait sur la chaise droite pour enfiler son caleçon long, et son pénis ressemblait à un truc minéral de couleur pourpre, un coquillage qu'on aurait trouvé au fond de la mer. Il attendait sur sa chaise qu'on lui apporte son thé et ses tartines beurrées. Il aurait certainement nié que si trois de ses enfants étaient de redoutables alcooliques cela avait quelque chose à voir avec lui. Personne n'assume la responsabilité des grandes familles irlandaises qui, de génération en génération, sont ravagées par l'alcool.

Ma mère ne voulait rien avoir affaire avec l'éducation des enfants ou avec la tenue d'une maison. Mais elle y fut bien obligée. Parce qu'elle était tombée amoureuse de mon père, et qu'ils s'étaient mariés, elle fut condamnée à passer sa vie comme mère et comme femme au foyer. Elle n'était pas à sa place dans ce rôle. Il m'arrive de rencontrer des femmes qui me font penser à elle quand je dors dans des *bed-and-breakfasts* à la campagne. Elles jettent du sucre sur le feu pour le rallumer, elles nettoient les sols avec une vieille serpillière qui pue, et elles ne cessent d'envoyer leurs enfants faire des courses. Elles me demandent, mi-critiques, mi-nostalgiques : « Et vous, vous n'avez jamais pensé à vous marier ? »

S'il y avait une chose dont ma mère connaissait bien l'existence, c'était son corps. Elle s'était fait renvoyer du couvent où elle était en pension pour avoir dansé en serrant de trop près la fille qu'elle adorait. Elle fut déconcertée par la punition, car elle n'avait jamais entendu parler du lesbianisme. Je me souviens d'un roman de Henry Green qui circulait à la maison quand j'étais petite et dont la couverture représentait des jeunes filles en robe blanche qui valsaient ensemble dans la pénombre. Maman s'épanouissait un instant quand elle voyait cette image. « C'était exactement comme ça, dans le grand hall de l'école, la nuit où j'ai dansé avec elle ! » Des dizaines d'années plus tard, peu de temps avant la mort de ma mère, une dame aux yeux clairs d'un certain âge vint vers moi lors d'une réception. Comme par hasard, ça se passait dans les bureaux de ce qui était alors le Conseil du statut des femmes. « Comment va votre mère ? » me demanda-t-elle. Elle, s'avéra-t-il, c'était l'autre fille. L'objet d'amour. Je n'ai pas osé lui demander ce qui s'était vraiment passé. De toute manière, à ce moment-là, ce qui me préoccupait, c'était le contraste entre cette femme alerte, et qui de toute évidence jouissait d'un bon standing, et la pauvre épave de ma pauvre mère innocente et ignorante, là-bas dans le petit appartement, qui se frayait un chemin à travers les journées, tremblotante et accrochée à son gin, pendant que son mari vaquait à ses occupations avec affabilité et que la dernière de leurs enfants – une écolière, encore – s'élevait toute seule.

C'était là que la grande passion l'avait laissée.

Sa mère et sa grand-mère avant elle avaient su quel comportement la tribu attendait d'une femme et comment en retour la tribu la protégerait. Mais quand mon grand-père revint de son exil londonien pour travailler à la Grande Poste de Dublin dans les années 1910, comme le lien avec le Kerry était rompu, personne n'appartenait plus à une tribu. Ma mère était toute seule, mais sans espoir d'indépendance. De nos jours, elle aurait pu rester dans la fonction publique, même après être tombée enceinte. Mais l'Irlande des années 1940 était un tombeau où les femmes étaient enterrées vives.

Pour les hommes tels que mon père, affairés dans les rues de Dublin, c'était tout le contraire. La radiodiffusion et le journalisme commençaient à se développer. Il avait débuté comme professeur, dans les années 1930, et s'il était resté dans l'enseignement – de retour à la maison tous les après-midi et libre en été – ses enfants auraient eu un père merveilleux. Mais il avait des dons variés et des ambitions : en été, il voyageait à travers l'Europe, il aimait les langues, c'était un sportif et un patriote heureux et fier de l'être. En plus il était beau comme tout.

Des photos avec ma mère montrent mon père sur la plage à Ballybunnion, dents étincelantes et membres robustes. Elle était parfaitement heureuse de ce qu'elle était devenue grâce à lui. Ils étaient fous l'un de l'autre depuis leur rencontre. Ils allaient en stop à Howth Head et Bray Head, sur les montagnes autour de Dublin et ils faisaient l'amour dans la bruyère. Il lui offrit un porto chaud par une soirée fraîche, son tout premier verre d'alcool. Ils se sont mariés très tôt un matin de janvier parce que ma sœur Grainne formait une petite bosse sous la robe de maman. La Deuxième Guerre mondiale éclata. Il rejoignit les forces irlandaises de défense en 1939, et il aima la vie militaire. Peu après, ma mère tomba de nouveau enceinte. Il vint à vélo de Curragh Camp à l'hôpital de Rotunda pour m'accueillir. Mais j'ai passé ma petite enfance dans le Donegal, car c'est là que l'armée avait conduit mon père. Les premières pages d'une lettre qu'il écrivit à ma mère organisant leur déménagement subsistent. Elle était encore enceinte.

« *A chroidhe dhil* », commence-t-il. Pendant des

années, j'ai été incapable de lire cette lettre. « Mon cœur adoré », quand on sait qu'ils ont si mal fini ! Il lui écrit de Fort Dunree, sur la péninsule d'Inishowen. Il y a trouvé une petite maison pour la famille – il joint un croquis et continue ainsi :

Pour Grainne et Nuala, il y a le calme, le bon air, le soleil et la mer, des poules pour Grainne sans oublier une bó[1] *à l'occasion. Pour toi, il y a tout cela, plus moi, et aussi de temps en temps un week-end à Derry et des soirées à Buncrana. En ce qui concerne les livres, le père Dolan a tout un tas de bouquins très chouettes dont je sais qu'il te les prêtera. Il y a d'autres choses : des œufs, du lait, des pommes de terre venues tout droit du jardin. Et même si on se sert de charbon en plus de la tourbe, on n'aura rien à dépenser pour le gaz. Les mottes de tourbe sont à environ vingt mètres – pas de problème pour un mari enthousiaste… Aujourd'hui, c'est mercredi et je réalise que je ne toucherai ma solde que demain, mais je vais emprunter de l'argent pour le timbre. Ça fait maintenant presque une semaine que je ne t'ai vue, et j'ai l'impression que ça fait un mois. Je compte les jours jusqu'à ce que nous soyons tous à nouveau réunis sous le beau soleil. Aujourd'hui, le soleil a brillé pendant douze heures, toute la journée, de neuf heures du matin à six heures du soir* [sic]. *J'étais de service sur une falaise couverte d'herbe, pour donner un coup de main à des recrues occupées à s'entraîner au tir…*

1. Vache. *(N.d.T.)*

Entre-temps, une lettre de ma mère lui arrive. Il poursuit :

… Tes lettres en général me font un effet vraiment terrible, celle-ci n'était pas trop mal ! Je remarque que je t'ai influencée au point que tu dis « un peu difficile » quand tu veux dire « complètement désespérant ». Ma chérie…

« Ah voilà ! » me dis-je. « Elle était déjà en train de le provoquer avec son désespoir. » Mais bon – trois enfants en quatre ans ! Il manque la fin de la lettre, ainsi le tabou de la vie intime des parents n'a pas été violé, si tant est qu'il y ait eu des marques d'intimité à cet endroit-là.

Dans cette lettre, il traite ma mère comme une partenaire. Il est journaliste free-lance, et elle l'assiste. Mais, à l'époque où j'ai pu les connaître, il sortait ; elle restait à la maison. Personne ne la traitait comme une partenaire. Quand elle mourut, quelques années après lui, on a trouvé cette lettre dans la vieille boîte à biscuits qui était tout ce qu'elle possédait, mis à part ses vêtements. Elle ne possédait pas la moindre chose dans le petit appartement – pas un livre, pas un disque. Dans la boîte à biscuits, il y avait les pages gribouillées des critiques littéraires qu'elle avait écrites, au crayon à papier et au stylo-bille. Ils avaient déménagé au moins une douzaine de fois. Elle avait eu bien du mal déjà à garder cette lettre et ces critiques. Quelques-uns de ses articles avaient été publiés dans le journal. C'était le seul argent qu'elle eût jamais gagné par elle-même, hormis les allocations familiales. C'est de cela qu'elle parlait – de l'argent. Mais ce n'était pas à cause de l'argent qu'elle gardait ces brouillons froissés dans la boîte à biscuits : c'est qu'elle n'avait rien d'autre. On aurait pu la respecter si les circonstances avaient été différentes. Elle aurait pu faire autre chose que la bonne à tout faire qu'elle avait été.

*

Il paraît que très peu de temps après leur mariage elle était déjà débordée. Elle sombra, et soit il ne le vit pas, soit il le vit mais il n'y pouvait rien. Ça a dû arriver très vite. Une femme qui travaillait pour mes parents quand ils étaient revenus du Donegal m'a raconté que Grainne et moi étions toujours habillées de façon identique, avec de jolis vêtements. Ce dont moi je me souviens, seulement trois ou quatre ans plus tard, c'est de l'institutrice de l'école de Miss Ahern à Malahide qui m'appelle à son bureau et montre du doigt mon cardigan sale. « Ta mère ne pourrait-elle rien trouver de mieux à te mettre pour t'envoyer à l'école ? »

Elle a été enceinte treize fois en tout : neuf enfants vivants. Elle n'avait jamais assez d'argent. Elle a fait ce qu'elle a pu pendant des années. Elle faisait de la confiture de pommes sauvages. Elle nous donnait des tartines de confiture et une bouteille de magnésie pleine de lait pour notre déjeuner. Elle nous achetait des bottes en caoutchouc pour l'hiver. Elle passait nos cheveux au peigne fin, nous, agenouillés devant elle, la tête penchée sur le journal étalé sur ses genoux. Quand je pense à tous les vêtements qu'elle a dû acheter, laver, sécher, trier, nous mettre sur le dos… Nous vivions dans un pavillon de location, destiné aux ouvriers agricoles, sur une propriété dans le Nord du comté de Dublin. Le pavillon était entouré de champs avec des fossés et des haies d'aubépines dans ce qui était, à l'époque, un paysage isolé. La ligne de chemin de fer de Dublin passait de l'autre côté d'un champ de navets. Parfois, papa sautait du train et descendait le talus en se roulant en boule, c'était un raccourci vers la maison. Puis il se mit à ne pas rentrer. Il était devenu employé à l'Office du tourisme irlandais après l'armée, mais, petit à petit, il commença à travailler pour Radio Éireann, et à prendre des boulots – par exemple les commentaires sur *Radio Train* vers Killarney – qui l'emmenaient au loin. Sa vie devenait de plus en plus excitante. Il apportait avec lui sa *joie de vivre*[1] quand il rentrait, traversant les champs à grands pas en direction de l'endroit où nous jouions près de la maison – nous construisions des « maisons » et des « magasins » avec des pierres et de la boue. Nous entendions les notes de *Beidh Aonach Amárach* ou de quelque autre air irlandais sifflées clairement et nous nous mettions à courir pour sauter par-dessus la barrière à sa rencontre. « Papa est rentré ! Il est rentré ! »

Sa vie à elle devint plus rude. Si la bouteille de gaz Calor sous les deux brûleurs où elle cuisinait se vidait, elle n'avait ni téléphone, ni moyen de transport pour s'en procurer une autre. Elle lavait les vêtements dans la salle de bains avec du savon de Marseille et une planche à laver. Nous n'étions d'aucun réconfort. Une fois, alors que mon père était parti quelque part

1. En français dans le texte. *(N.d.T.)*

dans le pays pour travailler, elle enfreignit les règles tacites et se rendit audacieusement à Dublin, à la gare de Kingsbridge, pour le surprendre en l'attendant au portillon à sa descente du train. Il était avec des gens. Il se pencha pour poser un baiser rapide sur sa joue avant de repartir à toute vitesse avec eux. « Il n'a même pas ôté sa cigarette de la bouche », me raconta-t-elle, pas une seule fois mais encore et encore, des années durant.

Je l'imagine parcourant son chemin de retour solitaire vers nous, les enfants. Elle n'avait pas encore trente ans. Elle avait dû prendre le bus jusqu'au terminus, puis continuer à pied, laisser derrière elle le dernier réverbère, puis suivre la sombre route de campagne menant à la porte de la maison du gardien de la propriété, puis se baisser sous la barrière et emprunter le sentier creusé par nos pas dans le champ où l'herbe poussait en touffes, pour atteindre le pavillon… Rien ici à part des enfants. Une autre fois – il était tard dans la nuit mais j'étais éveillée dans mon lit car je comptais pour la vingtième fois l'argent de ma première communion –, j'ai entendu mon père rentrer, puis j'ai entendu ses cris à elle : « Ce n'est pas mon rouge à lèvres ! » Cela a dû se passer vers la fin des dix années parfaites qu'elle a toujours prétendu avoir connues avec lui. Vers cette époque, une de ses maîtresses (elle avait une fille de lui qu'elle avait appelée Nuala, chose assez curieuse) vint chez nous pour marchander avec ma mère. Cette femme avait de l'argent. Elle proposa à maman un gros dédommagement afin de le laisser partir avec elle en Australie. Je me souviens de cette femme filant en vitesse sur le sentier à travers champs, de mon père qui courait derrière elle, et de ma mère qui courait derrière lui, en pleurs. Puis maman s'est effondrée dans le pré. C'était un jour d'été, et le bétail s'était déjà installé paisiblement dans le champ. Elle formait une silhouette arrondie dans l'herbe, comme une petite vache.

Peu après, ma mère eut une liaison avec l'ami de mon père, bien qu'il ne fût pas du tout à son goût. De quelle autre arme disposait-elle pour attirer l'attention de mon père ? Mais les hommes ne lui prêtèrent pas attention. Ils étouffèrent sa protestation : ça ne fit même pas une vague entre eux. Elle n'avait désormais plus rien avec quoi protester.

La tristesse l'envahit peu à peu. Elle était gauche. Une de ses sœurs, qui avait plus de charme qu'elle, revenait de temps en temps de l'étranger et apportait de la joie à la maison. Cette tante recherchait notre compagnie. Je me pris à croire qu'elle aimait être avec nous. Elle était avec nous quand on nous entassa dans une Ford Prefect bourrée à craquer avec nos seuls vêtements et de la vaisselle. On nous avait expulsés du pavillon, et nous avions fini dans une petite ville, encore plus éloignée de Dublin.

C'est dans cette petite ville grise que ma mère a commencé à boire toute seule. Le soir, elle allait au pub. Elle se mit à repérer autour d'elle les pharmacies où elle pouvait se procurer de quoi l'aider à suivre un régime. Nous vivions alors dans un presbytère délabré avec de jolis salons de réception et un jardin envahi par la végétation. Il y avait un cimetière pour chiens derrière les pommiers et des arrière-cuisines aux dalles envahies par les araignées. Pendant notre première année là-bas, on entendait tout le temps la voix suave de Perry Como qui chantait : « *Don't let the stars get in your eyes, don't let the moon make you cry*[1]... » avec son accent américain. Et papa était en Amérique lui aussi. Pour Noël, il a rapporté à maman une robe noire moulante. « Je t'aime mince », lui avait-il dit. Entre-temps, mon père était devenu journaliste sous le pseudonyme de Terry O'Sullivan. Cinq jours par semaine, il parcourait le pays, il écrivait pour le *Sunday Press*. La sœur de ma mère, qui était plus drôle qu'elle, accompagnait quelquefois mon père. Il était hors de question pour ma mère d'y aller : elle avait sept enfants à la maison.

« Je t'aime mince. » Ce décret de mon père eut également des répercussions sur ma vie, et sur celle de certains de mes frères et sœurs. Je faisais le tour des pharmacies pour ma mère. J'ai intériorisé son angoisse au point de ne pas pouvoir dormir. J'ai été accro aux somnifères pendant des années. Il est difficile pour des enfants de voir le monde autrement que leur mère – de garder suffisamment de distance pour se rendre compte que son comportement ne s'inscrit pas dans l'ordre naturel.

J'ai demandé un jour à mon ami, l'écrivain et journaliste de radio Sean Mac Réamoinn, qui avait connu mes parents dans les années 1950, à quelle classe sociale nous appartenions. Nous avions très peu d'argent et, chez nous, c'était misérable comparé aux foyers de nos camarades d'école. Mais ma mère lisait tout le

---

1. Ne laisse pas les étoiles envahir tes yeux, ne laisse pas la lune te tirer des larmes. *(N.d.T.)*

temps, mon père nous apprenait les paroles de chansons en allemand, nous écoutions des extraits du *Lac des cygnes* sur le gramophone, et nous montions aussi des pièces de théâtre, tandis que les autres familles de notre entourage n'avaient pas ce genre d'activités. « Est-ce qu'on faisait partie de la classe ouvrière ? lui ai-je demandé. Parce qu'on n'était certainement pas des gens de la classe moyenne. » – « Vous, vous étiez des bohèmes », dit-il.

Mais la bohème *se préoccupe* de musique, de littérature ou d'art. Mes parents ne se débrouillaient pas vraiment dans ces domaines. Pas plus qu'ils n'avaient de vraies valeurs – la foi dans le mérite de la liberté individuelle ou des choses comme ça. Les valeurs de leurs propres parents n'avaient apparemment pas de signification pour eux. Ils ne se souciaient pas de respectabilité – ils ne savaient pas où était leur place. Maman me demandait de monter sur la colline jusqu'à la grande maison de style géorgien où vivait la propriétaire pour payer le loyer. Elle détestait payer le loyer. « Jette-le-lui à la figure ! » me sifflait-elle. Ils n'étaient pas non plus des catholiques pratiquants. Certes, nous devions aller à la messe. Mais, eux, ils n'y allaient pas. Tout ce qui avait constitué la vie de ceux dont ils étaient issus disparut tout simplement avec leur génération. Ils n'avaient pas d'autres valeurs en remplacement de celles qu'ils avaient perdues. Ils s'en moquaient, tout simplement.

Ce n'est qu'en regardant en arrière que s'écrit sur mes parents un récit sans rapport avec le reste. Je ne savais pas grand-chose sur eux, même si, du fond de l'océan où je vivais dans mon monde enfantin, je pouvais sentir des remous là-haut, à la surface de l'eau. La nuit, nous nous bercions pendant des heures : deux enfants par lit, un en haut, l'autre en bas, les bras croisés, nous nous bercions sans arrêt. Mais je ne vivais pas que dans ce monde. J'en avais un autre. À l'école, j'ai gâché le tableau vivant de Noël de la bonne sœur. J'étais l'archange Gabriel et je devais me tenir sur une chaise de cuisine derrière Joseph, Marie et l'Enfant Jésus, les yeux pieusement baissés, les bras décorés de grands trucs en plumes – mes ailes – étendus sur eux. Mais je vis quelqu'un que je connaissais parmi les spectateurs, et je lui fis un signe de mon aile. La bonne sœur était si furieuse ensuite qu'elle cassa la chaise pour me frapper avec un de ses pieds. Pourtant, je suis rentrée à la maison en laissant un espace entre moi et le bord de la route, comme toujours, pour mon ange gardien.

Puis nous sommes allés un temps dans une autre école primaire. Il arrivait que ma mère ne se réveillât pas le matin, nous partions alors les mains vides. Mais elle venait plus tard à vélo, celui sur lequel elle avait appris à pédaler, pour nous passer un bol de pommes de terre en salade à travers les barreaux de la cour de l'école. Quand nous avions des casse-croûte, en revanche, nous les placions avec ceux de tout le monde dans le placard de la salle de classe. Parfois nous entendions un grand bruit de mastication. « Mademoiselle ! Mademoiselle ! Le rat est dans le placard ! » L'institutrice ouvrait la porte du placard et frappait le rat avec la pelle du poêle. Pendant longtemps, sur le chemin du retour de cette école, je descendais dans une carrière. Là, il y avait une flaque d'eau dans laquelle gisait, couché sur le côté, un fût rouillé.

Si je m'allongeais par terre pour regarder la surface de l'eau dans le fût qui se trouvait alors au niveau de mes yeux, je voyais de jolies petites fées aux cheveux blonds séparés par une raie droite vêtues de tutus roses. Elles avaient à peu près la taille des mouches.

J'ai fréquenté d'autres endroits proches de la maison. On m'a envoyée dans le Kerry, chez des parents. Il y avait des poils de porc dans la couenne jaunâtre du jambon cuit et gras avec laquelle la dame enveloppait le chou que je devais manger. Le samedi soir, on posait un dessert aux couleurs criardes, sous une serviette blanche, dans le salon : on le mangeait après la messe du dimanche. Les champs au nord de Dublin, là où nous habitions, étaient silencieux et nus et aller chez ma grand-tante à Athlone, c'était comme d'aller à New York. Elle était la gérante d'un pub minuscule et très peu fréquenté, *Chez Egan* dans Connaught Street. M. Egan élevait dans sa cour boueuse un gros cochon qui grognait tout le temps. Avec ma tante Kit, nous allions sur la pelouse publique de Battery pour chercher à quatre pattes des herbes spéciales destinées à la vieille bête aux poils raides et aux yeux humides. Le hangar dans lequel dormait le cochon était rempli de feuilles volantes de partitions datant de l'époque où Kit, encore jeune femme, avait joué du piano au cinéma de Listowel pour accompagner les films muets. *« Me and Jane in a plane / Soaring up in the sky; / No traffic cop / Will ever stop / Me and Jane in a lane*[1]. »

---

1. « Jane et moi dans un avion / À l'assaut du ciel ; / Aucun agent de la circulation / Ne pourra jamais nous arrêter / Jane et moi dans un avion. » *(N.d.T.)*

J'aimais beaucoup les rues d'Athlone – ses lumières, sa friterie, la boulangerie de Broderick à quelques portes de chez nous, où l'on tranchait les petits pains à la machine. Parmi les garçons et les filles de la rue, j'étais une vraie petite célébrité car j'étais supposée venir du centre de Dublin.

Il y avait aussi le monde des grands qui pour nous, les enfants, était un mystère incompréhensible. Un jour, je suis entrée dans un magasin. Une femme penchée par-dessus son comptoir faisait voir quelque chose à une autre femme en chuchotant avec un air de conspiratrice – de grandes photos. Je réussis à jeter un œil sur les photos. Elles montraient des doigts osseux, désespérés, qui sortaient de sous les murs de cabanes en bois. Des doigts comme des bâtons. C'étaient des photos de l'Holocauste. Je vis les fours crématoires. Des montagnes d'os. Ce soir-là, nos copains sont venus comme d'habitude nous chercher à travers champs pour aller dévaliser le verger de William le long de la voie ferrée. Sur le chemin, je leur ai parlé du mal dans le monde et nous avons tous décidé de nous repentir. Nous sommes rentrés à la maison et nous avons renversé les chaises de la cuisine afin de nous agenouiller dessus et de réciter un très long chapelet. Un an plus tard – on habitait provisoirement dans un cottage –, la bonne, que l'on ne payait jamais et qui ne sortait jamais, tomba par terre et donna naissance à un bébé. On entendit dire alors que le boucher, quand il apportait la viande, couchait avec elle. On emmena le bébé chez la mère de la bonne. Ma mère s'y rendit quelques semaines plus tard. Le bébé était amaigri, immobile, proche de la mort. « C'est sûr, qui en veut ? » dit la grand-mère. Il mourut effectivement, autant que je sache. C'était en 1953. Et puis il y eut encore une nouvelle école. Nous étions toutes rassemblées dans le hall de concert pour écouter à la radio du couvent le couronnement de la reine Élisabeth à Westminster Abbey. « Souvenez-vous toujours, mes filles, dit la bonne sœur, que *God Save the Queen* est la mélodie la plus noble qui ait jamais été composée en huit mesures. »

Je commençai à prêter attention aux choses. Nous venions régulièrement de la campagne à la ville pour rendre visite à ma grand-mère, la mère de mon père – je ne sais pas comment on m'y autorisait, mais quand nous arrivions chez elle, un peu plus bas sur Clonliffe Road que l'endroit où habitait la famille de ma mère, je ressortais pour me promener en ville. Je ne me lassais jamais de regarder Dublin qui était encore à l'époque le Dublin de Joyce, brun et poussiéreux, aux rues très animées.

Plus tard dans ma vie, mon père me raconta des histoires sur la ville. Il me dit que la mer arrivait dans la ville à North Strand – raison pour laquelle on l'appelle *strand* (« plage ») –, et que Fairview Park avait été construit avec les gravats des ruines de O'Connell Street après l'insurrection de Pâques[1]. On avait installé des rails, ainsi qu'un wagonnet pour transporter les gravats, et des jeunes gens très joyeux, après une nuit passée dehors à faire la fête, avaient sauté dans

1. Le 24 avril 1916, jour de Pâques, le Sinn Féin proclame la république à Dublin. Les affrontements feront cinq cent huit morts. *(N.d.T.)*

le wagonnet, toujours en costumes et queues-de-pie, pour le pousser et filer à toute allure hors de la ville. Mais quand je me promenais, encore enfant, dans les rues de Dublin, je ne savais rien en dehors de ce que je voyais de mes propres yeux, comme un espion derrière les lignes ennemies. Je me promenais le long de Summerhill, dont les immeubles de style géorgien formaient alors un canyon où des femmes demeuraient assises toute la journée sur les belles marches usées de leurs maisons. Je lisais les inscriptions sur les monuments. J'aimais bien le NEC PLUS ULTRA de celui dédié à Parnell, même si je ne comprenais pas ce que cela voulait dire. J'entrais dans les temples protestants, je descendais les quais, je passais derrière la distillerie à Smithfield et je m'arrêtais pour tout regarder – un cheval tirant un chariot qui rentrait dans une cour, une femme qui appelait de sa fenêtre, un boucher qui vidait une bassine d'eau rougeâtre dans le caniveau. Personne ne remarque un enfant qui observe. Je n'ai jamais eu peur jusqu'au jour où, à l'âge de onze ans, je suis allée voir *Le Messie* au Théâtre Royal, et qu'un homme m'a mis la main sous la jupe et m'a fait mal avec ses doigts.

C'est peut-être cette habitude que j'avais d'observer qui m'a aidée à trouver mon job à l'*Irish Times*. En guise d'essai, on m'a proposé d'écrire un article d'une colonne à la suite, me semble-t-il, d'un entretien que j'avais eu vers la fin des années quatre-vingt sur la beauté de la côte au nord de Dublin au temps de mon enfance. Cet entretien avait eu lieu à la radio, avec Gay Byrne, au cours de son émission. J'étais à l'époque productrice de télévision à la RTÉ (Raidio Teilifís Éireann), et j'avais lu quelque part que, si on visionnait les programmes télévisés sur une année, seulement trois pour cent des visages humains vus à l'écran seraient ceux de femmes au-dessus de cinquante, voire cinquante-cinq ans – les femmes plus âgées n'apparaissant à la télévision que dans les publicités et les soap-opéras. J'avais donc réalisé une série de courts documentaires dans lesquels des Irlandaises d'âge moyen regardaient simplement la caméra et racontaient l'histoire de leur vie. La personnalité de ces femmes, les aléas de leurs vies tout autant que l'effet irrésistible d'un visage qui regarde le spectateur sans l'intervention d'un intervieweur avaient fini par créer quelque chose de très fort. La série avait obtenu un prix – le Jacob's Award – qui avait été attribué la veille, raison pour laquelle Gay m'interviewait à la radio ce jour-là.

Gay Byrne me rappelle mon père – qu'il connaissait, bien sûr. Mon père et Eamonn Andrews animaient un programme sur Radio Éireann, quelque chose comme *In Town Tonight*, au moment même où Gay faisait ses débuts à la radio. Ces trois hommes auraient pu finir leur carrière n'importe où : ils doivent aussi bien à la chance qu'à leur talent de s'être retrouvés où ils étaient finalement. Tous les trois avaient en commun une espèce de charme impersonnel – une capacité à se trouver dans une pièce et à être la personne à qui les autres veulent plaire, au lieu d'être celui qui doit faire un effort pour plaire. Ils ont tous trouvé le moyen de conserver leur dignité dans l'atmosphère de flatterie ambiante d'une petite ville.

Gay évoque pour moi, sans le faire exprès, la maison d'enfance douce et convenable de mon père à Clonliffe Road, là où personne ne se servait jamais de la porte d'entrée principale habillée de son store en toile rayée. En bas, au rez-de-chaussée, ma grand-mère balayait la nappe en maille chenille à pompons avec une petite brosse et une petite pelle spéciales après les repas – civets de lapin, riz au lait – qu'elle servait à mon grand-père et à ma tante quand ils rentraient le soir de leur travail respectable. La famille de Gay et celle de mon père ont dû se ressembler, je pense. La messe tous les matins pour les femmes et, le premier vendredi de chaque mois, les neuvaines, les célébrations des sept offices le Jeudi saint, les *Ténèbres* le Vendredi saint, l'exposition du Saint-Sacrement, etc. À Noël, des jeux de cartes et la bonne vieille bouteille de bière brune et les coups de téléphone des fils mariés et d'une poignée de vieux amis. Jamais quelqu'un de nouveau ne venait à la maison. Les idées nouvelles ou les nouveaux comportements n'y pénétraient pas. La seule fiction admise était celle de la fable pédagogique inscrite au dos de chaque exemplaire du *Messager du Sacré-Cœur*. L'histoire même faisait hausser les sourcils, pour la galerie. J'ai interrogé ma grand-mère sur l'insurrection de Pâques. « Oh, oui, il y eut de terribles conflits en ville cette année-là », disait-elle, fronçant ses rides en signe de désapprobation. « On pouvait tout entendre d'ici… » Puis ses traits s'illuminaient. « Mais, en 1916, on a eu des légumes comme jamais auparavant, ni après ! Avec tous ces troubles, les charrettes venant de Rush ne pouvaient pas entrer en ville. Elles n'arrivaient que jusqu'à Drumcondra – ici, en haut de

Clonliffe Road – et nous allions y acheter les meilleurs légumes pour presque rien ! »

Gay et mon père ont dépassé tous deux la méfiance de leur milieu. Bien que Gay ait été plus attaché aux valeurs de ce milieu que ne l'était mon père. S'ils se présentaient tous deux à moi aujourd'hui, je verrais deux hommes plutôt petits, fringants, à la voix agréable et à l'esprit vif, se servant de leur charme naturel et de leur courtoisie pour maintenir les autres à distance. Derrière Gay, je verrais une vie rangée et cohérente. Derrière mon père, le chaos accumulé.

Aux alentours de 1950, à l'endroit même dont Gay et moi nous parlions ce jour-là à la radio – la campagne virginale au nord de Dublin, avec sa chaîne de villages au bord de la mer –, mon père et ma famille allaient encore bien. Même cette campagne tranquille provoquait chez mon père un brusque enthousiasme. Il nous emmenait sur des sentiers à travers bois et nous expliquait ce qu'était une « file indienne ». Il plantait des pommes de terre et nommait les sillons d'après les gares de la ligne de chemin de fer Dublin-Belfast.

À l'époque, l'endroit où nous vivions était beau. Ce n'étaient pas ces grands champs plats autour du pavillon – bien que, même là, j'aie vu par un après-midi d'hiver mon premier héron s'élever d'un étang dans le ciel, gris sur gris – mais des plages et des champs de blé et des forêts ancestrales. Et de sinueuses routes de campagne si peu empruntées alors – à Malahide et à Rob's Walls et à l'entrée de Portmarnock – qu'elles étaient envahies par le sable. En hiver, des vagues énormes et sauvages s'écrasaient sur le sable à Portmarnock pour se briser sur la route ; et, de l'autre côté des dunes, il y avait un petit pub en bois et quelques baraques pour les vacances, et puis les champs. La route autour de l'estuaire en direction de Baldoyle s'inondait rapidement et silencieusement en hiver, et nous courions en direction de l'école le long du rivage herbeux, entre les flaques argentées des eaux de la marée. Il n'y avait pas de maisons neuves. Les parcs et les belles demeures des grands propriétaires s'étalaient en arrière presque jusqu'aux abords de la ville. Près de chez nous se trouvait une grande maison déserte, aux volets clos et silencieuse au milieu des bois. On y avait abandonné des paons devenus sauvages qui s'appelaient l'un l'autre toute la nuit. Nous marchions pendant un mille jusqu'à l'angle où tournait le bus en provenance de Dublin. C'était un bus de campagne qui traversait le pays en cheminant vers la ville et s'arrêtait aux pubs qui signalaient chaque petit hameau. Tout était brillant de propreté.

À la piteuse extrémité de la rue principale de Malahide, là où l'air exhalait les odeurs d'une petite fabrique de bonbons, on bifurquait pour descendre en passant devant une élégante terrasse en décrépitude, et en bas, au bord de l'eau, un homme avec un canot nous faisait traverser les eaux en direction du sable et des oyats de l'île de Malahide, où des œufs de mouettes reposaient somptueusement sur le sol, comme au premier jour de la Création. À la fin de la journée, on tirait sur une grosse cloche accrochée à un poteau et le batelier revenait nous chercher à travers l'eau brillante et dans la clameur du soir. Ou bien on restait sur la plage de Malahide avec nos tartines de confiture et une bouteille de lait, et les gens dans les maisons nous chauffaient notre bouilloire pour le thé, moyennant un penny.

C'est de ce monde merveilleux que je parlais à Gay Byrne à la radio, ce jour-là. Il sait lui-même pour l'avoir vécu personnellement combien le Nord de Dublin de cette époque était idyllique et ce que nous avons perdu. Mais je me souviens d'avoir essayé de le convaincre que l'Irlande était beaucoup mieux maintenant, même si tant de belles choses ont disparu avec le développement économique. L'interview terminée, je retournai à mes tâches quotidiennes. Mais Conor Brady, alors rédacteur en chef adjoint de l'*Irish Times*, me téléphona. Je ne l'avais jamais rencontré, mais je savais qui il était. Il m'avait entendue à la radio dans sa voiture. Avais-je envie de m'essayer à écrire quelques billets d'humeur ? Telles furent les circonstances qui m'ont conduite aux dix dernières années, profondément satisfaisantes, de ma vie – et à ce livre, bien sûr. Ceux qui croient aux intrigues, qui pensent que les chroniqueurs sont soigneusement choisis pour leurs points de vue « libéraux », devraient poser leur candidature auprès de Conor Brady – ils verraient où est la manigance. Il ne m'a jamais dit ce qui dans mes propos l'avait poussé à me téléphoner. Je ne parlais pas de mes opinions. Je parlais, à quelqu'un qui me rappelait mon défunt père, d'une lointaine enfance.

II

La chose la plus utile que j'ai gardée de mon enfance est la confiance en la lecture. Il n'y a pas très longtemps, j'ai participé durant un week-end à un atelier de travail sur soi, dans l'espoir d'y découvrir comment vivre mieux. Un des exercices consistait à dresser une liste des dix événements les plus importants de notre vie – les moments clés qui nous ont conduits de notre naissance jusqu'au point où nous nous trouvons actuellement. Le numéro un était : « Je suis née », on pouvait mettre ce qu'on voulait après ça. Sans même y réfléchir, ma main a écrit en numéro deux : « J'ai appris à lire. » « Je suis née et j'ai appris à lire » ne serait pas une suite logique pour beaucoup de gens, j'imagine. Mais je savais ce que je voulais dire par là. Être née est quelque chose qu'on m'a fait, mais ma propre vie a commencé – je l'ai commencée toute seule – quand j'ai compris pour la première fois la signification d'une phrase.

Je me souviens de tout à ce sujet-là. La page était le récit, composé sur deux colonnes et écrit en petits caractères, d'un témoignage mot pour mot dans un procès pour meurtre en Écosse. Je ne sais pas comment il est arrivé jusque dans le Nord du comté de Dublin. Mais je regardais une ligne en essayant de la comprendre quand, tout à coup, la signification d'un mot que je comprenais m'a sauté aux yeux – comme la balle de ping-pong qui sautille le long de la ligne – pour rejoindre ensuite le sens du mot suivant que je comprenais, jusqu'à ce qu'il y ait assez de mots pourvus de sens pour former un tout cohérent. J'étais triomphante. J'étais encore petite – je n'avais même pas quatre ans. Mais je courus à travers le champ, montai à toute vitesse la rue dans la poussière de l'été – je vois la scène comme si c'était hier – jusqu'au magasin qui était assez loin. « Je sais lire ! Je sais lire ! » criai-je à l'adresse de la femme qui tenait le magasin. Elle se pencha vers moi. « Bien, tu es une grande petite fille maintenant ! »

J'ai dû voir déjà chez ma mère que lire est un refuge. Qu'« on » ne peut pas vous atteindre quand vous avez un livre. Bien sûr, dans mon cas, ma mère était le « on ». Tout ce qu'elle me demandait de faire – chercher des brindilles pour démarrer le feu, aller promener le bébé dans sa poussette – dérangeait ma lecture. Dans les livres, je trouvais le bien-être et le réconfort. La petite bibliothèque Carnegie du village, remplie de vitrines pleines d'objets poussiéreux comme un gratte-dos en ivoire provenant d'une tombe égyptienne, était une corne d'abondance, même si les bibliothèques en pitchpin étaient à moitié vides. Je n'ai pas le souvenir d'une section réservée aux enfants. Je lisais tous les tomes du *Journal* de James Agate, même si je savais à peine ce qu'était un critique de théâtre londonien.

Je lisais tous les tomes de *Stories from the Opera*. La bibliothèque n'acquérait pas très souvent de nouveaux ouvrages. Un professeur me prêta *Anne of Green Gables* et *Road to Avonlea;* j'en mourais presque de plaisir. Dans la bibliothèque de Newcomen Mall, je trouvai *Heidi*. Je lisais les morceaux faciles d'*Ulysse*. Je ne faisais aucune distinction entre la littérature pour enfants et le reste. Pendant une période, les Américains eurent une bibliothèque à Dublin ; elle faisait partie du bureau de renseignements des États-Unis. Ma mère y empruntait des livres et je les lisais après elle. Dos Passos, Dreiser. Et nous avions aussi quelques livres à la maison. La biographie de Shelley par André Maurois. Un thriller de Francis Stuart auquel manquaient les pages de la fin. *Bright Day* de J. B. Priestley. L'épigraphe qui s'y trouvait était la première ligne de Shakespeare que j'avais jamais lue.

J'aimais aussi bien les mots que les intrigues. Dans un livre scandaleux intitulé *The Kansas City Milkman* – maman me disait vaguement que je ne devais pas le lire –, un des personnages disait à propos d'une femme : « Ce dont elle a besoin, c'est de se rouler dans le foin. » Je ne savais pas ce que ça voulait dire – dans ma tête, je voyais une grange –, mais j'aimais bien l'idée que cette phrase puisse être une métaphore. On appelait Buggy un garçon qui vivait dans notre voisinage. « Ne m'appelle pas comme ça », disait-il. « J'ai une anse à ma tasse tout comme toi. » Je le répétais pour moi-même : « Une anse à ma tasse… » À mi-chemin de la colline de Malahide, il y avait un banc avec une petite plaque disant : PRO BONO PUBLICO. Et, sur le côté de la bouteille de sauce Chef – souvent sur notre table –, se trouvait une colonne verticale de mots. L'un d'eux était « piquant ». « Piquant », me disais-je, sautillant le long du caniveau gargouillant sur le chemin de l'école. « Piquant. Appétissant. » Le meilleur de tout, c'était le début de l'Évangile selon saint Jean – à cette époque, on le lisait à la fin de chaque messe. « Au commencement était le Verbe, et le Verbe était en Dieu, et le Verbe était Dieu. » J'aimais la sonorité de ces paroles, mais aussi le fait qu'elles étaient riches de sens et que je ne savais pas ce qu'elles signifiaient. À la maison, personne n'avait honte des mots. Une fois, à l'école, notre instituteur nous conduisit dans une salle d'où nous pourrions écouter papa faire un commentaire en irlandais et en anglais dans un poste TSF de l'armée.

Mais les personnes vraiment respectables faisaient attention à ce qu'elles disaient. Quand j'utilisais un mot inhabituel, les filles à l'école me disaient d'un ton revêche : « T'as avalé un dictionnaire ou quoi ? » Elles étaient trop prudentes pour risquer de s'exposer dans des rédactions susceptibles d'être lues devant tout le monde. Mes compositions étaient toujours lues devant toute la classe. Et j'étais là, exhibitionniste confuse et émue, face aux autres, silencieuses et diplomates. Être réputée pour avoir de l'imagination faisait de vous une marginale, car cela revenait presque à « se donner en spectacle », attirer l'attention, frimer, exagérer, raconter des mensonges. J'étais plus une artiste qu'une étudiante sérieuse, car c'était dans une matière aussi inutile que l'anglais que j'étais bonne. Les filles étaient bonnes en anglais, pas les garçons. Pour toutes ces raisons, les femmes qui enseignaient l'anglais avaient une vie secrète intense. Elles se passaient des livres dans une enthousiaste complicité, comme des dissidents russes se passaient clandestinement entre eux les samizdats. J'ai fréquenté en tout sept écoles différentes. Je n'étais bonne dans aucune autre matière, mais j'étais bonne en anglais. J'avais besoin de l'amour que me donnaient les professeurs d'anglais, je le leur rendais, et je le leur rends encore.

« Je ne sais pas si elle est intelligente, ma sœur », dit mon père quand il me confia à la mère supérieure de ma dernière école. « Mais elle et sa mère passent leur temps à dévorer des livres… » Je le revois encore comme il disait cela, assis dans le parloir marron et brillant de propreté, essayant par automatisme et le plus vite possible de charmer la bonne sœur. Certes, il me faisait un compliment, mais un de ceux qu'il pouvait placer à une distance respectable de ses propres compétences. Comme je savais aussi que maman était dépendante de lui, et que lui ne l'était pas d'elle, ce n'était pas chose si extraordinaire que d'être considérée en bloc avec elle…

Ce fut au lycée que ma lecture des livres devint plus profonde et se transforma en étude de l'anglais. À partir de là, toute ma vie, et aujourd'hui encore, la lecture pour le plaisir et la lecture pour les études ou pour le travail n'ont jamais été très différentes l'une de l'autre. Après l'école – soit dit entre parenthèses – j'ai étudié l'anglais à l'UCD[1], et après l'UCD j'ai travaillé sur les romans anglais en prose du Moyen Âge à l'université de Hull. Puis, de retour à Dublin, je me suis préparée

1. University College Dublin. *(N.d.T.)*

à l'examen de littérature anglaise pour obtenir une bourse importante et, une fois que je l'ai obtenue, j'ai préparé un diplôme d'anglais à Oxford. Et je pense que, toute ma vie, j'ai lu plusieurs livres par semaine. Mis à part ces écrivains dont les œuvres ne compensent pas le vide de la vie intérieure – Chaucer, beaucoup de Balzac, Scott, les Dickens les plus légers, Salman Rushdie – et excepté certains écrivains avec lesquels je n'accroche pas du tout – Lamartine, Hawthorne, Richardson –, j'ai eu du plaisir avec chaque livre que j'ai pu lire, quelle que fût son importance. En tout cas, je préférerais lire quelque chose qui ne me plaît pas plutôt que de faire quoi que ce soit d'autre. J'aime la lecture en tant que telle. J'aime suivre une ligne – pas seulement l'histoire, mais aussi le rythme, le ton, la sensation de ce qui s'est accumulé avant et de ce qui commence à se dessiner à l'horizon –, parcourir d'un pied sûr la corde raide tendue par l'intention de l'auteur. J'aimais tout ce qui avait un rapport avec l'anglais en tant que matière scolaire. Les cahiers de texte. Le vocabulaire : les sélections au programme de chaque jour commençaient par des exemples de procédés métriques et de figures de rhétorique – des mots propres à émerveiller, comme rodomontade, anapeste ou onomatopée. J'aimais les examens d'anglais – je me souviens d'avoir dessiné sur le buvard un schéma représentant l'*Ode au vent d'ouest* de Shelley conçu dans mon esprit comme un cadeau pour l'examinateur durant l'examen intermédiaire que nous passions au collège.

Le fait de lire certains livres fut une expérience complexe et complète. Quand j'étais étudiante, j'ai eu une chambre dans un vieux meublé sordide à Dublin pendant un temps – le propriétaire avait des fouets suspendus au bois de son lit. Je m'en souviens uniquement parce qu'un matin d'été je m'étais installée dans la cour envahie par les herbes après avoir fait mes devoirs pour me mettre à lire *Madame Bovary*. Des heures plus tard, le soleil était passé sur l'autre mur et mon cœur battait très fort alors que Flaubert me conduisait, sous son parfait contrôle, au dernier chapitre. Je me souviens d'avoir haleté – de légers halètements involontaires – lorsque Henry James ajouta un cercle supplémentaire aux anneaux de conséquences qui s'élargissaient autour des actions des personnages principaux des *Ailes de la colombe*, jusqu'à ce que le vide s'installe autour de Densher et Kate. Dans les années 1970, j'ai vécu quelques mois dans un hôtel à Téhéran. La révolution était proche. Des hommes armés de mitraillettes patrouillaient devant les ascenseurs dans le hall. Les endroits où l'on pouvait acheter de l'alcool – des magasins sombres comme des placards dans les allées autour de l'ambassade russe – fermaient définitivement. Cela m'était égal. Tous les soirs, je me dépêchais de rentrer à ma chambre pour me verser un verre de douce vodka iranienne et pour reprendre, parfaitement heureuse, ma lecture là où je l'avais interrompue d'*À la recherche du temps perdu*. Je mis onze semaines à lire Proust, cette première fois. Son monde était mon monde réel : durant les journées, si exotiques fussent-elles, je n'attendais que de pouvoir retourner vers lui.

Et Yeats. À différentes époques de ma vie, les thèmes ou le ton de Yeats furent les seuls qui me convenaient.

Aujourd'hui, la tournure grave et majestueuse à la fin de *Méditations du temps de la guerre civile*, où il rend hommage à Wordsworth et à la réalité, et où il reconnaît sa propre incomplétude, est particulièrement significative pour moi :

But O! ambitious heart, had such a proof drawn forth
A company of friends, a conscience set at ease,
It had but made us pine the more. The abstract joy,
The half-read wisdom of daemonic images,
Suffice the ageing man as once the growing boy.

[Mais ô ! cœur ambitieux, aurions-nous pu ainsi
Attirer des amis, avoir bonne conscience
Nous n'en aurions que plus souffert. La joie abstraite
La sagesse entrevue des images magiques
Suffisent au vieillard d'aujourd'hui comme
à l'adolescent d'hier[1].]

La simplicité de la dernière ligne – qui arrive ainsi, après toute la complexité du poème – m'émeut presque jusqu'aux larmes. Ce passage et tous les autres morceaux que j'ai en mémoire sont sans cesse présents à mon esprit. Ils contiennent de la grandeur, peu importe où et à quel moment je me les répète : à un feu rouge ou en épluchant des pommes de terre. J'ai appris *Un portrait de femme* de Henry James quand j'avais quatorze ou quinze ans et que j'étais passionnée par le dégoût du monde. Ma tête était pleine du parfum des jacinthes d'un jardin, évoquant des choses que

1. Traduction de Jean Briat. *(N.d.T.)*

d'autres personnes – James et moi-même étant trop délicats – avaient désirées. En apparence, je n'étais qu'une jeune fille boutonneuse.

S'il n'y avait rien d'autre, la lecture était incontestablement une bonne raison de vivre. Saul Bellow. Alice Munro. Tchekhov. Keats. Eoin MacNamee. Montherlant. James. James Joyce. Tolstoï. Mailer. Dacia Maraini. Dermot Healy. Douglas Dunn. Trollope. Richard Ford. *Caoineadh Airt Uí Laoghaire*[1]. Donne. Colette. Robert Lowell. *Jane Eyre*. Naipaul. *Le Spectateur de la galerie* de Kafka. Roddy Doyle. John McGahern. Racine. Kawabata. Inutile d'observer une quelconque hiérarchie. Mais je reconnais qu'il y a une hiérarchie. Il y a du grand, et du moins grand, etc., jusqu'au nul.

Quand j'étais professeur, je devais éviter de citer certains passages parce qu'ils m'émouvaient si profondément que j'avais peur de me mettre à pleurer devant les étudiants. Les grands discours dans *Le Roi Lear*, par exemple, et la fin de *La Tempête*. Et «*Death be not proud...*[2]» et «*So we'll go no more a-roving...*[3]». Et ce que Ralph dit à Isabel Archer juste avant de mourir, dans *Un portrait de femme*. Et les lettres magnifiques de Keats. C'est comme cela que je présentais l'écriture à mes étudiants, avec confiance, tout comme elle m'avait été présentée. Je pense que la littérature dite classique mérite bien son nom. Je n'aurais peut-être

1. Lamentation pour Arthur Cleary. *(N.d.T.)*

2. «Sois moins superbe, Mort.» (Trad. de Jean Fuzier et Yves Denis.) *(N.d.T.)*

3. «Ainsi n'errerons-nous plus...» *(N.d.T.)*

jamais lu *Phèdre* ou *Déjection : Une ode*, ou *Samson Agonistes* ou *Les Liaisons dangereuses* ou Pope ou Hopkins ou Ben Jonson, s'ils n'avaient pas été des « textes » inscrits au programme. Je n'ai aucune objection à élever contre l'art qui a été produit par des mâles blancs et morts. Loin de là : l'idée que j'aurais pu rater cette littérature – que j'aurais pu naître plus tard, à un moment où l'on avait décidé qu'elle était trop difficile pour les jeunes – me remplit d'horreur. Je ne pense jamais au genre quand je lis. Si des questions de ce type s'imposent à moi, je dois sortir de la lecture, revenir à ce monde-ci.

J'aime aussi ce qui dérive de la littérature – des commentaires intelligents, comme les préfaces de Cynthia Ozick, ou de Seamus Heaney, ou de Henry James. Les biographies. Les autobiographies. La seule chose que je ne lis pas beaucoup, maintenant que le temps est si précieux, ce sont les auteurs moyens – comme Kundera, ou Paul Auster. Des auteurs qui placent la barre au milieu. Quand je recherche du plaisir, je veux quelque chose de parfaitement trivial – des romans de Judith Krantz, des thrillers de Scott Turow, des contes moraux de Maeve Binchy. Sinon, je veux le vrai, le grand.

La pire des privations au pensionnat était de ne pas avoir le droit de posséder des livres de fiction. J'en rêvais comme quelqu'un qui a soif rêve d'eau, parce que la langue à l'école était l'irlandais, et je ne savais pas lire l'irlandais ; je savais à peine le parler. J'étais tout le temps en manque. Durant quelques rares jours fériés très spéciaux, la « bibliothèque » – une vitrine – était ouverte. On disposait d'un après-midi pour lire un maximum d'Annie P. Smithson, par exemple. Mais tous les ans, une jeune Française venait au couvent pour aider à l'enseignement du français, et même si elle dormait dans une alcôve de notre dortoir, les règles habituelles ne s'appliquaient pas à elle, et elle avait souvent des romans dans son casier. J'en avais un tel besoin que j'arrivais à comprendre les histoires à travers la barrière de la langue. *Les Clés du royaume* et tous les autres A. J. Cronin. *La Châtelaine du Liban*. Les romans parlaient de ce qui me préoccupait. Ils posaient les questions auxquelles je cherchais des réponses. Comment la vie se vit-elle ? Comment trouve-t-on l'amour ?

III

On m'a envoyée au pensionnat – j'y suis arrivée le jour de mes quatorze ans – parce que la puberté me perturbait beaucoup. Non pas que j'aie su sur le moment comment cela s'appelait ni ce qui se passait – tout ce que je savais, c'est que j'avais été renversée par quelque chose comme un train, et que ça simplifiait tout. J'étais stupéfiée par les demandes de mon corps que j'avais à peine remarqué jusque-là. Rien ni personne ne m'intéressait dans la petite ville dans laquelle nous vivions, à part aller danser et être reconduite à la maison, ou me promener avec mon amie dans les ruelles obscures balayées par le vent qui menaient au port de la ville pour parler des garçons. Mon père venait vers nous en flânant furtivement. « Ferme ton manteau », me jetait-il. « Tu as l'air d'une fille d'usine. »

Son mouvement de recul ne concernait pas seulement ma sexualité : j'étais en train de devenir une *déclassée*[1].

Dans cette ville, à l'époque, les filles de l'école

1. En français dans le texte. *(N.d.T.)*

religieuse n'allaient pas à l'hôtel de ville se bousculer devant le miroir des toilettes pour dames qui sentaient le détergent et s'asseoir ensuite sur la banquette au bout de la piste de danse, intensément conscientes de la présence des mâles alentour, dans l'attente d'être priées de danser, jusqu'à quatre heures du matin. Seuls les ouvriers ou les élèves du technique dansaient. Au moment où l'orchestre attaquait « *Good night, sweetheart, / See you in the morning*[1] », la salle n'était plus qu'une masse en sueur, dont le pas traînant exprimait un érotisme marqué. Après l'hymne national et après avoir retrouvé mon manteau, je sortais dans la nuit sombre. Celui qui devait « me raccompagner » chez moi m'attendait dans l'obscurité, au-delà des réverbères, sans un mot. Souvent, nous ne connaissions pas nos noms.

Mais, pour ces moments de folie où nous nous dévorions l'un l'autre – sous des porches, contre des arbres, contre le mur de notre maison –, j'aurais fait n'importe quoi. Je volais, par exemple. Ma mère était plus pauvre que jamais. Régulièrement, elle exigeait de moi une chose humiliante : que j'aille à l'usine à gaz, qui se trouvait en bas derrière le port, que je dépasse les hommes pour atteindre le bureau et que je demande que quelqu'un vienne à la maison libérer notre compteur à gaz bloqué. Tout le monde savait que le compteur à gaz n'était pas bloqué, mais, au moment de compter la monnaie, il y aurait peut-être quelques

1. « Bonne nuit, mon cœur, / À demain matin. » *(N.d.T.)*

shillings de trop, et elle n'attendait que cela. Pourtant, je prenais son argent pour aller danser.

Les bonnes sœurs n'ignoraient rien de ce qui se passait en ville. Quand elles apprirent que j'avais été raccompagnée chez moi par un homme marié – ce que je ne savais pas, comme je ne savais rien sur lui à part que j'étais folle de lui –, elles appelèrent mon père pour lui dire de me retirer de l'école. J'avais treize ans. J'étais censée être mauvaise.

J'étais la deuxième enfant. Mes parents avaient encore l'énergie de lutter contre ma crise d'adolescence. Ma mère, par un coup de téléphone du *Red Bank Bar*, me fit admettre au couvent Saint-Louis qui se trouvait loin de chez nous, à Monaghan. Mon père vendit sa voiture. On m'acheta un trousseau chez Gorevan : des ronds de serviette, trois paires de chaussures, un peignoir, une brosse à cheveux – des choses que personne dans la famille n'avait jamais eues. Puis il emprunta une autre voiture. Comparé aux égards dont bénéficièrent mes frères et sœurs, il se donna un tel mal pour moi que je me sens encore coupable aujourd'hui. Il me conduisit lui-même à Monaghan. Il y avait de la neige sur les routes, il n'arrivait pas à manier les vitesses auxquelles il n'était pas habitué et il nous fallut deux jours pour arriver là-bas. Enfin, un mercredi des Cendres au milieu du trimestre, nous allâmes à la messe ensemble, puis il me conduisit vers l'immeuble de granite gris et me laissa avec la mère supérieure. Il y avait des blocs de glace sur le lac en face de l'école, et des cygnes immobiles sur l'eau noire. Pas beaucoup plus d'une semaine auparavant, j'avais passé la moitié de la nuit à danser des valses lentes, pressée contre le corps des hommes par leurs grandes mains lourdes dans mon dos. Par comparaison, je venais d'atterrir sur une planète où la vie n'était pas possible.

*

Quand j'étais là-bas à l'école, je devais oublier mon corps, ce que je savais sur les corps. Mais quand je retournais chez moi pendant les vacances, je me retrouvais en compagnie de filles qui étaient destinées au mariage, et non à une éducation poussée. Leur vie dépendait de la qualité de l'homme sur lequel elles tomberaient un jour, et la seule manière de trouver un homme était de sortir avec des garçons. Les choses importantes dans la vie – leurs outils de carrière – étaient donc les bonnes manières, la silhouette, les vêtements et les libertés soigneusement pesées accordées à tel petit copain ou à tel autre. Au milieu des années 1950, ma famille déménagea dans une maison à Dublin, à Clontarf. Ma sœur et ses amies travaillaient dans des bureaux ou dans des magasins, et elles pouvaient s'acheter quelques vêtements et du maquillage. Quand je revenais à la maison, je ne faisais plus partie de leur monde. J'allais à des sauteries, mais personne ne m'invitait plus à danser. J'étais démodée. Je ne connaissais rien à l'argot. *Rock Around the Clock* arriva à Dublin et les sièges des cinémas furent éventrés. Avec Elvis et James Dean, on lança l'idée que les jeunes gens sont différents des adultes sur tous les plans. Mais là-haut, près de la frontière, dans notre pensionnat où nous parlions l'irlandais, nous étions simplement des adultes imparfaites qui vivions quelque part entre vingt et deux cents ans en arrière. À la fin de toutes les vacances, on me renvoyait là-haut – pâle à force d'avoir fumé, les yeux cernés à force d'explorations silencieuses avec des garçons sous les aubettes – malgré toutes mes protestations et tous mes arguments pour expliquer qu'il serait beaucoup mieux que je trouve un job chez Clery. «Je pourrais gagner de l'argent», disais-je. Personne n'écoutait. Quand je revenais à l'école, il n'y avait personne à qui j'aurais pu raconter ce que j'avais fait pendant les vacances, tout comme il n'y avait personne à la maison qui s'intéressât à ce qui se passait à l'école.

L'école avait sa propre atmosphère, piquante et dense. C'était un endroit compliqué, cérébral. Nous aurions pu aussi bien être des êtres incorporels, vu le peu d'attention que l'on accordait au corps. Sortir de son lit le matin quand il faisait encore nuit était dur, et nous attrapions des engelures et des boutons, et nous n'avions pas le droit de nous laver les cheveux assez souvent ni de prendre suffisamment de bains. S'il y avait d'autres filles comme moi, qui avaient déjà une idée de la sensualité, je suppose qu'elles occultaient cette connaissance comme je le faisais moi-même. (Il me fallut vingt ans encore avant de redécouvrir, au cours d'un chaud après-midi à Paris, alors que je paressais sur un lit, la masturbation, refoulée depuis l'âge de la maternelle.) On inspectait nos sous-vêtements. Nos bas tombaient en bourrelets de nos jarretières élastiques de couleur grise. Dehors, les filles portaient des soutiens-gorge hauts, de forme conique, mais nos jeunes poitrines étaient aplaties par nos maillots de sport, et l'on pouvait apercevoir la pointe des seins à travers le tissu. Il y avait une laïque qui venait enseigner à l'école. Sous son pull, on voyait quelque chose comme deux chiots qui gigotaient, juste au-dessus de sa ceinture. Mais nous ne faisions jamais allusion à de telles choses.

Nous ressentions le moindre luxe avec une plus grande intensité. Les classes qui ne préparaient pas d'examen d'État donnaient une opérette à Noël. Pour celles qui préparaient leurs examens, et qui se rendaient, après une soirée passée à étudier dans le calme, à la chapelle sombre et froide pour la prière du soir, c'était beau d'entendre, quand elles filaient à toute allure devant le *halla cheoil*[1], le bruit de l'orchestre et du chœur qui s'élevait à l'intérieur et qui arrivait au finale : « *We do not heed their dismal sound*[2] », l'année où on jouait *Le Mikado*. Ça donnait des couleurs à la nuit hivernale. Le matin de la Saint-Patrick, des filles de l'orchestre étaient assises sur des chaises avec leurs violons et jouaient une gigue enjouée tandis que nous passions en vitesse devant elles pour nous rendre à une messe spéciale. Dans le réfectoire, il y avait des narcisses dans un vase, et pour chacune une petite saucisse grasse pour marquer le jour férié. Tout ce qui sortait de l'ordinaire était un plaisir profond : une demi-heure de sommeil supplémentaire, un colis de la maison, une bouffée du talc d'une autre fille, les petits autels dédiés à Notre-Dame que nous mettions au mois de mai dans nos alcôves, une tranche de pain frais quand nous nous

1. Salle de spectacle. *(N.d.T.)*
2. « Nous ne prêtons pas attention à leur son funeste. » *(N.d.T.)*

attendions à du pain rassis, deux plaquettes de beurre au lieu d'une seule.

L'école aussi était source de grandes excitations. Quand j'ai fait allusion à cela récemment à la seule bonne sœur avec qui je suis encore en contact, elle s'est exclamée, en colère : « Oh non, Nuala ! Pour l'amour du ciel, ne recommence pas avec ça ! » Mais il n'y a rien de honteux dans la manière dont nous nous construisions un système romantique qui pût contenir nos émotions débordantes. À l'époque, il y avait des pensionnats partout en Irlande, et dans tous il a dû se trouver des filles qui avaient le béguin pour d'autres filles ou pour des bonnes sœurs. Et tous ces établissements ont dû inventer un vocabulaire particulier, propre à ce monde à part. Tous ces mots, tous ces concepts seront perdus à jamais quand les femmes de mon âge mourront, car personne ne leur accorde assez de valeur pour les transmettre. À Monaghan, on appelait une fille qui avait le béguin une *daftie* : une fille prisée des classes supérieures pouvait avoir huit ou dix *dafties*. Les *dafties* rivalisaient entre elles pour que la bien-aimée accepte leurs cadeaux. Le but de ces cadeaux était de recevoir un « merci ». On rôdait, parfois pendant des semaines, sachant toujours exactement où, dans n'importe quelle foule, l'être aimé se trouvait, et si cet être se dirigeait vers nous ou s'il s'en éloignait, tout ça pour cette excitation qui nous assécherait la gorge au moment où l'aimée marmonnerait quelques mots de remerciements. On appelait le moment de ces remerciements une *soirée*[1], que nous

---

1. En français dans le texte. *(N.d.T.)*

prononcions *« swarry »*. (Peut-être cette expression provenait-elle du XIXe siècle, quand les sœurs de Saint-Louis sont venues de France en Irlande.) Après une *soirée*, on avait besoin de l'aide de nos amies pour marcher, tellement nos jambes flageolaient. Les quelques bonnes sœurs qui jouaient à ce jeu délicieux avaient un large éventail d'effets : elles pouvaient vous remercier parmi les rosiers sombres du cimetière des sœurs.

Les émotions que nous, écolières, ressentions étaient volatiles et exagérées, et elles ont toujours été méprisées par le monde. Mais elles n'étaient pas vulgaires. Elles constituaient la base d'une dimension affective qui aurait la plus grande importance pour le reste de notre vie. Elles n'étaient pas un pauvre ersatz de ce que nous aurions pu faire avec des garçons si nous n'avions pas été au pensionnat, ce que la société patriarcale a toujours présumé de manière arrogante. L'émotion était un élément dans le processus de notre propre accomplissement : apprendre la justesse des choses, apprendre à se contrôler, apprendre à se différencier des autres autour de soi. Le moteur qui nous stimulait, c'était la satisfaction de nos sentiments plutôt que la compétition ou l'ambition. Une des bonnes sœurs, impétueuse et brillante, marchait toujours et partout à grands pas, et son joli visage avait des couleurs vives. S'engager sentimentalement avec elle était quelque chose de sérieux. Et quelque chose de subtil – plus subtil que toutes les relations que j'avais pu connaître jusque-là. Elle pliait nos sentiments incohérents à des apprentissages, de parole et de pensée, à des buts qui allaient au-delà d'une gratification personnelle. À cette période, j'avais honte de ma propre sensiblerie.

J'admirais les filles et les sœurs qui se tenaient à part. Il n'y a pas très longtemps, j'ai arrêté ma voiture dans un coin reculé d'Irlande où je m'étais perdue pour demander mon chemin à une femme qui marchait le long de la route devant moi. Il s'avéra qu'elle avait été à Monaghan en même temps que moi. Elle se souvenait de moi, mais, à ma grande honte, je ne me la rappelais pas. « Oh, je ne m'y attendais pas », dit-elle. « Je n'étais pas le genre de fille à intéresser la sœur. Vous, oui. » C'était un compliment, mais un compliment acerbe.

Elles n'ont pas toutes pu oublier cela. Il y a quelque temps, une fille dont j'avais été la *daftie* m'a contactée pour savoir si je ne pouvais pas aider son association de résidents à sauver leur église locale de la démolition. Je pouvais difficilement dire à cette respectable matrone : « Te rappelles-tu cet après-midi où j'étais couchée sur ton couvre-lit quand toi tu étais malade dans ton lit, et que je te disais que le duvet à la naissance de tes cheveux, sous ta frange, était la chose la plus belle que j'eusse jamais vue ? » À côté de chez moi, il y a un pub où un groupe de collègues plutôt chic – peut-être sont-elles des agents immobiliers – prennent parfois un verre après leur travail. L'une d'elles me fait un signe de la main. Je me souviens du joli collier qu'elle m'avait donné quand elle était ma *daftie*. Si je lui disais que je m'en souviens, elle s'évanouirait probablement de honte. On voit alors à quel point la sexualité des filles, et même leur innocente sublimation de la sexualité, est stigmatisée.

Je n'ai pas honte de nos ferveurs. Mais j'ai honte du fait que, par deux fois, j'ai volé les cadeaux que j'ai ensuite offerts à mon héroïne. J'avais pris du talc

Tweed ou des savonnettes rondes enveloppées dans du papier de soie dans les alcôves d'autres filles. Je n'avais pas le choix. Je n'avais pas d'argent. Je ne les ai pas pris pour moi-même, juste pour les lui donner. Et je pense que, peut-être, elle le savait. Et que les bonnes sœurs le savaient aussi, sans jamais en parler. Elles savaient que je mentais. Elles savaient que je lisais sous ma couverture. Elles savaient (et cela aurait pu me perdre) que je fumais, perchée dans l'encadrement de la fenêtre des toilettes du grenier tout là-haut, appuyée contre la vitre froide pour écouter les bruits de la ville, comme les grands cris des rassemblements pour les hommes de l'IRA – l'un d'eux était de la ville – qu'on avait tués à la frontière en 1956. Elles savaient qu'il était de plus en plus difficile d'obtenir de mes parents les frais d'inscription (je coûtais une fortune à ma famille, entre mon uniforme et mes livres). Ma mère demandait parfois à une copine du pub où elle buvait de la conduire à Monaghan, mais elle avait peur des bonnes sœurs et restait en ville au bar de l'hôtel et elle envoyait sa copine me chercher au pensionnat. Les bonnes sœurs étaient probablement au courant de mes vols. Je pense qu'elles devaient sans doute être d'une immense bonté. Mais elles n'étaient pas franches avec moi. Je ne leur faisais pas confiance, pas plus qu'elles ne me faisaient confiance.

Je suis sûre que d'avoir été envoyée à cette école fut le plus grand coup de chance de ma vie. Lorsque, dans le passé, je l'avais critiquée, la bonne sœur avec qui je suis restée amie m'a gentiment rappelé que j'étais venue dans cette école avec un ego perturbé, et que je projetais mes propres chagrins sur l'école. Je suis inquiète parce que je me souviens des mauvais moments plutôt que des bons. « Mais ne te souviens-tu pas du jour où tu as dirigé la grève ? » dit-elle. « Ne te souviens-tu pas des versions de Virgile, et combien elles étaient excitantes ? Ne te souviens-tu pas de notre plaisir lorsque nous répétions *Blossom Time* ? Ton essai que nous avons publié dans *The Oriflamme* ? Le jour où je t'ai prêté *J. Alfred Prufrock* ? » J'ai atteint un certain âge maintenant. Je ne veux pas replonger dans de vieilles blessures. Mais elles sont là. Le jour où les bonnes sœurs m'ont exclue parce que je n'allais pas tout droit à la chapelle pour remercier Dieu d'être la première en français dans toute l'Irlande. (« Non, Nuala, ce n'était absolument pas une punition. Nous étions juste très, très déçues par toi. ») Le jour où elles n'ont pas voulu me laisser être une enfant de Marie. Le jour où mon amie Breda et moi, nous avons dû demander pardon à genoux devant toute l'école pour avoir pris du pain au réfectoire parce que nous avions faim.

On attendait de nous d'être les meilleures en Irlande dans les matières enseignées. Mais aussi d'être plus que des bêtes à concours – d'apprécier l'art, par exemple, même si, à part la musique, « l'art » n'était qu'un rouleau enluminé qui contenait les prières en bouquet spirituel, ou une récitation accompagnée de gestes de « *Glory to God but there it is / The dawn on the hills of Ireland*[1] », lors de la visite d'un évêque américain. Nous avions des débats. Il y avait des gravures d'après Maître Claude et Poussin sur les murs. Cependant

1. « Gloire à Dieu car voici / L'aube sur les collines d'Irlande. » *(N.d.T.)*

l'intelligence ou le talent artistique n'étaient pas grand-chose en soi. Il fallait les mettre au service de Dieu. Les bonnes sœurs étaient les femmes les plus puissantes d'Irlande. Elles n'avaient pourtant aucun idéal dans le monde séculier. La chose qui apporterait le plus de louanges à une fille était son désir d'entrer au couvent, d'être une fiancée du Christ. Quand j'ai quitté l'école, la mère supérieure – qui aurait pu diriger la General Motors tellement elle était compétente – m'a conseillé, sérieusement, en quelque situation que je me trouve, de me demander ce qu'aurait fait la Vierge Marie, et de faire la même chose.

Je suis partie de cette école, pleine de ressentiments sournois contre tout ça, et je n'y suis pas retournée pendant trente ans. Maintenant, dans une cour du bâtiment un petit musée a été ouvert au public. Un jour, il n'y a pas très longtemps, comme je traversais Monaghan en voiture, je me suis dit que je pourrais y faire un saut et jeter peut-être un œil sur la cour cachée et sur le couloir vitré – scène de tant d'événements épiques de mon adolescence – sans rencontrer personne. Mais, au moment où je me précipitais vers le musée, une bonne sœur descendit en courant l'escalier de secours, voile au vent. « Nuala ! Nuala ! » criait-elle avec une joie non déguisée dans la voix. Je n'arrivais pas à y croire – quelqu'un à cet endroit-là du monde se souvenait de moi et de mon nom après si longtemps ! Je me rappelais avec une affection sans ambiguïté cette bonne sœur en particulier. Elle avait enseigné les langues avec une vigueur lucide. Mais quand elle mit son bras sous le mien pour m'amener – malgré mes protestations – chez l'ogre terrible qu'avait été la mère supérieure de mon époque, je fus encore plus stupéfaite. « Nous sommes si fières de tout ce que tu as fait, Nuala, et c'est merveilleux de te voir en si bonne forme ! Tu dois avoir bientôt, laisse-moi réfléchir, quarante-sept ans, n'est-ce pas ?... » Cette personne, par tous les diables, se souvenait de mon anniversaire ! Elles créèrent une petite atmosphère de famille autour du thé qu'elles me servirent dans le parloir des sœurs. Après, j'aidai la mère Dorothea – petite et frêle – à se traîner à la chapelle où elle dit une prière tandis que je restais clouée sur place. Puis elle m'embrassa, et je partis en courant, montai en voiture, me penchai sur le volant et pleurai si fort que je ne pouvais plus conduire.

Sur la route, un mille et quelques plus loin, je vis une cabine téléphonique. J'appelai mon amie Marian qui était allée à la même école dix ans après moi, et qui savait la terreur que la mère Dorothea avait provoquée chez des générations de filles. « Nous nous sommes trompées, Marian », sanglotai-je dans l'écouteur. « Elles nous ont vraiment aimées. Elles comprennent les filles : c'est juste qu'elles ne l'ont jamais montré ! »

« Notre première révisionniste », dit Marian.

IV

J'ai quitté l'école après le baccalauréat, j'avais dix-sept ans. J'espérais entrer à l'université, mais il fallut un moment avant que je puisse passer l'examen pour obtenir une bourse d'entrée, et je dus attendre encore pour savoir si j'avais réussi à obtenir cette bourse. J'espérais en même temps ne pas être admise à l'université, ainsi j'aurais pu me trouver un job chez Clery, comme mon amie. À cette époque, des jeunes gens mais aussi des jeunes femmes travaillaient derrière les comptoirs sur les vieux parquets en bois de chez Clery où un système pneumatique faisait circuler la monnaie à travers des tuyaux dans tout le magasin. J'avais l'impression que les employés du magasin s'amusaient énormément. J'avais trouvé un poste d'employée dans le bureau d'achat à crédit d'un magasin de meubles de Grafton Street, mais j'y étais seule. L'achat à crédit était à l'époque réservé aux très pauvres. Les clients devaient traverser une longue pièce avant d'arriver à mon guichet. À leur manière de s'avancer vers moi, je voyais combien il était dur pour eux de continuer à payer pour des choses qu'ils avaient depuis longtemps en leur possession. Moi aussi, j'étais dominée par l'argent. J'habitais certes à la maison, mais je donnais la moitié de mon salaire à maman. À partir du moment où j'ai quitté l'école, mon plus grand problème, pendant des années et des années, a été de trouver un moyen de gagner assez d'argent pour vivre.

Pendant cet intervalle entre le lycée et l'université, je tombai dans une dévotion que je ne connaîtrais plus par la suite. Je rejoignis la Légion de Marie à Dublin – nous avions une charrette à bras près de O'Connell Street où nous exposions de la littérature pieuse, et nous avions une mission spéciale auprès des piétons. Je récitais des prières tous les jours, et j'allais à la messe. Pendant les morceaux fastidieux de la messe, je lisais, un truc découvert à Monaghan où on nous faisait parfois traverser la ville à pied – nos regards s'attardant en direction des magasins de bonbons et de la friterie – et monter la colline pour atteindre la cathédrale qui se trouvait en face d'une autre colline où des silhouettes penchées rôdaient dans les allées de l'asile de fous. Je lisais, cachée derrière mon missel, tout ce qui touchait un peu à la religion – les poèmes et les sermons de John Donne, par exemple. J'étais membre de l'Association pionnière de l'abstinence totale : après mon premier verre, j'y suis retournée encore et encore... J'allais souvent me confesser, pour trouver de l'aide concernant les garçons...

Une des raisons pour lesquelles je m'appliquais tant à devenir une fille normale et une bonne catholique avait été le choc terrible éprouvé lorsque j'avais perdu ma virginité. Juste avant – c'était les vacances et j'étais à la maison –, j'avais fait des bêtises avec mon petit ami sur son canapé. Sa mère se trouvait à l'étage au-dessus. Sur le tourne-disque, on écoutait Lionel Hampton chanter *How High the Moon*. Je n'avais plus ma culotte. Soudain, le garçon m'a pénétrée brutalement, sans m'avertir. Je suis rentrée chez moi en courant par les rues des faubourgs, suffoquant, pleurant, priant à haute voix de ne pas tomber enceinte. Je me suis enfermée dans la salle de bains pour nettoyer le sang et pour m'agenouiller dans la solitude et implorer Notre-Dame de me sauver. Quelques-unes des filles avec qui j'avais l'habitude de traînailler ont monté l'escalier et, parvenues devant la salle de bains, elles m'ont taquinée à travers la porte – j'avais dû dire quelque chose avant de foncer à travers cette foule hostile assise sur le mur devant la maison. « Qu'est-ce qui est arrivé à ta culotte ? » criaient-elles comme les Furies. « Qu'est-ce qui est arrivé à ta culotte ? » La terreur et le dégoût m'ont presque conduite à la conviction que j'avais la vocation pour devenir bonne sœur. Mais l'effet le plus durable fut que si j'étais toujours aussi enthousiaste dans mes rapports avec les garçons, au-dessus de la ceinture, le reste de mon corps m'embarrassait tant que j'étais même incapable de dire que j'avais envie d'aller aux toilettes.

Quand j'ai appris que j'avais obtenu la bourse pour l'UCD, je suis partie en vacances chez ma tante qui avait été si drôle avec nous quand j'étais petite. Elle habitait dans la maison de quelqu'un d'autre dans une morne station balnéaire de la côte est, où la mer se retirait si loin à marée basse qu'on ne pouvait plus l'apercevoir. La nuit, nous nous asseyions enveloppées dans nos manteaux à l'abri de la digue, et elle buvait du whisky à la fiasque qu'elle gardait toujours sur elle, dans son sac à main. Elle était comme une enfant tendre. Mais elle avait été déçue par la vie. Elle savait qu'elle aimait ses propres enfants autant que nous, les enfants de sa sœur. Mais elle ne savait pas du tout pourquoi elle était mariée, ni pourquoi avec cet homme qui était son mari en particulier, ni pourquoi elle avait peur de grand-père, ni pourquoi tout le reste. On l'avait toujours surnommée « la Sauvage ». Son mari travaillait à l'étranger. Elle était amenée à le rejoindre de temps en temps. Plus d'une fois, elle a bu l'argent du billet afin d'être dispensée d'y aller. Dans ces cas-là, son mari et son père organisaient son voyage dans son dos.

La maison de ma famille à Clontarf était pleine à craquer et toujours bruyante. Mon père était devenu complètement « Terry O'Sullivan » – l'instituteur idéaliste et lieutenant de l'armée, Tomás O'Faolain, qui avait appelé sa femme sa *chroidhe dhil* – cœur adoré – quand il écrivait avec tant d'affection et d'énergie pour arranger le déménagement de leur petite famille dans le Donegal, avait été remplacé par un autre homme. C'est en partie la taille croissante de la famille et le refus de ma mère de se satisfaire d'être au service de celle-ci qui tuèrent son enthousiasme. Par-dessus tout il était étranger à son rôle domestique en raison de l'opportunité que la modernisation de l'Irlande lui offrait. Il n'était pas journaliste au sens ordinaire du terme. Il était un petit dieu dans ce monde – à l'époque très nouveau et encore innocent – de gens qui recherchaient une certaine publicité.

Son successeur à la rubrique du « Dubliner's Diary », l'éminent journaliste Michael O'Toole, parle, dans des souvenirs qu'il a publiés, de la façon dont mon père faisait des entrées quasi majestueuses lors des événements qui avaient lieu en ville. Il se maintenait à l'écart et attendait avec un calme mélancolique l'adulation habituelle. Le plus souvent, il se levait, dans notre maison sur la côte à Clontarf, vers deux heures de l'après-midi et, lavé et rasé de frais, généralement vêtu de son habit de soirée, il montait dans la voiture du journal que le chauffeur conduisait jusqu'au portail, pour lire ses invitations sous une lampe de lecture installée spécialement au-dessus du siège arrière. Il allait alors partout où il se passait quelque chose avant de s'installer, vers minuit, pour écrire au bureau un « Dubliner's Diary » pour l'*Evening Press* du lendemain. Des restaurateurs envoyaient à son bureau des repas exotiques sous des cloches en argent, ainsi que des vins et du cognac. Il crachait sa chronique sur sa vieille machine à écrire, coûte que coûte, avec cette discipline qui était sa seconde nature.

Il n'aura pas passé plus de deux heures, réveillé, chez lui. Une vieille femme qui travaillait pour mes parents m'a raconté récemment que, quand il était un jeune père, il nous parlait toujours en irlandais, à Grainne et à moi, les deux aînées. Désormais, il n'avait plus beaucoup de temps pour nous parler en quelque langue que ce soit. Quand il était jeune marié, m'a raconté cette même femme, lui et ma mère étaient très proches. « Je crois qu'ils ont dû se disputer beaucoup », m'a-t-elle dit. « Quand il rentrait de son travail, il me demandait de vous sortir, les enfants, pour faire une promenade et de ne pas rentrer avant une heure. » Personne ne sait ce qui se passe à l'intérieur d'un couple, et la seule chose dont ma mère fut sûre durant toute sa vie, c'était de la perfection de leur relation physique. Mais il évitait la maison. Même le jour de Noël pour lequel nous avions des rituels charmants autour du sapin et des cadeaux et du champagne – des choses que nous avons toujours faites, comme une famille de roman – il lui arrivait de sortir. Souvent il prenait avec lui un ou plusieurs enfants, ou sa femme, quand il se rendait à une manifestation officielle, ou bien il organisait pour nous un cadeau spécial venant d'un hôtelier reconnaissant ou un truc de ce genre. Mais il n'a jamais passé une journée entière à la maison. Et ma mère n'était pas souvent à la maison non plus. Deux fois par jour, elle allait au pub. Une fois le soir, jusqu'à l'heure de la fermeture. L'autre fois, à midi, quand elle s'y rendait pour prendre les messages. Et se donner des forces pour l'affronter, lui.

Qui sait où il allait ? Il avait des tas d'affaires en cours. Nous dépendions tous de lui. Grainne – « Grainne la jolie », comme disait toujours ma mère – était exceptionnellement douée et attirante, et elle trouvait des jobs d'assistante personnelle de divers directeurs généraux. C'était ce qu'une jeune femme pouvait espérer atteindre de plus élevé dans le monde du travail à ce moment-là. Moi – « Nuala la cérébrale », comme disait ma mère – j'avais des boulots temporaires et puis ma bourse. Ma sœur, celle juste après moi, Deirdre – « Deirdre la gentille », d'après ma mère, qui ainsi coupait court à toute confiance globale que nous aurions pu avoir toutes les trois – était fiancée et travaillait dans un bureau. Mais, émotionnellement, nous étions les esclaves de mon père. Ensuite il y avait nos frères, qui avaient toujours des difficultés ou des problèmes, puis mes petites sœurs et mon plus jeune frère. Aucun d'eux ne recevait beaucoup d'attention. Ils n'étaient pourtant pas les simples membres d'une famille quelconque, mais, plutôt, d'une famille consciente d'être différente, voire supérieure, aux autres familles. Le deuxième de mes frères était dans l'armée britannique. Aujourd'hui, il passe son temps assis dans une chambre à Londres, à lire et à boire. «J'aimais ma mère et j'adorais mon père quand j'étais petit», m'a-t-il écrit dans une lettre qui rend bien compte de notre confusion mentale.

Ils étaient Mère et Père, est-ce qu'un enfant connaît autre chose? Bien sûr, je faisais pipi au lit quand il rentrait soûl à la maison et qu'il rouait ma mère de coups. Ses cris au secours me déchiraient le cœur, et j'avais envie de dormir caché dans un tiroir. On ne voyait pas souvent notre père, mais je l'aimais de loin.

Un inconnu, en voyant les manières raffinées de mon père, son indifférence, son humour, penserait que c'était un type moderne avec qui la vie à la maison devait être merveilleuse. Et souvent, elle l'était. En général, c'était un homme charmant. Et il était le chef de famille, même si la famille courait à sa perte. Avec sa volonté d'acier, il créait une forme de vie de famille qui lui convenait. Quand il rentrait la nuit, il sortait par la porte de derrière pour inspecter dans le noir les roses qu'il faisait pousser. Il portait lui-même ses vêtements à la teinturerie et cirait lui-même ses chaussures. Il était invariablement fringant et presque toujours joyeux. Il sifflait joliment en se rasant. Rien ne l'aurait empêché de survivre. Il mettait ma mère dans des états impossibles.

« J'ai demandé à ta mère de m'accompagner au festival de Wexford, disait-il en colère – ou à une garden-party, ou à une réception –, mais elle me dit qu'elle n'a rien à se mettre. N'est-ce pas, Katherine ? Je t'ai donné *carte blanche*[1] pour aller chez Brown Thomas – dis-leur de m'envoyer la facture – t'acheter quelque chose de joli, mais tu prétends toujours, apparemment, que tu n'as rien à te mettre... » Elle suffoquait de frustration, incapable de trouver les mots pour dire qu'elle n'était pas à même de faire de telles choses, et il le savait ; qu'elle n'avait pas de jolis sous-vêtements ni de chaussures, même si elle avait une robe ; qu'elle était trop intimidée dans les magasins pour leur dire d'envoyer la facture ; qu'un des enfants faisait de nouveau l'école buissonnière ; qu'il n'avait pas dit pour combien de temps ils seraient absents ni qui était supposé s'occuper de la maison pendant ce temps ; et s'il lui donnerait de l'argent de poche là où ils seraient ou si elle devrait l'attendre chaque fois qu'elle voudrait s'acheter à boire. Elle était incapable d'exprimer ce qu'elle ressentait : c'est-à-dire qu'il se moquait d'elle enfermée dans sa cage ! Elle crevait d'envie qu'il aille se faire voir au travail pour qu'elle puisse aller au pub afin d'avaler rapidement un double gin qui arrêterait ses tremblements.

Mais même sa cruauté envers elle n'était pas simple. Plusieurs fois, quand je suis montée dans sa chambre

1. En français dans le texte. *(N.d.T.)*

pour lui apporter un message, j'ai vu des grains de chapelet dépasser de sous son oreiller. Il avait dû faire sa prière tout seul. De temps en temps, il a dû se sentir sans défense sous son apparente insouciance. Pendant les quelques années qui suivirent, alors que peu à peu je m'éloignais, la maison – quatre chambres, onze personnes – vibra de tous les individus différents qui l'habitaient, chacun se battant pour satisfaire au moins quelques-uns de ses besoins. Le placard à vêtements dans la cuisine était un chaos désespérant de pulls et de chaussettes, et du sucre crissait sous nos pieds. Un jour, j'ai amené à la maison un acteur anglais pour qui j'avais le béguin. Personne n'avait nettoyé les flaques de thé sur la table et les miettes ramollies baignant dans le thé froid ressemblaient à des escargots. « Mon Dieu », dit-il. « C'est comme une mise en scène pour un appartement de O'Casey ! »

La nuit, la maison était complètement sans défense. Des bandes de garçons avaient l'habitude de venir à la porte de derrière jusqu'au bas des marches menant aux chambres. Ils savaient qu'ils pouvaient prendre des libertés. Il n'y avait personne pour s'occuper de mes petits frères et sœurs. Mes petites sœurs avaient leurs petites vies régulières bien à elles. Elles se mettaient au lit à neuf heures. Elles essayaient de régler le réveil pour se lever à temps pour l'école. Je me souviens des lits. Les enfants de ma tante dormaient souvent à Clontarf eux aussi. Nous étions si nombreux qu'il y avait des lits sur le palier et dans un débarras sans fenêtre. Les couvertures et les draps étaient complétés par des manteaux. Il n'y avait que des bouts de draps déchirés – suffisamment pour se les mettre sous le menton afin d'adoucir le contact rêche des manteaux. Je me souviens de ma mère s'arrêtant pour arranger une bande de coton sous la joue d'un enfant endormi. Je n'ai aucun souvenir de mon père faisant quoi que ce soit de ce genre.

Nous détestions tous réclamer de l'argent. Souvent, je me tenais sur le palier devant la chambre de mes parents, essayant de trouver le courage de frapper à leur porte et de les réveiller pour leur en demander. Même quand je travaillais pour obtenir la bourse d'entrée à l'UCD à Earlsfort Terrace, je devais descendre du bus à North Strand et puis faire le reste du trajet à pied parce que je n'avais pas assez d'argent pour la totalité du billet. Pourtant, nous n'étions pas pauvres par rapport aux normes de l'époque. Des années plus tard, j'ai été interviewée à la télé par Anthony Clare, personnalité de la télévision et psychiatre, pour une série d'émissions consacrée au peuple irlandais. J'ai dit que j'étais pauvre quand j'étais étudiante et, pour ne pas donner l'impression de vouloir me démarquer, j'ai ajouté que de nombreux étudiants à l'UCD étaient pauvres. Le journaliste Eamon Dunphy a fait une critique de la série, et je viens de retrouver son papier. « En regardant Nuala O'Faolain se décrire comme une pauvre », dit-il, « j'avais envie de donner des coups de pied dans mon poste de télévision. » Il continue : « Le père de Nuala était l'un des journalistes les plus célèbres d'Irlande, Terry O'Sullivan. Est-ce qu'elle était "pauvre", est-ce que "tout le monde à l'UCD" était pauvre ? Tous ceux qui étaient vraiment pauvres dans les années 1950 savent que la réponse est non. Non, non, non. En effet, personne parmi ceux qui allaient à l'UCD pendant ces années austères n'était pauvre. Ils ne faisaient que jouer à être pauvres... » C'est vrai, d'une certaine manière. À la fin des années 1950, il y avait de longs défilés de chômeurs à Dublin. Ils avaient l'air désespérés, et ils l'étaient. Ils n'avaient pas d'autre solution que l'émigration.

Mais j'étais quand même blessée. Mon père lui-même était souvent sans le sou. Et s'il arrivait que le chauffeur attende de temps en temps mes petites sœurs à la sortie de l'École nationale avec l'Austin Princess, il arrivait aussi qu'elles n'aient pas de chaussettes. Qu'elles n'aient pas de cahiers. Une de mes petites sœurs avait la tuberculose et passait ses journées couchée. Personne ne s'en rendait compte ou, en tout cas, personne n'y faisait rien. Un de mes amis, plus vieux que moi, il était médecin, est venu me voir à la maison et a constaté son état. Elle a passé un an en sanatorium. Je suppose qu'autrement elle serait morte. Pendant cette période, mes frères étaient les plus grandes victimes de cette négligence qui m'a laissé une telle impression de pauvreté. Ils auraient eu besoin d'aide pour réussir à l'école. Mais ils n'ont jamais réussi à l'école. Ils étaient condamnés à aller d'un job sans avenir à l'autre cahin-caha. Mon ami médecin et un jésuite de Gardiner Street se sont évertués à maintenir mon frère aîné sur la voie menant à une possible université. Mais ils ont été vaincus par ma mère qui voulait qu'il gagne de l'argent et par mon père qui s'en lavait les mains en prétendant qu'il n'y avait pas de problème. Nous n'étions pas pauvres. Nous avions des aspirations que les gens réellement pauvres n'ont pas : ce n'était pas à proprement parler à cause de l'argent que nous n'y arrivions pas. Un jour, j'ai entendu parler d'un journaliste de Dublin qui avait mon âge et qui, à cette époque, avait été très pauvre. Sa mère était femme de chambre dans un hôtel. La nuit, elle faisait attendre ses enfants dans l'allée derrière l'hôtel, le temps qu'elle trouve une chambre libre pour les y faire dormir en cachette. Je l'enviais. Je l'envie parce que sa mère s'occupait si bien d'eux.

À la fête de Noël pour la presse, organisée par le Fianna Fáil[1], l'année où Eamon Dunphy avait écrit ce papier, je lui ai tourné le dos. Charlie Haughey était alors *taoiseach*[2], il s'est moqué de nous deux et nous a amenés à nous serrer la main. À l'époque, quand nous étions pauvres chez nous mais ne le montrions pas à l'extérieur, j'avais l'habitude de boire avec mes parents à l'hôtel *Groome*. Je me souviens que, une fois, Charlie Haughey m'a accompagnée de l'hôtel jusqu'à la maison et, alors qu'il se calait dans son siège après avoir arrêté la voiture au portail, ma mère est sortie pour taper à la vitre embuée de la voiture. Charlie Haughey et mon père se ressemblaient beaucoup, ils avaient une certaine grandeur ironique dans leurs manières. Tous deux venaient d'un milieu modeste, et le Joey's à Marino où tous deux sont allés à l'école n'était pas une académie pour l'élite. Pourtant, quelle belle vie ils ont menée dans la fleur de l'âge ! Mais mon père marchait sur le fil du rasoir. L'huissier attendait souvent devant la maison, appuyé contre le mur de l'arrêt d'autobus de l'autre côté de la rue. Nous survivions au jour le

1. Parti politique irlandais fondé par Eamon De Valera. *(N.d.T.)*
2. Chef du gouvernement. *(N.d.T.)*

jour. Le potential brillant de mon frère étant ignoré, ce dernier s'est embarqué sur un navire de la marine marchande.

Il n'était pas possible d'étudier à l'université en restant dans notre maison de Clontarf. Elle était trop marquée par les crises. Elle hébergeait trop de souffrance. Mais je ne le savais pas. J'étais fière de ma famille. On ne rencontrait pas souvent un homme et une femme aussi charmants que mon père et ma mère, même quand ils n'étaient pas au mieux de leur forme. J'étais sous leur charme. Ma mère avait fait de moi sa confidente. J'écoutais les détails des tromperies de mon père et de sa revanche à elle : elle avait une petite histoire maladroite avec un homme du pub. Je ne considérais pas mon rôle de confidente maternelle comme destructeur. Je pensais que je vivais ma propre vie. Quand j'ai obtenu ma bourse j'ai perdu l'argent – j'ai réellement perdu les billets. C'était exactement le genre de catastrophe auquel j'étais habituée. Pour couronner le tout, je ne me suis même pas présentée à l'examen de première année. J'étais devenue une sympathisante du groupe socialiste de Noel Browne et, comme je pensais que faire campagne pour lui dans une élection législative partielle etait plus important que mon avenir, je ne m'étais pas du tout occupée de mes études. Je me rappelle que mon amie Nessa Boland m'implorait à la porte principale de l'UCD d'entrer au moins dans le hall, mais j'ai tourné les talons et je suis partie. Non seulement je buvais comme ma tante « Sauvage », mais souvent avec elle. Jamais je n'aurais traversé les années suivantes sans cet homme plus âgé, le médecin que j'avais rencontré lors d'un meeting de Noel Browne, qui essayait d'avoir un œil sur moi et sur toute ma famille, et qui m'a sauvée, aussi sûrement qu'il a sauvé ma sœur de la tuberculose.

Comme j'étais si impliquée dans ma famille, et comme aucun de nous n'avait la moindre conscience de ce que nous étions en train de faire, j'ai failli couler avec ce bateau en détresse. Mais, heureusement, les forces puissantes de l'amour et du sexe m'ont tirée vers la sécurité. Tous les soirs, je sortais en ville. Je voulais avoir un endroit à moi. Je travaillais toujours à mi-temps et, pendant un moment, j'ai même eu un job à temps complet comme vendeuse chez Boyer, et je n'allais à la fac que pour être en contact avec d'autres. Mais mon père ne me laissa pas partir sans lutter. Nous nous sommes souvent terriblement disputés. Il pouvait arriver que, un jour, il me donnât une gifle, et que le lendemain il m'amenât dans une voiture de luxe assister à une course de chevaux ou un autre truc du même style quelque part dans le pays. J'ai néanmoins loué un meublé, tout en haut sur les avant-toits, dans Nassau Street. Une fois, il m'a rendu visite à l'improviste. Quand j'ai ouvert la porte, il est passé devant moi sans un mot, a foncé droit sur l'évier pour donner un coup de pied dans la boîte de conserve qui se trouvait dessous et que j'utilisais comme poubelle, renversant les feuilles de thé et les épluchures partout sur le sol. Puis il a dévalé l'escalier.

V

Quand j'étais étudiante, mes expériences se limitaient d'un côté à la littérature et aux gens qui m'ouvraient l'esprit à elle et, de l'autre, il y avait mes affaires de cœur. Voilà tout ce qui comptait pour moi. J'avais confiance dans les études. Un jour, j'écoutais paresseusement quelqu'un parler du sonnet de Milton, « On His Blindness », et tout à coup j'ai compris la relation entre la forme et le fond, ainsi que le troisième élément, né justement de cette interrelation. C'était pour moi une révélation presque aussi importante que l'apprentissage de la lecture.

Le département d'anglais de l'UCD entrait tout juste dans le monde moderne, à la fin des années 1950. Denis Donoghue nous initiait à la poésie américaine. Aujourd'hui encore, les poèmes qu'il nous a présentés ont une dimension magique pour moi. Il nous a fait connaître Pound :

When, when, and whenever death closes our eyelids,
Moving naked over Acheron
Upon the one raft, victor and conquered together,
Marius and Jugurtha together, one tangle of shadows.

[Quand et quand la mort nous ferme les yeux,
Nous passons nus l'Achéron
Sur la même barcasse, vainqueur et vaincu
Marius et Jugurtha, miscellanées d'ombres.][1]

Il nous a révélé Wallace Stevens. Il a commencé par la belle conclusion de « Sunday Morning » :

Deer walk upon our mountains, and the quail
Whistle about us their spontaneous cries…

[Les cerfs parcourent nos montagnes et les cailles
Sifflent autour de nous leurs cris spontanés…][2]

Il nous a présenté Robert Frost :

She is as in a field a silken tent
At midday when a sunny summer breeze
Has dried the dew and all its ropes relent.

[Elle est comme une tente soyeuse dans un pré
À midi, quand une brise d'été ensoleillée
A séché la rosée et que toutes ses fibres s'adoucissent.]

Je me souviens particulièrement de ces trois poèmes parce qu'ils ont déterminé chez moi une préférence pour le ton magistral en poésie. Je trouve que tout ce qui est trop doux dans la poésie lyrique n'a pas assez de grandeur.

Je n'avais en revanche pas du tout confiance dans

---

1. Traduction de Michèle Pinson, Ghislain Sartoris et Alain Suied *(N.d.T.)*

2. Traduction de Claire Malroux *(N.d.T.)*

l'autre partie de mes expériences : les affaires de cœur. Pendant les quelques années qui ont suivi, les rares fois où je suis allée « jusqu'au bout », ce n'était pas parce que j'en avais envie, mais parce que j'étais trop timide pour parler de choses intimes. Je n'avais pas suffisamment confiance en moi pour dire non. Ou alors, quand ce « non » sortit, la première fois, muet, je ne trouvai pas les mots pour dire que je ne voulais pas. Puis, en pleine action, j'acquis l'assurance nécessaire pour dire que nous devions nous arrêter. C'était la pire des façons de se comporter avec des jeunes hommes qui étaient finalement au moins aussi perturbés que moi.

Les garçons et les filles à l'UCD, autant que je m'en souvienne, étaient pudibonds, et souvent ils habitaient chez leurs parents ou dans des foyers dirigés par des prêtres ou des bonnes sœurs, et ils étaient enclins – moi je l'étais, en tout cas – à tendre des embuscades à leurs scrupules catholiques. Le côté chaud lapin honnête n'était pas permis, même chez les étudiants de Trinity College, excepté quelques joueurs de rugby nostalgiques de l'Irlande du Nord dont j'avais fait la connaissance je ne sais plus comment, et qui persistaient à croire que les filles catholiques étaient « faciles ». Mais même les hommes les plus âgés de Trinity – des hommes venant d'Angleterre qui avaient fait le service national, ou d'anciens militaires d'Amérique – devaient se plier aux coutumes du Dublin tranquille dépourvu de moyens de contraception. Boire, parler, aller sans cesse au cinéma étaient, entre autres choses, le summum de la sublimation.

Les styles étaient très différents entre l'UCD et Trinity College, et cela dans de nombreux domaines. Mais un certain type de personnes des deux institutions – par exemple, ceux qui étaient impliqués dans le théâtre, la boisson et la littérature – se rencontrait sur le terrain commun de Grafton Street. « Oh, eux, ce sont des étudiants », disaient les gens d'un certain âge, parce que les hommes d'âge moyen – ceux qui avaient de l'argent allaient chez *Jammet*, au *Russell* et au *Shelbourne* ; ceux qui avaient une réputation artistique allaient chez *McDaid*, au *Bailey* et chez *O'Neill* – régnaient sur la petite ville. Dans mon souvenir, le Dublin de l'époque, à la fin des années 1950, était sombre et dramatique ; les rues s'abandonnaient à la fumée et à la pluie. De mon œil intérieur, je le vois en noir et blanc. Les pubs et les cafés étaient d'autant plus attirants qu'ils dégageaient de la lumière et de la chaleur. Les étudiants se déplaçaient autour du centre-ville comme des guérilleros, presque invisibles. Ils se promenaient partout. Ils s'empruntaient leurs manteaux les uns aux autres. Ils se prêtaient des livres et mangeaient des sandwiches aux œufs et aux oignons, ou des frites avec de la *mince sauce* ; s'ils avaient de l'argent, à trois heures il y avait des gâteaux de pommes de terre au menu de chez *Bewley*. On les mangeait lentement, une plaquette de beurre sur chacun, parfois accompagnés par la voix nasillarde du chansonnier Myles na Gopaleen, qui jouait avec une saucisse à la table voisine.

Qu'ils soient jeunes ou d'âge moyen, les gens de la ville vivaient seuls dans des meublés froids qui sentaient le gaz, aux rideaux graisseux, et où les salles de bains aux robinets fuyants se trouvaient au fond d'un couloir au sol recouvert de linoléum. Il y avait des centaines de ces tanières, et puis des jeunes hommes et des jeunes femmes qui marchaient ou prenaient des bus pour se rendre de l'un à l'autre. Même les étudiants de Trinity, supposés subir les patrouilles des surveillants, pouvaient disparaître dans un dédale de chambres de Kenilworth Square et de Waterloo Road, dans des souterrains de Leeson Street, en haut dans les greniers de Nassau Street ou au-dessus des magasins de Baggot Street. L'après-midi, des couples se couchaient dans des lits moisis, par un accord tacite – elle avec son pull, sa jupe et son porte-jarretelles, lui quittant son pantalon sous les couvertures. Les tâtonnements conduisaient à ceci et – oh ! ah ! – à cela. Buddy Holly chantait *Peggy Sue* sur le tourne-disque Dansette pour que les copains qui jouaient aux cartes dans la pièce à côté n'entendent rien.

Tout ce que j'apprenais était nouveau pour moi. M'intéresser aux questions politiques – par exemple, à la tentative de De Valera de supprimer la représentation proportionnelle – était nouveau. La politique était nouvelle. Le nationalisme était nouveau. J'avais un petit ami, si on peut dire, issu d'une famille républicaine de Tipperary, qui parcourait avec moi Molesworth Street de long en large, tout en imaginant comment il pourrait faire sauter la Grande Loge des francs-maçons – c'était du nationalisme. Me tenir sur O'Connell Bridge et regarder les manifestations de chômeurs, me demandant s'il y avait quelque chose à faire – c'était de la politique. Il n'y avait pas de politique de partis. Ce n'était même pas le fait que le Fianna Fáil gouvernait le pays : De Valera en personne gouvernait le pays.

Avoir des amis était nouveau. Apprendre de l'enthousiasme des autres personnes de mon âge était nouveau. Avoir des garçons et des hommes comme amis était nouveau. Seulement trente ans plus tôt, peu de gens allaient à l'université, et mes camarades, bien que souvent pauvres, étaient en général bien éduqués. La plupart des gens quittaient l'école à onze ans, ou à quatorze, ou après le certificat intermédiaire. Les occasions de se faire des amis du sexe opposé étaient rares. Ils ne pouvaient que se flairer au cours de soirées dansantes. Ce que je connaissais bien c'était l'intensité de ces minutes dans les ruelles derrière les dancings, ou la sortie du cinéma les lèvres en feu et les seins gonflés. Je ne savais absolument pas comment me comporter correctement. Il existait une piquette qui s'appelait Vintara. J'en buvais beaucoup. Les spectateurs, surtout s'ils avaient vécu des vies protégées, étaient fascinés de voir combien elle permettait à un individu d'être sans retenue.

Quand je sortis de l'UCD, j'eus l'impression d'être finie. Suivirent des mois de désespoir à Londres. Je n'avais même pas l'argent pour aller à Londres, à moins d'y accepter un job comme fille de salle dans un hôpital. Une agence sur O'Connell Street payait le billet de bateau pour ce genre de boulots au tarif le plus bas parmi les plus bas ; ils se remboursaient ensuite cette somme sur les salaires, de manière qu'il fût quasiment impossible d'économiser l'argent pour le retour au pays. J'habitais dans un foyer à côté de l'hôpital. Je travaillais toute seule dans une pièce en sous-sol. Il y avait une grande machine en fer-blanc qui avalait la vaisselle sale à une extrémité pour la recracher à l'autre extrémité, un peu moins sale. J'en avais la charge. Je venais de passer une période merveilleuse à l'université. J'avais eu des amis. Désormais, j'étais si seule, le soir, couchée sur mon lit, les yeux levés vers la fenêtre en haut du mur, au point que la peau me faisait mal. J'essayais de ne pas penser à Dublin, car tout cela était fini, et tout ce que je savais, c'était que pour le reste de ma vie je serais un de ces travailleurs irlandais en Angleterre. Cette expérience de total désespoir me marqua profondément. Il y avait alors très peu de Noirs en Angleterre et d'Asiatiques. Les Irlandais et, plus récemment, les Chypriotes constituaient la classe des domestiques. Tout en bas, à mon niveau, on vivait juste pour travailler afin de gagner assez d'argent pour vivre une autre semaine de travail. Je ne voyais pas d'issue.

C'est par le fruit du hasard que j'ai pu obtenir mon billet de retour pour l'Irlande. Des vies étaient ruinées à cette époque, des milliers et des milliers de vies, négligemment, par les règles que le patriarcat avait établies pour les jeunes femmes. Elles étaient draguées avec acharnement et souvent tentées de céder, mais elles étaient incapables de se protéger contre la grossesse et, si elles tombaient enceintes, elles étaient détruites. J'ai reçu mon billet de retour pour l'Irlande grâce à une de ces grossesses tragiques.

Une Irlandaise que j'ai connue – une assistante de direction élégante avec une carrière réussie, qui, normalement, ne m'aurait pas fréquentée – pensait qu'elle était peut-être enceinte. Elle est venue me voir et nous sommes allées consulter un médecin. Elle a enlevé son pull ainsi que son soutien-gorge et il lui a juste lancé un regard interrogateur pour dire que oui, elle était enceinte. Il l'a dit froidement. Elle l'a payé. Dehors, c'était une nuit d'hiver. Elle s'est appuyée contre le mur, les yeux secs, essayant de saisir toute la dimension du désastre qu'elle devait affronter. Et la pire des choses c'était : comment l'annoncer à ses parents ? À la fin, elle m'a donné l'argent du billet vers l'Irlande pour que je leur apprenne la nouvelle, tandis qu'elle attendrait à Londres de savoir de quelle manière ils réagissaient.

C'est ainsi que je suis retournée à Dublin.

Cette jeune femme avait à peine commencé sa vie quand la grossesse l'a piégée. Mais c'est son histoire, et c'est à elle de la raconter. Tout ce que je sais, c'est qu'elle s'est cachée à Belfast et que, moi, j'étais là avec elle au cours des quelques derniers jours avant la naissance du bébé. Nous avons passé nos journées à nous balader dans la ville sans but, car sans argent pour entrer où que ce soit. Je l'ai vue quelques heures après l'accouchement, pleurant dans son lit, son lait suintant à travers les bandages dans lesquels elle était bien serrée. Son père est venu de Dublin et lui et moi étions les seules personnes présentes dans une chapelle latérale quand un prêtre a baptisé le bébé. Puis, j'ai pris le bébé avec moi dans un train pour Dublin. À Dublin, j'ai pris un bus pour les faubourgs. Là, j'ai tendu le bébé à une bonne sœur dans un orphelinat, pour qu'il y reste jusqu'à ce que quelqu'un l'adopte. Durant tout ce chemin, le bébé n'a jamais pleuré. Je n'ai appris que de nombreuses années plus tard que la mère se rendait régulièrement jusqu'à cet orphelinat pour regarder à travers la haie en direction du terrain de jeux des enfants, espérant y voir un enfant qui lui ressemblerait.

Et pourtant, je continuais d'avoir des rapports

sexuels non protégés. Je ne savais pas comment me passer de sexe. Je n'ai jamais pensé qu'un homme puisse avoir des responsabilités envers moi. Mais, maintenant, je ne pardonne pas à cet homme plus âgé, par exemple, de m'avoir amenée en vacances dans le Connemara, où je n'étais encore jamais allée, quand j'avais dix-neuf ans. Cet homme était irlandais, mais il avait voyagé à l'étranger. Il était le premier voyageur que je rencontrais, et je le vénérais pour ses connaissances. J'avais l'impression que je devais coucher avec lui pour qu'il continue de s'intéresser à moi. Mais je savais seulement flirter. Je me souviens de lui penché sur mon corps nu – je détestais être nue sans éteindre la lumière – dans le lit d'un cottage humide que nous avions obtenu en prétendant être mariés (je portais le papier doré provenant d'un paquet de cigarettes enroulé autour de mon annulaire en guise d'alliance quand nous avons rencontré la propriétaire). Il a tiré sur les poils de mon aisselle, en guise de préliminaires ludiques. « Détends-toi », m'a-t-il ordonné. « Allez, allez », a-t-il insisté. « Sois un peu plus détendue, d'accord ? » Mais j'étais terriblement gênée. Nous étions assis en haut des falaises dans le soleil et le vent, et il me parlait de sa vie sexuelle. J'étais censée être initiée à la sensualité adulte grâce à ses confidences. Je passais des heures assise sous la véranda du petit hôtel près du cottage à lire une pile d'anciens numéros du *New Yorker*, et ainsi je laissais filer le temps, résolument, en attendant de pouvoir en finir avec ces vacances et avec lui.

Cet homme m'a plus tard écrit une lettre à propos de ce qu'« un homme » attend d'« une femme ». Je la reproduis ici comme document de l'ère patriarcale :

Chère petite sœur,

Tout d'abord, tu peux lui donner (« lui » étant l'homme à qui tu voudras te donner) de la compagnie. Tu peux être un filtre pour ses idées et pour ses enthousiasmes, le modérateur de ses colères inutiles, le doux sein à la fin de ses journées difficiles, son bâton dans l'action – ou sa carotte pour des douceurs promises – quand il se relâche. Tu lui donneras la liberté de t'aimer exclusivement. Tu l'attelleras, douce discipline, si tu lui fais sentir tes demandes d'amour. Car il ne vit que comme un fantôme si son cœur ne connaît pas d'épanchement, si son égoïsme ne connaît pas d'autodestruction sans pitié, si ses innombrables bonnes impulsions et ses amours dispersées n'ont pas un point de ralliement, un centre où elles peuvent se réaliser et avoir une signification. Tu lui donneras cela – tu lui confieras la tâche masculine de regagner ton amour jour après jour. Tu lui donneras le plaisir des yeux quand il te regardera, lumineuse, propre et apprêtée, quand il remarquera une fois de plus que tes yeux le cherchent. Tu lui donneras toutes ces choses, peu importe sa force, son intelligence ou sa célébrité. Et quand tu te donneras en cadeau, fais-le, je t'en prie, avec l'humble conscience de toutes ces choses que tu donnes – c'est ce qui rendra ton cadeau très riche et plein de sens. Tu as raison de vanter avec emphase les « gens intéressants », le savoir intellectuel, ainsi que le monde des livres ; tu as raison d'être à leur recherche. Mais je t'ai indiqué les choses que ton homme voudra de toi. Crois-moi.

Cette lettre ineffable – surtout la menace camouflée de la fin sur un homme (lui) qui ne veut pas qu'une femme (moi) soit à la recherche du savoir, de livres, etc. – fait, dans sa mesquinerie, partie de la même catégorie que la proposition de M. Collins dans *Orgueil et préjugés* comme étant constitutive d'un égotisme parfaitement déplacé.

Durant toutes ces années, une seule fois le sexe eut une signification pour moi. J'étais amie avec un Américain qui préparait un diplôme de troisième cycle à Dublin. Il était beaucoup plus âgé que nous tous – il avait même été dans la CIA, d'après ce qu'il racontait. Il avait les disques de *West Side Story* et les nouvelles de J. D. Salinger. Il partageait un sous-sol avec plusieurs hommes sur Waterloo Road. Un après-midi, j'y suis allée et il était seul chez lui. Nous nous sommes un peu bécotés sur son lit, sans intentions sérieuses. Puis on a sonné à la porte et il est allé ouvrir. Quand il est revenu, ses traits étaient complètement défaits et, comme instinctivement, en aveugle, sans un mot, il m'a poussée, a tiré sur mes vêtements et m'a pénétrée brutalement. Après quelques minutes horribles d'une douleur vive, il s'est écroulé sur moi – j'étais sous le choc –, sanglotant terriblement. Après un laps de temps, il s'est assis au bord du lit, la tête cachée dans ses mains. « C'était un télégramme, a-t-il dit. Ma mère est morte. »

*

Après une année passée proche du désespoir, je suis retournée à l'université. L'écrivain Mary Lavin, dont l'affection a été un des coups de chance de ma vie, m'a donné l'argent nécessaire pour que je me prépare à repasser les examens en six semaines. J'avais tout juste assez d'argent pour louer une chambre dans Pembroke Street et pour m'acheter un dîner composé de frites – auquel je pensais toute la journée – chez *Cafolla* du Baggot Street Bridge. Puis, quand j'ai été à nouveau admise, je n'avais pas de bourse et ne pouvais donc pas payer les frais d'inscription. Mais un jésuite de Gardiner Street, à qui mon ami médecin avait parlé de moi, m'a donné l'argent pour l'inscription – une somme que jamais je n'aurais rêvé d'avoir par moi-même. Il m'arrivait de gagner un prix mineur et, tout en ayant des jobs en permanence, je me suis débrouillée jusqu'au diplôme. Non sans avoir des problèmes perpétuels avec les autorités de l'université – on m'a citée devant elles, par exemple, à cause de mon « comportement inconvenant » lors d'une fête. Un comportement marqué au Vintara. Mais il y avait aussi des personnes à l'UCD qui m'ont aidée très gentiment, surtout les femmes de l'administration. J'aimais cet endroit. J'aime mes souvenirs de chaque salle, de chaque couloir.

J'avais vingt ans lorsque j'ai rencontré Michael. Ma mère m'a dit : « Est-ce que tu es sûre de l'aimer ? » – « Oh, maman », ai-je répondu. J'étais assise au pied de son lit et elle avait reposé son livre et repoussé ses lunettes sur le bout de son nez, parce que le sujet l'intéressait. « Oh, maman, je mourrais si je ne pouvais pas le voir. Je mourrais ! » Je l'avais rencontré quelques semaines auparavant sur les marches de la Bibliothèque nationale. Je l'avais vu lever son visage vers le soleil – la courbe de ses pommettes, l'ombre de ses cils. Je le connaissais déjà vaguement : une fois, j'avais emprunté son cottage sur une colline près de Dublin. Maintenant, le cottage nous fournissait un sujet de conversation pendant que nous nous trouvions là, debout comme deux pions reliés entre eux par un câble à haute tension, au beau milieu d'une foule dans un pub authentique en dehors de Dublin. De retour en ville, dans la voiture de quelqu'un d'autre pleine à craquer, j'étais assise sur ses genoux. Nous respirions à peine. « Je t'appellerai », c'est tout ce qu'il arriva à prononcer quand on m'a déposée. J'ai juste pu déglutir, et je suis partie.

Il a appelé. « Viens au cottage samedi » – a-t-il dit d'un ton faussement dégagé. « Tu connais le chemin. Nous pourrons nous balader, nous faire une dînette… » Mais on était en hiver. Il s'est mis à neiger. Puis il y a eu une tempête de neige. Le samedi matin, il y avait des rafales de neige même à Dublin. Toutes les routes principales étaient fermées. Impossible pour le bus de partir. Il n'avait pas de téléphone au cottage. Et quand bien même il l'aurait eu, je ne voulais pas de nouvel arrangement ! Il fallait que celui ci marche ! C'était pour celui-là que j'avais vécu ! J'ai demandé à ma mère de me donner l'argent du billet de train jusqu'à la gare la plus proche. « Mais à combien de distance la gare se trouve-t-elle du cottage ? » – « Je ne sais pas, maman, mais si j'arrive jusque-là je me débrouillerai pour aller jusqu'au cottage. » Maman s'est levée de son lit pour fouiller dans les poches de son manteau et dans son sac, et elle m'a donné tout l'argent qu'elle avait.

À la campagne, il s'était arrêté de neiger. C'était un

après-midi d'hiver silencieux, d'un froid glacial. Le ciel était d'un jaune très pâle. Plus tôt dans la journée, quelques rares voitures avaient emprunté la route de la gare, laissant des sillons profonds dans la neige. Maintenant, ces sillons me faisaient mal aux pieds comme j'avançais le long du chemin en faisant craquer la croûte de neige qui avait tout de suite regelé. Je portais des chaussures de ville – je ne voulais pas qu'il me voie avec des bottes en caoutchouc. La route traversait la forêt, et la neige dégoulinait des branches pour couler dans le col de mon polo et descendre le long de mon dos. Un homme, dans une voiture qui n'avançait pas beaucoup plus vite que moi, m'a fait faire un bout de chemin. J'étais tellement crevée que je n'arrivais pas à tirer la portière vers moi pour la fermer. Il s'inquiétait pour moi quand je lui ai dit de me laisser à un embranchement où un sentier montait vers le cottage. La nuit tombait. « Ça va aller, lui ai-je dit, mon ami habite juste en haut de la rue ! » Je ne voulais pas être déposée au cottage dans l'agitation. Je voulais avoir l'air décontractée.

Mais après avoir trébuché bruyamment dans la neige pour monter vers la porte du cottage, le visage rougi par l'effort, la timidité et l'anticipation, c'était uniquement pour constater que Michael n'était pas là. Le feu était encore chaud. Mais il était parti – se frayant un chemin, sans doute, en direction de Dublin.

J'ai pleuré. Puis j'ai pris une lampe, l'ai allumée et, balançant prudemment le verre devant moi, j'ai grimpé l'escalier en bois. J'ai enlevé ma jupe et mes bas et je me suis couchée dans ce que je supposais être son lit. J'ai fumé ma dernière cigarette de misère, les couvertures se sont lentement réchauffées, et je me suis endormie. Plus tard, j'ai été réveillée par le bruit de la porte de la chambre qui s'ouvrait. Il était là, debout. La lampe était toujours allumée. Il était totalement incapable de dire quoi que ce soit, ou même de sourire, et moi, c'était pareil. Puis il est venu dans le lit, et avec ses bras chauds il m'a attirée sur lui, de manière que ma bouche se trouve exactement à la bonne hauteur, dans une position confortable pour tous les deux. À un moment donné, dans la nuit, sans trop bouger, il s'est fondu en moi, imprimant à mon corps un mouvement de va-et-vient, avec mon parfait accord. Et à la fin, je me trouvais blottie contre son épaule, toute neuve. Alors c'était ça ! C'était cela dont il s'était toujours agi ! J'ai fini par connaître tous les détails de la chambre. Cette nuit-là, le gel voilait les carreaux biseautés de la petite fenêtre à côté du lit, mais là où un des carreaux était cassé la fenêtre restait transparente. Je pouvais voir les étoiles à travers.

Dès lors, Michael était mon homme, bien que le « mon » sonne plus sûr qu'il ne l'a jamais été. Mais j'étais toujours étudiante, et je vivais à Dublin, tandis que, lui, il vivait la plupart du temps à la campagne, passant ses journées à lire et à jouer du piano. Il ne s'intéressait pas à la société dont nous faisions partie. Peu de gens s'y intéressaient. Le parti socialiste de Noel Browne s'était dissous lors d'une fade réunion au *Moran's Hotel* où les différentes personnalités s'étaient séparées. Je me souviens de David Thornley, leader de la faction dissidente, descendant de l'estrade en trébuchant, en pleurs. Les grandes démonstrations amères de la fin des années 1950 contre l'émigration, la pauvreté et la faim avaient cessé depuis longtemps – l'archevêque avait fourni des bons jobs aux leaders, c'est ce qu'on disait alors. La République était devenue définitivement l'État d'un seul parti. Au début des années 1960, j'en savais plus sur la politique galloise que sur celle de l'Irlande. Pendant longtemps, j'eus le béguin pour un nationaliste gallois, et quand je suis partie le retrouver au pays de Galles je suis restée clouée sur place chez *Woolworths* à Bangor parce que les vendeuses parlaient gallois. Je n'avais jamais entendu la classe ouvrière ordinaire parler autre chose que l'anglais. Je suis allée avec lui à une messe célébrée dans une pièce à l'étage : cela ressemblait plus au christianisme attirant des origines aux prises avec des difficultés qu'aux énormes églises habituelles de Dublin. Je suis restée un moment dans une ferme nationaliste galloise. Je lisais les textes du nationalisme culturel gallois, comme *Why We Burnt the Bombing School* de Saunders Lewis, et j'étudiais un livre de conversation en gallois. Quand je suis allée avec le Gallois aux régates de *curragh*[1] dans la baie de Galway, j'ai eu un vague aperçu de l'Irlande où on parle irlandais. Mais je ne m'intéressais pas à l'irlandais. Bien sûr, cela ne dit pas grand-chose voire rien sur l'Irlande de l'époque. Sans doute, si j'étais tombée amoureuse d'un homme du Connemara, aujourd'hui parlerais-je couramment irlandais.

Néanmoins, c'était un trait caractéristique de la vie intellectuelle – si ce mot n'est pas trop prétentieux – du

1. Embarcations typiques à armature d'osier recouverte de peaux de vache et de goudron. *(N.d.T.)*

Dublin que je connaissais, de ne pas s'intéresser à la situation de l'Irlande. Rien ne se passait. L'Irlande du Nord était très loin de chez nous. Quand les premiers livres d'Edna O'Brien ont paru, ils étaient un catalyseur pour les femmes, les encourageant à échanger leurs confidences, et j'ai appris que quelques rares personnes se rendaient à Belfast pour acheter des préservatifs. Préservatifs, chapeaux, beurre bon marché : tel était notre seul rapport avec le Nord. Le magazine *The Bell* n'avait pas d'héritier de la même importance. Des choses se passaient en Angleterre. Les artistes avaient apparemment plus d'argent en Angleterre – ils pouvaient difficilement en avoir moins que ceux de Dublin. Souvent, j'allais dans un sous-sol de Leeson Street (aujourd'hui, curieusement, c'est un night-club !), là où vivait la poétesse Leland Bardwell avec ses enfants. Les locaux faisaient aussi office de salon après la fermeture des pubs, ainsi que d'asile de nuit pour les gens qui n'avaient pas d'endroit où dormir. C'était un centre pour des poètes et des peintres anglais et écossais venant de Soho qui traversaient nonchalamment la mer pour voir Leland ou Anthony Cronin, qui était une figure clé de la vie littéraire de cette époque comme éditeur et écrivain. Peut-être pour Anthony Cronin l'Irlande contemporaine constituait-elle un sujet de discussion. Mais je n'étais qu'une étudiante, et peut-être la seule de ma génération à n'avoir jamais écrit de poème ni de nouvelle.

À part cela, il y avait des poètes partout. Et des essayistes. Des jeunes hommes érudits, comme Owen Dudley Edwards, écrivaient des essais pour de petits magazines, ou à destination d'associations d'étudiants.

Chacun essayait de convertir les autres à l'admiration pour tel ou tel écrivain ou telle ou telle personnalité historique. C'était une époque où le journalisme était encore complètement sous-développé. Les idées et les informations en étaient encore à leurs balbutiements. Quand Owen parlait donc de Swift, par exemple, ou de Parnell et de Kitty O'Shea, ou de la vie et de la poésie de Housman, ou bien de Sherlock Holmes, c'était tout à fait nouveau.

Je commençais à écrire de petits textes pour Radio Éireann – c'est le producteur Sean Mac Réamoinn qui m'a trouvé ce job. Pour lui apporter mes manuscrits au studio de Henry Street, je franchissais d'un pas léger le long passage recouvert d'un tapis en fibre de coco pour entrer par une des portes vitrées sur laquelle était mentionnée sa fonction, en lettres dorées dans un irlandais pompeux comportant *fadas* et *seimhiús*[1]. Son crayon à la main, il lisait mon premier paragraphe ; puis, quand nous commencions l'émission, j'entendais mon premier paragraphe remanié pour son introduction à lui. Il arrivait que, ensuite, il m'amenât au *Tower Bar*. Il était une véritable source d'enthousiasmes : pour le christianisme, pour les mots croisés, pour les échecs, pour les femmes, pour la littérature celtique, pour la nourriture, pour les virées à la campagne dans la voiture de luxe d'un autre. L'Irlande rurale était alors très lointaine, à tout point de vue. Les *Fleadh Cheoil* – rassemblements de musique traditionnelle tenus dans les villes rurales – commençaient à peine

1. Signes diacritiques utilisés dans l'écriture de la langue irlandaise. *(N.d.T.)*

à avoir de l'impact, et la musique du film *Mise Éire* laissait le public émerveillé. Mais, avant de connaître Sean, je n'avais jamais rencontré quelqu'un qui avait des enregistrements de musique irlandaise. Je me rappelle qu'on se passait *My Fair Lady*, mais jamais de musique irlandaise.

Les idées se transmettaient en parlant. Ce qui comptait, c'étaient les magazines d'étudiants, les associations d'étudiants, et ce qui s'y disait au cours des réunions. À l'UCD, on regardait d'un œil très sévère les intervenants extérieurs. Mais, peu après mes études universitaires, un exposé sur les religions du bassin méditerranéen a réussi je ne sais comment à passer à travers les mailles du filet. En l'écoutant, j'ai eu un tel choc que je me souviens encore maintenant de la grande table ovale en acajou autour de laquelle nous étions tous assis, dans une salle juste en face du hall principal d'Earlsfort Terrace. Jusque-là, j'avais à peine entendu prononcer le mot religion au pluriel. Personne ne m'avait jamais dit que les trinités et les mères vierges et les morts et les résurrections étaient connus ailleurs que dans la chrétienté. À l'époque, j'étais encore une catholique pratiquante, et j'étais très sérieusement troublée. Pour moi il n'y avait pas de doute que les seules possibilités consistaient à être soit un bon, soit un mauvais catholique. Mon éducation ne m'avait pas préparée à ne pas croire du tout. Quand j'ai réussi à faire publier mon premier écrit, il s'agissait des références visuelles à la *via dolorosa* dans *Les Fraises sauvages* de Bergman. C'était un vrai sujet d'actualité – les rares films étrangers qui arrivaient à Dublin étaient examinés dans le moindre détail. Et la version catholique irlandaise du christianisme était plus ou moins le seul système du monde sur lequel nous savions quelque chose. Nous avions été entraînés à lire les événements – la Hongrie, la baie des Cochons – sous l'angle de leur positionnement pour ou contre le catholicisme. Les premiers remous de la vie intellectuelle, après l'école, ressemblaient à une tentative d'assimiler la nouveauté, peu importe laquelle, à la religion familière.

Nous nous intéressions de manière inconsciente à des idées. Il arrivait qu'un ami vous envoie un mot pour vous dire que vous deviez absolument vous rencontrer chez *Hartigan* : ils avaient eu une idée pour une nouvelle. John Jay essayait de faire jouer à Édimbourg des pièces du Player's de Trinity College et, aussi bien à l'UCD qu'à Trinity, les drames français étaient régulièrement représentés. Claudel et Camus apportaient de l'eau au moulin de la jeunesse irlandaise. Nous, les jeunes du théâtre de la faculté, nous essayions tout : *Tous ceux qui tombent* de Beckett était un franc succès, mais on abandonna une pièce en un acte de Strindberg quand la salle éclata d'un rire hystérique en entendant : « J'ai vu tes pieds aux bains et depuis je n'ai pas cessé de t'aimer. » J'ai inscrit au programme une désastreuse production des *Bas-Fonds*, aussi et surtout parce que Moscou subventionnait des publications comme les pièces de Gorki, et on pouvait trouver des textes pour pas cher du tout à la librairie communiste de Dublin. Chacun partageait ses propres enthousiasmes avec les autres. Paddy Connolly, qui, plus tard, devait devenir procureur général, savait tout sur Wagner. Mon amie Eithne O'Neill m'écrivait (en irlandais et en français – pour pratiquer ses langues) sur les nouvelles de Doris Lessing. On se passait Nabokov d'un lecteur à l'autre. Deux étudiants, Paddy MacEntee et Henry Comerford, avaient le projet de mettre en scène *Volpone ou le Renard* sous le porche de la Grande Poste, en tant qu'expression du néoclassicisme, en quelque sorte. Quand on découvrait quelque chose, c'était comme de gagner un prix, et on sortait pour le partager avec les autres. Le poème « All Legendary Obstacles » de John Montague était comme ça, je m'en souviens. Le lire pour la première fois était un événement dans la vie de chacun.

Leland lisait tout, et elle prêtait tous ses livres aux autres. Son sous-sol moisi de Leeson Street était le lieu de la diversité. Il pouvait faire peur. Un soir, tous ses habitués ont quitté le pub *Chez McDaid* pour aller voir Jimmy O'Dea dans *Ma mère l'Oye*. Mon amie Laila, une élégante Égyptienne, gardait le bébé de Leland. Ce n'était pas un enfant difficile – il buvait son lait dans une bouteille de gin Gordon munie d'une tétine et il dormait. Mais Laila était en train de lire Poe, et les ombres semblaient se rassembler autour d'elle. Elle a pris le bébé et a passé des heures sur les marches devant la maison. À d'autres moments, le sous-sol se transformait en école de bridge. Leland est d'origine protestante, et elle a de multiples talents. Elle jouait au bridge et montait à cheval. Elle avait son propre cheval quand la Corporation l'a relogée à Tallaght : ses voisins pensaient qu'elle n'était que de passage. Leland était aussi pauvre que ma mère a pu l'être, et elle était tout aussi capable d'avoir autant de bébés. Elle a pourtant survécu, et elle a aidé d'autres qu'elle à survivre. Elle était à elle seule l'organisation de soutien pour une génération d'écrivains, là-bas dans son sous-sol, remuant un ragoût d'une main et comparant des traductions de Baudelaire de l'autre, par exemple. Sa tête était bien pleine. Dans un mot qu'il m'a adressé à Londres, Dermot Healy remarque peut-être dix ans plus tard :

Leland était trop bonne à la radio ces derniers samedis ! Un mélange de chansons françaises, de Mozart, de Paul Durcan et de son père. « Qu'elle est belle, la voix de cette dame », a dit la fille du pub où j'étais en train de l'écouter. Et quand j'y suis retourné ce samedi, elle a tout de suite remis Radio Éireann. Les Gitans qui occupent le pub ont fait un signe approbateur de la tête. Ils m'ont félicité quand mon propre nom a été prononcé : « Très joli, mister, vraiment très joli… »

Dans ces temps où les sexes étaient si étrangers l'un à l'autre, c'est dans la bohème que les femmes et les hommes étaient le plus proches. Mais il n'y avait pas d'égalité. Une fois, je me suis aventurée à demander à Leland pourquoi elle était avec cet homme-là en particulier, qui était si désagréable avec elle. « Qui d'autre pourrais-je trouver ? a-t-elle dit. À mon âge ? » Elle était encore assez jeune pour avoir des enfants.

À l'époque, dans le Dublin des années 1960, on ne pouvait pas simplement se promener et vivre ouvertement, avec son amant. Officiellement, Michael et moi nous ne vivions pas ensemble. Même ma mère n'acceptait la situation que parce que nous devions nous marier dès que possible. (Il avait été marié en Angleterre, mais ça faisait déjà longtemps que sa femme et lui ne vivaient plus ensemble. Les procédures de divorce duraient alors des années.) Une fois, j'ai passé une nuit avec lui dans une pension de Rathgar qui avait la réputation d'être très libre dans ses idées. Quand je suis sortie le lendemain matin, une voiture pleine d'hommes m'attendait à la porte. Ils m'ont suivie, roulant lentement à mes côtés. Penchés aux portières, ils m'ont à demi menacée, et à demi implorée de rentrer chez moi comme une bonne fille, et d'aller à confesse. Mon protecteur, le médecin qui tant de fois nous avait aidés moi et les miens, est allé voir mon professeur d'anglais ancien, un prêtre, pour lui demander d'utiliser son influence sur moi pour que j'arrête de fréquenter Michael. (Personne ne s'attendait à quoi que ce soit de la part de mes parents.) La maison dans laquelle vivait Michael était pleine de liaisons secrètes comme la nôtre, car il n'y avait pas beaucoup de maisons où les couples non mariés étaient tolérés. La fille de la chambre donnant sur la rue recevait tous les soirs la visite d'un jeune homme qui vivait avec sa mère à Fitzwilliam Square. Ils étaient vraiment mariés, mais personne ne le savait.

Je ne faisais plus partie de ma propre famille. Mais leur adresse était mon adresse permanente : les filles non mariées étaient supposées vivre dans la maison des parents si elles vivaient dans la même ville. Le Dublin des meublés avait d'autres règles que le Dublin d'aujourd'hui, avec ses blocs d'immeubles. La rupture définitive avait lieu si l'on se mariait et si l'on avait des enfants à son tour. Des filles et des garçons qui, aujourd'hui, n'auraient qu'une relation passagère, se sont mariés à l'époque : avec Michael, nous nous serions mariés pendant nos premiers mois ensemble s'il ne l'avait pas déjà été. Pour moi, il était quelqu'un de merveilleux. Il était très beau. Et il connaissait la musique. J'ai passé tout un été à écouter de la musique dans sa chambre. Il avait une grande pile de disques : Clara Haskil jouant Mozart, Bartók, Chopin, Walton, Telemann, Bach. Il lisait le français et l'italien. Il savait prendre soin de lui-même. Il aimait être dehors, tandis que, moi, je ne sortais pratiquement jamais, même pas pour une petite balade. Il buvait très peu, n'aimait pas les cigarettes, et il préparait des repas frais, végétariens. Ça, c'était le comble pour ma mère. « Tu ne trouves pas qu'il est un peu ennuyeux, ma chérie ? » m'a-t-elle dit quand je suis allée la voir dans le pub où elle buvait.

De tous les points de vue, il avait une bonne influence sur moi. (Que se serait-il passé si j'avais eu mon premier orgasme avec quelqu'un d'aussi irresponsable que moi-même ?) Il m'a amenée en vacances à l'étranger à une époque où le concept même de « vacances » n'existait pas. La plupart des jeunes avaient besoin de travailler : j'étais serveuse le midi, et il fallait que je garde ce job. Il n'y avait pas de télévision, et dans les journaux on ne parlait pas de voyages. Dans ces conditions, même les fades documentaires touristiques britanniques qui passaient avant le film au cinéma – *Bournemouth au soleil*, *Un festival de fleurs à Jersey* – étaient exotiques. À vingt et un ans, je n'avais été qu'en trois ou quatre endroits différents de l'Irlande et nulle part ailleurs excepté dans ce trou infernal de Londres, ainsi qu'à Paris. Encore écolière, j'avais gagné un prix dans un concours de rédaction organisé par le gouvernement français. Mais je n'avais jamais mangé à la terrasse d'un restaurant. Je n'avais pratiquement jamais vu de Noirs, et jamais je n'avais parlé à un seul d'entre eux. Quand Michael m'a donc proposé de nous joindre à ses amis sur un bateau en Méditerranée, j'en mourais d'envie. Le train de nuit a traversé toute la France. À l'aube, j'ai vu pour la première fois de la fenêtre du compartiment en mouvement – il faisait chaud, ça sentait la cendre de charbon – des vignes, des tournesols, des couvertures pendues aux fenêtres. Nous avons passé la première nuit dans une chambre haut perchée d'une pension jadis très décorée, quelque part dans le dédale serré des ruelles entre la gare et le port de Gênes. Nous sommes sortis dans la foule et le bruit. L'air était âcre. Des prostituées décontractées étaient assises sur des chaises de cuisine à l'angle des rues. Il y avait une odeur de fumée, une vue sur les grandes portes d'une église, des enfants qui se couraient après, des gens qui marchandaient, criaient et riaient, et un grand rat au poil luisant qui passait son chemin le long d'un mur. Nous avons descendu une marche pour entrer dans un café donnant sur la rue et, pour la première fois, nous avons vu un four à pizzas ; comme j'allais le faire pendant longtemps, j'ai juste mangé une soupe de légumes, car elle au moins contenait des pommes de terre.

Une autre fois, nous avons traversé la France à moto. Chaque mille de ce voyage – avant de dégringoler de l'autre côté des Alpes, épatés de voir les soldats se tenir par la main dans le sombre parc d'Aoste – est resté très net pour moi. Comme de bons provinciaux studieux que nous étions, nous sommes allés à Rouen au musée Flaubert installé dans un pavillon de son jardin. Il y avait, sous une cloche en verre, un petit morceau de tissu grisâtre. C'était, comme il était indiqué sur un carton, le mouchoir avec lequel Flaubert « a essuyé son front, quelques instants avant sa mort[1] ». Nous sommes allés à Nevers, parce que dans le film *Hiroshima mon amour* – qui nous avait projetées, Laila et moi, dans un ravissement servile et tremblant – le personnage de Marguerite Duras répète sans cesse « Je rappelle Nevers » *[sic]*. Nous sommes allés à Autun pour admirer le tympan de Gislebert ; dans le dernier livre qu'elle avait publié à l'époque, Iris Murdoch avait utilisé le serpent de cette sculpture comme symbole du mal.

Mais dans ma vraie vie, après avoir obtenu mon diplôme, j'étais de nouveau bloquée. C'est alors qu'un professeur de l'UCD – Robin Dudley Edwards – a parcouru le chemin jusqu'à la maison de mes parents à Clontarf pour me transmettre un message de mon professeur d'anglais ancien. L'université de Hull offrait une bourse en anglais médiéval. Ce n'était qu'une petite bourse, mais il n'y avait rien en vue pour les deux années à venir en Irlande. Mon protecteur, le médecin, m'a acheté un tailleur et un billet à destination de Hull pour un entretien, et j'ai eu la bourse.

À Hull, cet hiver de 1961, le ciel était gris rayé de noir. Le vent venant de la mer du Nord fendait l'air. Une fois, dans une laverie automatique, un Ghanéen m'a montré avec empressement des photos

1. En français dans le texte. *(N.d.T.)*

de sa femme et de ses enfants en Afrique. Il pleurait. Personne ne pouvait rien faire contre la solitude des étudiants de troisième cycle. Ils passaient de leurs vies pleines de chaleur et d'amis dans un endroit sans autre réconfort que la bourse. Je n'étais pas l'érudite type. Je commençais à dépérir. Chaque dimanche je me rendais au thé – scones, gâteaux marbrés – dans une réunion de familles chrétiennes organisée par le prêtre anglican. J'ai assisté à une double affiche : *La Carrière du débauché* et *Don Pasquale*. Je suis allée dans une soirée irlandaise : « Les danses seront le *Ceilidhe Dancing* et des valses de l'ancien temps. Il y aura aussi des chansons et des numéros composés par les auditeurs. Nous nous réjouissons d'avance de votre intérêt continu porté à cet effort nécessaire. Le club de St. Enda a l'approbation officielle et la bénédiction de monseigneur l'évêque de Middlesbrough… »

Peu de temps auparavant, Michael avait trouvé un job comme figurant dans un film, et quand le film – *Le Monde de Suzie Wong* – est passé à Hull, je suis restée toute la journée dans le cinéma glacial à attendre le moment où, une nouvelle fois, on le verrait apparaître à l'écran.

J'avais voulu essayer d'être indépendante. Mais je ne pouvais pas supporter la solitude. Michael est venu me voir, et nous avons fait semblant d'être mariés pour obtenir un appartement dans une rue grise de la banlieue. Nous nous couchions devant le poêle à gaz pour lire les lettres de Flaubert. Nous sommes allés dans le Sud, avons traversé les plaines de l'Est de l'Angleterre, et j'ai trouvé que ses yeux avaient exactement la couleur du toit de la cathédrale de Lincoln après la pluie.

C'était le genre de choses que je pensais, même si je ne les exprimais pas, quand j'avais vingt et un ans.

À la fin d'une année à Hull, j'ai pris le risque de retourner à Dublin pour me préparer à l'examen afin d'obtenir l'importante bourse irlandaise qui paie vos études où que vous vouliez dans le monde. Non qu'il eût été vraiment urgent que je continue mes études. Michael et moi, nous allions nous marier, n'est-ce pas ? Juste le temps qu'il obtienne son divorce.

VI

Longtemps après mon séjour à Hull, le poète Philip Larkin s'est excusé. « On m'avait demandé de m'occuper de toi », a-t-il dit. « Mais je n'en ai pas eu le courage, je le crains. » Dommage qu'il ne l'ait pas eu, ce courage. Nous aurions pu parler, si le reste n'avait pas marché, des derniers livres parus de sa bibliothèque à l'université pour lesquels j'avais une admiration sincère. J'aurais pu être heureuse, le nez dans les rayonnages, de lire les publications de la Early English Text Society, si Michael ne m'avait pas tant manqué. « Je te voyais entrer et sortir de la bibliothèque », m'a dit Larkin. « Mais tu avais l'air d'aller bien. » C'était lors d'un déjeuner dans un hôtel de Cheltenham, dix ans plus tard. Je travaillais à la BBC, créant des programmes pour l'Open University[1], et je préparais une émission sur la poésie et la télévision, et sur les difficultés qu'on rencontre pour trouver des images capables d'illustrer un poème. Je voulais enregistrer Philip Larkin en train de lire son poème « Here » pour le générique.

1. Cours par correspondance. *(N.d.T.)*

Habituellement, il ne faisait pas ce genre de choses. Mais comme il se souvenait de mon nom avec un peu de honte, il m'avait demandé de les rejoindre, lui et sa mère, à Cheltenham où il voulait enregistrer le poème sur mon magnétophone. J'ai ainsi connu un des repas les plus déconcertants de ma vie. Les deux Larkin semblaient être plus ou moins sourds. Le salon de l'hôtel où nous avons pris nos apéritifs et la salle à manger étaient couverts par une toiture en zinc. Il pleuvait très fort et il était, de toute manière, très difficile de s'entendre. Philip disait quelque chose comme : « Un autre gin-tonic, maman ? », et Mme Larkin de répondre : « Je dois admettre que je suis d'accord avec toi sur le poisson » ou quelque chose dans ce goût-là ; moi, je disais par exemple : « Quelle pluie extraordinaire », et Philip me répondait : « Bien sûr, je vais appeler le garçon. » Nous avons passé un déjeuner extrêmement arrosé émaillé de ces gentils malentendus. Je suis ensuite sortie avec lui par la porte de derrière, nous deux et mon magnétophone serrés sous son grand parapluie noir. Il y avait là une remise en pierre où l'équipe de l'hôtel rangeait ses bicyclettes. Nous étions loin de la circulation et des gens. Nous nous sommes assis, très complices, sur un petit mur, et il a commencé :

Swerving east, from rich industrial shadows
And traffic all night north; swerving through fields
Too thin and thistled to be called meadows
And now and then a harsh-named halt, that shields
Workmen at dawn…

[Bifurquer à l'est, loin des riches ombres industrielles
Et de la circulation nocturne au nord ; bifurquer
    à travers des champs
Trop maigres et trop sauvages pour qu'on les nomme
    prairies
Et ici et là une halte au nom rude, qui protège
Les travailleurs à l'aube…]

Il était un merveilleux lecteur, et un très bel homme qui m'envoyait un message innocent, mais en même temps il me faisait comprendre qu'il était quand même moins innocent que son image innocente ne le laissait croire.

J'ai connu beaucoup d'écrivains de façon anecdotique. Je fais une digression en mentionnant certains d'entre eux, même si je n'ai jamais été à genoux devant l'écriture. Après tout, mon père écrivait, à sa manière, pour gagner son pain quotidien. J'ai vécu avec des gens qui écrivaient, qui tapaient sans arrêt sur leur machine sans me prêter attention quand, bien souvent, je voulais qu'ils fassent autre chose. Je n'ai même jamais lu ce qu'ils écrivaient   j'étais incroyablement peu intéressée par tout ce qui venait des gens que je connaissais. Ce n'est que récemment, en présentant le programme littéraire sur RTÉ, que je me suis mise à interroger les écrivains sur l'écriture. Ce n'était pas toujours facile. L'auteur de nouvelles toujours vivant que j'admire le plus, Alice Munro, m'a dit que, jeune femme, dans l'Ontario le plus reculé, elle avait lu Mary Lavin et y avait trouvé une inspiration, ce qui m'a fait grand plaisir. Mais quand j'en suis venue à sa propre écriture, commençant l'interview en studio, elle s'est éloignée de moi, ses beaux yeux m'ont regardée avec méfiance comme si j'avais été en train, tout doucement, de devenir folle – comme si elle ne pouvait pas imaginer pourquoi je lui posais toutes ces questions stupides. Il est une espèce d'écrivains, pensais-je *a posteriori*, qui ne veulent pas connaître leur propre méthode.

Mais il existe des types d'écriture aussi intéressants à la lecture que comme sujets de discussion. J'ai mené une interview avec Norman Mailer sur *Le Chant du bourreau*, et je l'ai moi-même interviewé à propos de *Harlot et son fantôme*: les deux entretiens, me semblait-il, étaient les fruits légitimes, bien que minuscules, de ces livres. J'ai interviewé Kingsley Amis dans une toute petite chambre d'hôtel à Kensington et, après, nous nous sommes envoyé du whisky, et Amis ressemblait à un gros bébé rose particulièrement attachant. J'ai dirigé une interview avec John Betjeman qui a offert du champagne à tout le monde, se languissant des terres anglo-irlandaises dont nous, les gens de la télévision irlandaise, n'avions jamais entendu parler. Seamus Heaney a toujours été le promoteur altruiste des poètes et de la poésie, ce qui constitue une bonne raison pour que le prix Nobel lui ait si justement été attribué. Quand il accordait un entretien sur la poésie à la télévision, il préparait l'émission à l'avance. Et il a toujours trouvé le moyen de se montrer largement généreux. Je me souviens particulièrement de la façon dont il parlait de la poésie de Derek Mahon (il était absolument impossible de faire venir Derek Mahon en personne devant une caméra, quel que fût le moyen utilisé pour le piéger). À Princeton, il apparut que Joyce Carol Oates était une fan de Roddy Doyle. À

Londres, nous avons dîné avec Eileen O'Casey dans un restaurant italien et, malgré son âge – elle avait dans les quatre-vingts ans –, elle a séduit les serveurs.

Dans les interviews, on peut obtenir un aperçu du caractère de l'écrivain. Mais, le plus souvent, c'est un travail machinal pour les écrivains. Pourtant, rares sont ceux qui s'investissent avec autant d'économie que J. B. Priestley que j'ai rencontré lors d'un dîner à Londres – j'étais heureuse de le rencontrer parce que j'avais lu et relu son *Bright Day* quand j'étais petite. Priestley amusait la tablée avec une improvisation sur les vacances qu'il venait de passer en Irlande : il avait remarqué que les filles irlandaises ont des jolis cheveux mais des jambes très vilaines. Dans l'avion en direction de Dublin, quelques jours plus tard, j'ai feuilleté le magazine de la compagnie aérienne. Ça n'avait pas été une improvisation. Il y avait là un article de J. B. Priestley qui commençait ainsi : « Les filles irlandaises ont de jolis cheveux mais des jambes très vilaines. »

J'ai un ami qui est un écrivain à succès : David Lodge. Il est considéré, maintenant, comme un écrivain humoristique. Mais, moi, j'ai aimé chez lui, dès que je l'ai rencontré, sa sombre minutie – où l'on retrouve son catholicisme anglais – qui est peut-être la base de son besoin de comique, mais qui fait de l'être réel (comme cela arrive souvent chez les écrivains) le pur contraire de ce qu'est réellement l'auteur. Le seul écrivain qui ressemblait à un « écrivain » et qui se comportait en permanence comme tel (et le seul avec qui j'avais vraiment l'impression de travailler de manière coopérative) était John Berger. C'était du temps où je faisais des programmes de télévision pour la faculté des lettres de l'Open University. *Germinal*, de Zola, était un des textes du cours consacré au roman du XIXe siècle, et le professeur d'anglais voulait qu'un de ses vieux camarades socialistes participe à ce cours pour son côté médiatique. John Berger était critique d'art et romancier, et il venait d'obtenir un grand succès à la télévision avec une série sur le rôle social de la peinture intitulée *Ways of Seeing*. Il allait être difficile de le persuader de participer au programme de l'Open University, aussi le professeur et moi avons-nous pris l'avion à destination de Genève pour tenter de le convaincre. Cela a duré toute une soirée. La femme de John s'affairait la plupart du temps dans la pièce, préparant le repas et s'occupant tranquillement des enfants.

Tout d'abord, l'ambiance était tendue. Mais une photo du salon rempli à craquer de la villa de Zola près de Paris nous a fourni l'inspiration. Elle a suggéré à John quelque chose concernant les limites de la matérialité. Il y a un écart entre ce que l'on peut sentir et voir et ce que l'on peut imaginer. Zola, aussi bourgeois que ses meubles, pouvait articuler ce qui est pour la bourgeoisie une vision cauchemardesque des mineurs parce qu'ils restent invisibles aux yeux des bourgeois. Ils les imaginent, tout en bas sous la terre, menaçants, sans contours, comme le soulèvement du prolétariat qui menace la bourgeoisie. L'argument n'était pas linéaire – j'ai saisi sa forme possible seulement à l'instant où John a tourné son beau visage vers moi pour me regarder avec sérieux. Mais le programme n'était pas que l'illustration d'un argument – c'était là son côté créatif. Nous sommes allés dans le Derbyshire pour filmer, avec d'immenses difficultés, à l'intérieur d'une mine de charbon. Nous avons filmé la vie sur terre et la vie en dessous, John a parlé de l'écart entre les deux, et j'ai fait des arrêts sur image des gens du village pour ensuite les laisser défiler, utilisant, sur la bande sonore du film, un orchestre de cuivres qui jouait le *Mors et Vita* de Gounod. Nous avons fait un film sur la vie dans l'obscurité. Au lieu d'avoir été descriptifs, nous avions l'impression d'avoir été très suggestifs. Ce qui était peut-être le cas.

C'était une expérience merveilleuse de travailler avec lui et d'apprendre à le connaître à ce moment-là en particulier. Il venait d'obtenir le Booker Prize pour son roman, *G.*, et il était sur le point de donner la moitié de l'argent du prix aux Black Panthers ; il prenait toujours le taxi pour se rendre aux clubs caraïbes du côté de Finsbury Park. Et il écrivait des poèmes : il m'en a donné quelques-uns. Il m'a sortie un peu. Je l'adorais. Et il pensait que j'étais très douée. Lorsque nous filmions dans la mine de charbon, il me serrait dans ses bras la nuit parce que c'était un travail très difficile et que je n'arrivais pas à dormir tellement j'étais angoissée. « Pense au Donegal », disait-il. « Pense aux vagues sur les plages du Donegal. » Je n'aimais pas admettre qu'il se trompait complètement. Je ne venais pas du prestigieux Donegal : je venais seulement du comté de Dublin.

Je ne mentionne cela que comme une sorte de rappel sur l'inconscient. J'étais perdue dans l'admiration d'un héros. Je n'ai jamais accordé la moindre pensée à sa femme – une femme très brillante – ni à leurs enfants, là-bas à Genève. J'aurais dit alors qu'il était au-dessus de tout ça. Personne n'est au-dessus de rien, a-t-elle laissé sous-entendre dans un texte qu'elle a publié dans le magazine pour femmes *Spare Rib*, peu après. C'était un rapport – un rapport glacial, détaillé – sur le nettoyage intérieur et extérieur des W.-C.

C'est Patricia Avis qui avait demandé à Philip Larkin de s'occuper de moi durant mon séjour à Hull en 1961. Elle vivait avec le professeur Desmond Williams de l'UCD, qui plus tard eut un petit flirt avec moi. (On se donnait rendez-vous au *Ritz* à Londres, ou avec ses amis du *Daily Telegraph* au *King and Keys* dans Fleet Street. On disait de lui qu'il travaillait pour le MI5[1], mais les mystères étaient son outil de travail.) Patricia Avis avait écrit deux livres. Charles Monteith, des éditions Faber, ne voulait pas publier le premier parce que, selon le poète Richard Murphy, mari de Patricia pendant un certain temps, il « calomniait ses amis ». Dommage que je n'aie pas su cela quand j'étais assise à côté d'un Charles Monteith par trop exubérant à un dîner au *All Souls*, quatre ou cinq ans après Hull. J'aurais bien aimé lui dire ce que je pense d'une si mortelle suffisance.

Elle est morte – alcool et comprimés – sans espoir de voir publier un de ses livres. Mais, au bout du compte, elle était aussi intelligente que les hommes intelligents qu'elle connaissait : Kingsley Amis, Conor Cruise O'Brien, Larkin. J'ai lu des articles sur elle qui laissent sous-entendre qu'elle était une âme damnée. C'est un argument qui sert souvent à couvrir des circonstances indéfendables. Elle avait presque atteint l'instant de la

---

1. Services de renseignements. *(N.d.T.)*

libération – pour obtenir le soutien d'autres femmes, être publiée par la presse féminine, etc. Mais, dans sa jeunesse, écrire et publier faisaient partie du monde des hommes.

Pourtant, des femmes exceptionnelles pouvaient survivre. Une d'entre elles, que je connaissais personnellement, était Mary Lavin, qui m'a si gentiment aidée à tenter mon retour à l'université. Mary ne fréquentait pas les pubs. Mais elle n'était pas non plus une femme au foyer. Elle avait une maison en ville et une autre à la campagne, et elle allait à l'hôtel. Elle avait la situation de la veuve respectable qu'elle était effectivement. Elle avait aussi un grand amour. Mais ledit bien-aimé, très pragmatique, ne perturbait pas sa vie quotidienne, car il était jésuite et vivait le plus souvent en Australie. Elle avait de l'argent, une bonne santé et trois filles qui comptaient énormément pour elle. Elle pouvait gérer les choses à sa manière. Plus que tout, elle avait été une fille unique, adorée et soutenue par son père. Du temps où je la fréquentais, elle traitait sa mère, qui était veuve, avec une affection proche du harcèlement, comme si sa mère était son enfant chérie.

Mais je ne connaissais pas, quand j'étais jeune, d'épouse ni de maîtresse qui écrivait. La plupart d'entre elles étaient trop pauvres pour avoir du temps libre. Patricia Avis était riche, mais si cela a pu l'aider à écrire ses romans, cela ne lui a pas permis de les faire publier (de son vivant). Les jeunes filles ne pensaient pas à l'écriture. Les jeunes écrivains qui venaient chez Mary Lavin étaient tous des hommes : les femmes étaient toutes des femmes qui sortaient avec ces hommes. Si vous étiez une jeune femme, personne ne vous demandait, dans les pubs de Dublin, ce que vous faisiez ni ce que vous vouliez faire. On vous évaluait selon ses propres critères. Vous étiez la bienvenue si vous entriez dans le schéma. Le « Dublin littéraire » que je connaissais mentait automatiquement aux femmes et conspirait contre les demandes des épouses et des maîtresses. À l'extérieur de la maison, dans les cercles où se rencontraient les universitaires, les journalistes et les littérateurs, les femmes étaient condamnées soit à ne rien demander et, ainsi, à être aimées, soit à surpasser cette existence et donc à être craintes. Il n'était pas facile du tout d'être à la fois formidable et désirable. Patricia Avis était comme un zombie de la misère. Une fois, j'ai vu Maire Mhac an tSaoi dans un recoin d'un pub obscur tenir une conversation pressée avec un homme. Elle était peut-être l'exception, mais elle écrivait en irlandais.

Quand j'étais étudiante, j'ai vécu pendant un moment sous une pile de manteaux sur le canapé de Leland, dans un coin de la grande pièce donnant sur la rue, et Patrick Kavanagh avait son lit de l'autre côté. Il était un colocataire redoutable. Il toussait et se raclait la gorge, il sortait d'un pas lourd et en grommelant dans l'espace sous l'escalier pour y pisser copieusement, souvent en gémissant et en parlant. Ses brûlures d'estomac ne s'amélioraient pas quand il recommençait à boire tous les matins, dès qu'un inventaire de sa poche et de la mienne, ainsi que du nombre de bouteilles prêtes à être rapportées pour récupérer l'argent de la consigne, permettait d'établir le budget pour attaquer la journée.

Il était trop absorbé par le combat quotidien

consistant à se maintenir en vie pour seulement remarquer d'autres gens. Grâce à cela, il était possible de partager une chambre avec lui. Bien qu'il fût en général grincheux, il se donnait la peine d'être amusant quand il se sentait bien et quand il avait quelques sous. Et sa santé s'améliorait – ou n'empirait pas à la vitesse à laquelle on aurait pu s'attendre – avec les ans. La pire des fins possibles, qui semblait le guetter, a été écartée parce que son amie, Katherine Moloney, a commencé à prendre soin de lui. J'avais l'habitude de le rencontrer à Londres, quelques années après avoir partagé le sous-sol de Leeson Street avec lui, dans un pub en face du British Museum. Il n'allait pas seulement mieux physiquement : il était aussi de meilleure humeur qu'à Dublin. Katherine vivait à Londres, et elle s'occupait de lui. (La misogynie est tellement enracinée dans certains milieux, que ce détail important est ignoré.) Je me souviens d'une fois où il a réellement amusé les gens présents dans le pub en racontant des histoires sur le château d'un millionnaire en Italie dans lequel il venait de séjourner. « La propriétaire a inventé le soutien-gorge », a-t-il dit d'une voix râpeuse, surprenant les étrangers qui se trouvaient dans la *Museum Tavern*. « C'est ce qui a rendu riche Caresse Crosby. Le soutien-gorge. » Il se fournissait apparemment dans des magasins italiens – il mangeait du *bicarbonato di sodio* directement d'un grand paquet. Ce soir-là, il est parti avec Katherine aussi plein d'entrain que possible. Et il n'était pas insupportable le jour où il s'est marié avec Katherine à Dublin. Eoin et Joan Ryan – on m'avait toujours dit que Joan était la femme pleurée par le poète dans « Raglan Road » – ont organisé le repas de mariage dans leur maison de Leeson Park. Il y avait une grande table couverte de plats, et beaucoup de boissons. Patrick avait l'air un peu absent. Mais, après tout, beaucoup d'invités n'étaient pas dans leur élément. Il y avait des gens qui ne s'étaient jamais vus, sauf dans les pubs et dans les appartements qui servaient d'annexes aux pubs.

Dans n'importe quelle assemblée, c'est Paddy qui avait toujours le plus de présence. Cela était dû à sa propre personnalité – il était difficile sinon impossible d'attirer son attention, encore plus de le charmer, si ce n'était pas lui qui l'avait décidé. S'il le voulait, l'attention qu'il vous prêtait pouvait être étonnamment chaleureuse et simple derrière sa gaucherie. Il aurait retenu l'attention par sa personnalité, même s'il avait été un moins bon écrivain.

Écrire n'était pas considéré en soi comme étant une activité admirable dans le Dublin littéraire. Beaucoup de gens écrivaient, et ils n'hésitaient pas à le dire. Ce n'était pas considéré comme une tentative pour exprimer l'inexprimable ou quoi que ce soit de ce genre, mais plutôt comme un métier qu'on pouvait exercer tout seul, simplement en le pratiquant. C'était quelque chose que n'importe qui pouvait faire. Quand j'étais dans les environs de Dublin, au début des années 1960, il m'arrivait de faire un saut à la Bibliothèque nationale pour voir Mary Lavin. C'est là qu'elle écrivait, ou dans le salon de chez *Buswell*, ou sur une planche à pain assise dans son lit à Bective, tôt le matin, avant de réveiller ses filles et de les envoyer à l'école. Là-bas *Chez McDaid*, John Broderick était peut-être en train de se préparer à rentrer chez lui, à Athlone, où il passait ses journées à écrire. En bas au *Stag's Head*, Tom McIntyre parlait peut-être d'écriture avec le dramaturge Tom Kilroy. Myles na Gopaleen pouvait se trouver chez *Neary*, sans parler à personne (il m'est arrivé d'y passer une soirée avec Louis MacNeice, et les deux hommes ne se sont pas adressé la parole). Ben Kiely était peut-être au *White Horse* sur Burgh Quay, en train d'hypnotiser une jeune femme avec ses discours. Mon ami Sean Mac Réamoinn était peut-être au *Tower Bar* avec un écrivain de passage, comme Anthony Burgess. Ou peut-être Liam O'Flaherty rentrait-il chez lui à pied en longeant le canal.

Durant quelques années, j'ai fréquenté John McGahern. Nous avions en commun d'avoir notre domicile dans les quartiers nord : moi à Clontarf, lui dans les meublés sur Howth Road. Nous nous retrouvions dans de sombres pubs aux hauts plafonds au bout de Malahide Road ou plus loin à Fairview. « Je travaille beaucoup », m'a-t-il écrit – à cette époque, nous nous écrivions et nous nous envoyions des télégrammes à travers Dublin, car il n'y avait pas de téléphones privés dans les meublés. « Je déteste tellement la vue d'une page blanche. Un jour, je t'enverrai mon travail. Je pense à toi dans certains de mes textes. » Il avait déjà écrit *La Caserne* quand je l'ai rencontré. Souvent, nous allions au cinéma – à la séance de cinq heures, parce qu'il sortait à cinq heures de Belgrove School où il enseignait – et ensuite nous grignotions chez un glacier de O'Connell Street. Nous étions chez un glacier quand il m'a montré le télégramme de Faber and Faber qui acceptait de publier *La Caserne* avec le plus grand enthousiasme.

Si je me souviens bien, John était en train de se remettre du chagrin causé par la jolie sœur d'un agent de police. Il y avait une pub au cinéma pour les bas Mystic dans laquelle une sorte de sorcière verte se contorsionnait en enfilant une paire de bas sur ses mains. La pub lui rappelait cette femme et lui faisait mal. Mais peut-être était-il habitué à souffrir : peut-être se sentait-il chez lui dans la douleur. Les quelques lettres de lui qui ont eu la chance de subsister laissent penser que les blessures étaient un élément de notre relation.

J'ai attendu et attendu mardi soir, et c'était tout. Puis j'ai pensé qu'elle était peut-être malade, ou qu'elle avait eu un accident, mais la possibilité la plus évidente, et presque toujours la bonne, est aussi la plus dure à admettre. Mais cela n'a plus d'importance maintenant.

Une carte postale de Sligo :

Merci infiniment pour la lettre. C'est beaucoup mieux d'être honnête. Et bien sûr, cela n'a pas vraiment d'importance, de toute façon.

Une lettre laconique disant :

Ce que tu as fait ce dernier soir, plus j'y pense, n'était pas très loin d'être criminel.

(Quoi ? Qu'est-ce que j'avais fait ?)
Une lettre :

Le seul monde est le monde de l'amour et, si nous sommes honnêtes, nous devons brûler de désir dans n'importe quelle réalité qui se présente. Tout le reste, ce sont des bêtises.

Un télégramme disant qu'il attendrait jusqu'à huit heures. Un télégramme envoyé au Pike Theatre me souhaitant bonne chance – j'étais comédienne à l'époque et, ce soir-là, c'était la première d'une pièce en un acte de Behan. Une lettre de rupture :

Je pense qu'il serait mieux pour nous de ne pas nous voir, il y a trop de cassures dans notre dernière soirée et, hier, c'était une sorte d'inconséquence sans joie, presque une simple pause dans l'attente, nous deux sortant de nos différentes vies. Attendons donc chacun de son côté pendant quelque temps.

Puis, il me souhaite éloquemment d'être heureuse. Cette lettre est tachée : soit il pleuvait, soit j'ai pleuré en la lisant.

Pourtant, ce dont je me souviens de cette année, ou des deux années où nous sommes de loin en loin sortis ensemble, ce sont des choses simples. John connaissait, par exemple, le directeur du *Capitol Cinema* – ils venaient de la même région. Et, un jour, ce directeur nous a offert un repas au restaurant, à une jolie table pour deux sur le côté, en haut, contre le papier peint velouté, avec sur la table une petite lampe. Je peux encore sentir le goût de la tranche de bacon de ce mixed grill. Le luxe, la générosité l'ont rendu si mémorable. Parce que nous étions pauvres. Pas intellectuellement – il m'a donné *Les Cahiers de Malte Laurids Brigge* de Rilke ; je l'ai présenté à Webster, et ainsi de suite. Mais nous allions partout à pied. Nous avions très peu d'argent. Une fois, nous sommes allés en bus à Skerries, savourant l'air venteux sur le promontoire rocheux. Je me souviens de ce jour-là parce que nous étions sans soucis et amicaux, il n'y avait pas entre nous cette distance crispée qui nous séparait habituellement. Et j'ai retrouvé exactement ce paysage, complètement transformé, dans une de ses merveilleuses histoires. Voilà bien un des plaisirs qu'on retire de la fréquentation d'un écrivain.

Je pense maintenant que Mary Lavin, qui a tissé beaucoup d'intrigues dans ses écuries de Lad Lane, nous a rapprochés l'un de l'autre. Il y avait un tas de drames vertigineux liés au simple fait de la connaître. Elle m'envoyait des mots disant par exemple – à propos d'un homme qui nous intéressait toutes les deux – « il a fait des mauvaises choses dont j'aimerais te parler. Il s'est certainement mis entre nous deux à cause du côté fourbe et du côté secret de sa nature qui ne font *pas* partie de la mienne. Eh oui. » Et elle continuait rapidement, brossant un portrait instantané de la personne suivante qui lui passait par l'esprit. Elle avait l'habitude d'approcher de très près son visage du mien, de me fixer de ses yeux couleur de mûre, de me mêler au scénario du moment, n'importe lequel. Peut-être avait-elle des projets pour John ou pour moi, séparément ou ensemble. Sans en avoir conscience, elle était, de manière inquiétante, sûre de ce qu'elle voulait. Elle se frayait un chemin, creusant des tunnels en direction de ses buts à une profondeur que moi, par exemple, je n'ai jamais atteinte. Je n'avais rien lu alors de ce qu'elle écrivait, je ne réalisais donc pas.

Quelque chose, certainement, nous éloignait l'un de l'autre, John et moi. Il était en train de se trouver lui-même. Physiquement, il n'était pas impressionnant : un professeur de la campagne, jeune et mince, qui parlait d'une voix traînante. Mais son regard pâle était formidable. J'ai parlé de lui dans mes lettres à Michael, quand, dans les premiers flots de l'amour, je lui racontais tout. J'ai mal décrit McGahern. « C'est le mec qui est bon écrivain », avais-je écrit. « C'est ainsi que je le répertorie pour que tu te rappelles qui il est – pour moi, il est un million de petites choses reliées entre elles qui forment un grand ensemble… » Je fais ensuite un bref portrait de lui, disant qu'il était « à la fois solitaire et méprisant ». Je pense maintenant que les jeunes écrivains jouent avec les possibles. Peut-être John envisageait-il différentes possibilités de se fixer. Certainement, nous avons vraiment essayé de nous connaître l'un l'autre, si tant est que le vouloir ait pu suffire. Je me souviens d'une nuit misérable – la dernière, je pense –, quand nous avons marché pendant des heures dans les rues hivernales sans jamais parvenir à être à l'aise ensemble. Quand on est jeune, ces choses-là sont importantes et se trouvent à un niveau élevé. Maintenant, je le croise une fois par an, ou quelque chose comme ça, et nous échangeons juste quelques salutations amicales. Mais, en réalité, je ne le connais pas beaucoup moins qu'à l'époque où nous nous voyions sans arrêt.

Les biographes d'écrivains irlandais vont racler les fonds de tiroirs très profondément si jamais ils s'intéressent un jour à ma personne. Mais je suis représentative d'un certain milieu. Pour chaque véritable écrivain, il n'y avait que dix personnes purement littéraires comme moi. Peut-être le « Dublin littéraire » avait-il besoin de ces deux types de gens. C'était un endroit réel, même dans les années 1960. Sans aucun doute, écrire était plus important que l'argent ou la propriété ou une situation dans n'importe quel domaine. Cependant la culture dépendait terriblement de la boisson. Il y avait trop de vie publique, anecdotique, et pas assez de vie personnelle, lyrique. On buvait trop. Boire, ça implique la mauvaise haleine, des chemises aux plastrons couverts de taches, des mains tremblantes, des bouteilles de lait englouties en guise de repas, et de se réveiller le matin sur une pile de manteaux sans culotte propre, et être maigre, avoir froid, être malade. Boire signifie, en fin de compte, devenir soûl. Des gens très bien finissaient par se prostituer pour gagner l'argent nécessaire pour se soûler bêtement tous les soirs. Une nuit, j'ai vu Myles na Gopaleen uriner contre le comptoir de chez *Neary*. C'est cela, être soûl – se réveiller avec l'évidence d'humiliations solitaires à répétition qui vous éloignent de plus en plus de tout ce qui n'est pas boire. Et quoi que cette façon de boire ait fait aux hommes – elle a ruiné les femmes. Je me souviens uniquement de quelques-unes de ces femmes (et je n'en fais pas partie) qui traînaient autour de *Chez McDaid* sans être en permanence biturées. On pourrait croire que cette vie était l'épreuve qui nous permettrait de connaître nos limites. On ne pouvait certainement pas y survivre : on pouvait juste l'abandonner.

VII

Les premiers temps, à Hull, j'écrivais souvent à Michael dont j'étais séparée. Plus tard, peut-être à la suite d'une dispute, il m'a renvoyé tout un tas de ces lettres. Ainsi, j'ai la vision unique d'une certaine Nuala O'Faolain à l'âge de vingt et un ans. Elle donne l'impression d'être pleine de vie, cette jeune femme, et curieuse de tout ce qui l'entoure. Et quoique, de toute évidence, terriblement amoureuse, elle ne semble pas du tout soumise. Le seul problème, c'est qu'elle ne cesse de demander à cet homme de l'épouser. Je suis étonnée maintenant de voir comme j'ai réclamé de manière insistante à Michael de divorcer rapidement afin qu'il puisse se remarier avec moi.

J'espère toujours qu'un jour tu verras ce que je veux dire par mariage. J'aimerais me marier bientôt, sinon je ne me sens pas d'aller vivre au cottage [...]. Me marier avec toi, ce ne serait pas mon idéal, mais l'idéal peut très bien arriver entre nous, donc je souhaite que tu te maries avec moi, très vite.

Je n'ai jamais eu assez de recul pour considérer le mariage comme une institution à éviter, qui ne soit qu'un arrangement social pour une certaine catégorie de gens. Je ne voyais aucun lien entre ce que je projetais d'avoir – un mari, des enfants – et ce que ma mère, la femme que je connaissais le mieux, avait par ailleurs : un mari, des enfants. Pourtant, ses lettres racontent une histoire très claire.

Je suis dans tous mes états et financièrement à sec. J'ai quand même perdu trois kilos et des gens, ton père y compris, le remarquent sans que je le leur dise.

Je me plains de ma solitude à Hull. Elle répond :

Je suis grosse, fatiguée, laide et vieille. J'ai dépensé tout mon argent, et je suis incapable de m'occuper de la maison et de ma famille. Regarde ces vérités en face de tes maux qui sont faciles à guérir et sois plus positive.

Elle se débattait toujours dans les tâches ménagères.

Les chambres sont en désordre. Je te paierai pour que tu m'aides une journée entière quand tu viendras – je ne trouve absolument plus rien, et tout est sale ou cassé. Papa va bien – il est terriblement joyeux, semblable à lui-même et prospère. Merveilleusement doué pour faire l'autruche, à propos de moi et de tout.

Elle a eu un bébé.

Je ne me sens ni bien ni heureuse – sauf avec le bébé. L'argent est le plus grand problème – papa n'est jamais là pour payer quoi que ce soit. Ce matin, la compagnie d'électricité nous a coupé le courant, et j'ai un tas de linge à laver. Je voudrais avoir un moyen pour le faire payer. Ces éternels soucis sont mauvais pour mon ulcère.

Elle résume les bons côtés, sans conviction :

Pourtant, j'ai de bons amis, une femme de ménage, il fait beau, j'ai plein de livres et de temps en temps la compagnie de mes aînés

Je savais que le mariage était une chose risquée. J'avais rencontré deux femmes que j'admirais chacune à leur façon, et que je voulais imiter. Il y avait Harry Bewick, la mère de l'artiste Pauline Bewick. L'autre, c'était Maura Laverty, à l'époque un des écrivains féminins les plus célèbres d'Irlande. Elle était la mère de l'amie de Pauline, Barry. Aucune d'elles n'avait de mari.

Harry était anglaise. Plus jeune, elle avait été mariée quelque part dans le Nord de l'Angleterre, et elle avait deux petites filles. Son mari était alcoolique. Un jour, m'a-t-elle raconté, elle était en train de terminer un livre de D. H. Lawrence. « Ça y est », s'était-elle dit, et elle avait mis les enfants dans leur poussette et était sortie par la porte pour ne plus jamais revenir. Elle avait travaillé – par exemple comme cuisinière végétarienne – dans des écoles nouvelles un peu partout en Angleterre, et puis elle était venue en Irlande pour habiter dans un cottage du Kerry où elle avait besoin de très peu d'argent car elle y vivait de manière très simple. Puis elle avait eu une maison à Dublin dont on parlait avec beaucoup de respect parce que Harry n'empêchait pas ses locataires – souvent des hommes adultes – d'y dormir avec leurs copines. Elle aurait considéré comme folle une telle attitude. Quand je l'ai rencontrée, elle habitait dans une petite maison de verre très simple, dans un champ à Wicklow. Elle mangeait frugalement, faisait bouillir l'eau sur un petit réchaud Alladin. Elle dormait quand il faisait nuit et se levait avec le jour. Si une souris, par exemple, essayait de s'emparer de son muesli, elle attrapait la souris et allait la relâcher dans le champ. Si un jeune des environs, légèrement demeuré, la matait pendant qu'elle prenait un bain de soleil, elle changeait simplement de place. Elle aimait la compagnie, mais elle était aussi contente si personne ne venait. Elle relisait inlassablement les mêmes livres – les écrits des sages indiens, Krishnamurti –, scrutant les pages avec une loupe. En tout je trouvais sa façon de vivre parfaite. Pourtant, c'était exactement à l'opposé du mariage.

Dans le Dublin de cette période, Barry, la fille de Maura Laverty, était d'un exotisme aussi enviable que celui de Pauline. Elles étaient étudiantes en art. Elles portaient des vêtements magnifiques – des chemisiers copiés de *Carmen Jones*, des corsaires et des ballerines. Leurs prétendants, c'étaient des hommes anglais, pas des garçons irlandais.

Maura avait écrit des romans et faisait beaucoup de journalisme ; elle était une excellente cuisinière et l'auteur de livres de cuisine. Et elle avait écrit le scénario de la première série télévisée adaptée de sa pièce de théâtre *Tolka Row* toute seule. Maura était intégrée dans le monde de l'Irlande et de Dublin autant que Harry ne l'était pas. Elle savait comment gagner beaucoup d'argent. C'est elle qui m'a trouvé mon tout premier job vraiment professionnel – faire partie d'une commission qui devait rechercher des recettes authentiques pour le nouveau banquet du château de Bunratty. (Elles étaient juste un peu trop authentiques : Bunratty commençait son menu par des *braume brose* et du *sew lumbarde* et des *pety-toes en gelyce* ; une authenticité médiévale très vite abandonnée, cela se comprend.) Maura vivait dans un élégant appartement avec des grandes fenêtres drapées dans un nuage de mousseline. Mais quand nous, les filles, venions la voir, nous la trouvions dans sa chambre à coucher. Elle sortait pour nous saluer gentiment mais retournait aussitôt dans sa chambre. Elle ne partageait jamais un repas avec nous. Elle ne parlait jamais d'elle, et se plaignait encore moins, mais je sentais qu'elle souffrait de sa solitude. Trois enfants grandissaient grâce aux revenus de son dur labeur. Où était son mari ? Jamais on ne parla d'un mari. Quand cette jolie femme mourut dans son lit, on ne trouva son corps qu'après plusieurs jours.

Mais je pensais que l'amour serait pour moi tout à fait différent de celui de toutes ces femmes. Je croyais toujours que dès que l'homme que j'aimais m'aimerait également (jusque-là, le meilleur candidat était Michael, car avoir des orgasmes signifiait sûrement être amoureux, non ? – mais il y avait toujours d'autres candidats), aussitôt que se serait produit un équilibre magique, l'histoire se terminerait. Nous nous marierons et un « idéal peut très bien arriver entre nous », pour me citer moi-même.

Nous nous serions mariés si j'étais tombée enceinte. Tout honnête homme épousait immédiatement sa copine dans de telles circonstances. (Puis il fallait penser à expliquer les choses si le bébé arrivait sept mois après le mariage. Des couples émigraient soudainement en Angleterre ou en Australie. Des femmes déménageaient à l'intérieur du pays pour accoucher ailleurs, puis pour cacher les bébés et mettre des coussins sous leurs jupes quand leurs mères venaient leur rendre visite. Des centaines de bébés étaient fermement déclarés « prématurés ».) Le milieu dans lequel vous viviez pouvait être le plus progressiste possible mais vous perdiez pratiquement tout si vous tombiez enceinte sans être mariée. À l'UCD une seule fille était effectivement tombée enceinte ; autant que l'on sache, les autres arrivaient à contrôler aussi bien leur propre sexualité que leurs copains, grâce à la combinaison des sanctions les plus sévères et de leur idéalisme vis-à-vis du mariage. Cette fille était une personne très distinguée. Mais je me souviens d'elle, recroquevillée dans sa chambre meublée de Fitzwilliam Street comme un paria : je ne passe jamais devant cette maison sans penser à elle avec des regrets. Même le fait de prononcer les mots « attendre un bébé » n'était pas facile. Un homme que je connaissais dut dire à sa mère que sa copine était enceinte. Sa mère, qui venait d'acheter des fruits, courut chercher un grand couteau de cuisine pour le planter aussitôt dans le melon qui se trouvait dans son panier. « C'est ça que tu as fait à la

Vierge Marie ! » cria-t-elle. « Ça ! » et elle enfonçait de nouveau le couteau. « Ça ! »

J'en concluais que les hommes de la campagne que je connaissais avaient perdu leur virginité, s'ils l'avaient perdue, au fin fond des hôpitaux du comté. Les infirmières étaient souvent décrites comme « faciles ». Mais c'étaient toujours les autres qui avaient des rapports sexuels : les infirmières, les actrices, les protestants de Trinity, ou, du point de vue de Trinity, les catholiques là-bas à l'UCD. Tout le monde pensait au sexe, souvent de manière obsessionnelle. Mais personne ne le considérait comme quelque chose de sain, qui vous fait du bien. Ni que les personnes qui « le » pratiquaient puissent être des gens tout à fait corrects. Dans les faits, dans un pays sans contraception, les seules femmes plus ou moins libres d'avoir des rapports sexuels étaient les femmes mariées. Il y avait tant d'enfants qu'il était facile d'en inclure un ou deux qui pouvaient être du mari ou qui pouvaient ne pas l'être. En tout cas, les amants masculins étaient dangereux. Ils avaient tendance à devenir excessivement sentimentaux et à raconter au pub entier qu'ils avaient un fils ou une fille avec telle ou telle femme. Dans le cas contraire, ils oubliaient. Une fois, au début des années 1970, j'étais avec un ami de mon père qui disait à une fille de l'assemblée : « Je ne sais pas ce que vous voulez, vous, les femmes du Women's Lib. Est-ce que toute femme valable ne peut pas avoir ce qu'elle veut de son mari si elle est gentille avec lui au lit ? » Il avait oublié que la jeune femme à qui il parlait était sa propre fille issue d'une liaison passée.

Dans les années 1960, c'était la fin d'une vieille

Irlande. De nouvelles possibilités se faisaient jour. Mais la question, et de loin la plus sérieuse pour une femme, restait celle de savoir quel arrangement trouver, et avec quel homme. Et ce n'était même pas vu comme une question. Je demandais à Michael de m'épouser comme si le mariage ne changeait pas l'indépendance des personnes. Pourtant, ces vies autour de moi montraient qu'il existait des difficultés inhérentes au fait d'être une femme – mariée ou non. Margaret eut des problèmes chez elle, dans sa famille catholique, parce qu'elle possédait un cendrier avec un dessin de Matisse – juste une ligne sinueuse – d'une femme allaitant son bébé. Sale, voilà ce qu'ils en pensaient. La riche et élégante Laila jouait des ballades françaises sur son petit Pianola blanc dans sa chambre d'hôtel de Harcourt Street, aspergeant ses pulls en cachemire de Mitsouko, incapable de dormir de peur que son père en Égypte, à des milliers de kilomètres de là, ne découvrît qu'elle avait un copain pour ensuite la tuer. Mon amie Geraldine venait d'une ville du Leicestershire où les femmes travaillaient dans une fabrique de bas. Sur le chemin du travail, elles laissaient leur gamelle à la friterie du coin pour la récupérer à l'heure du repas, remplie de frites, de petits pois et de crépinettes. Il y avait une grande compétition entre elles, m'avait dit quelqu'un, à propos de ces gamelles. C'étaient les symboles de leur statut – des gamelles et des landaus. Celle qui avait la gamelle et le landau les plus grands, les plus décorés, était la plus respectée. On pourrait se dire que j'aurais dû me rendre compte que le rôle d'épouse et de mère ne me conviendrait pas nécessairement.

Pourtant, me voilà à Hull, écrivant à Michael que j'allais consulter un centre de planning familial pour qu'on me donne un moyen de contraception.

« Ce foutu machin ressemble à un bol en caoutchouc de taille moyenne », ai-je écrit.

Puis, ce qui m'épouvante aujourd'hui :

On pourrait essayer de l'utiliser pour savoir comment c'est et, si tu n'aimes pas, on arrête. J'ai très envie d'avoir un bébé avec toi et je pourrais aussi l'avoir sans te gêner du tout et sans entraver ta liberté.

Ma mère était aussi inconsciente que moi. « Cela ne m'importe pas vraiment que tu aies un diplôme ou non », m'a-t-elle écrit. « Je te vois plutôt avec un mari et quelques enfants. » Quoi ! Alors que son brûlant ressentiment montrait qu'elle se sentait aussi piégée qu'une esclave enfermée dans sa banlieue avec ses enfants ! Mais elle mettait cela sur le compte de mon seul père. Les femmes accusaient leurs maris. L'idée qu'il était souhaitable pour toutes les femmes de passer une vie entière avec un seul homme et de considérer comme vital d'avoir des enfants avec lui n'était absolument pas mise en cause. J'en aurais rejeté la responsabilité sur Michael si j'avais été malheureuse avec lui. Mais mon inconscient était peut-être plus avisé que moi. Dans cette même lettre, celle dans laquelle je soutiens que je peux avoir un bébé sans « entraver » Michael, je fais allusion, sans raison apparente, au bébé qu'avait eu la fille que je connaissais à Belfast.

« J'étais en train de penser à la tristesse sans cesse renouvelée de le ramener de Belfast en train. Et à son grand-père qui jouait avec ses doigts dans la grande église vide. »

Quant à la combinaison mari-bébé-boulot, il était tout aussi difficile de réunir ces trois éléments. Dans mon monde à moi, les hommes avaient de l'argent, des vies intéressantes, et ils pouvaient vous montrer des choses et vous faire voyager. Frankie Byrne, une personnalité de la radio, je m'en souviens bien, fut la seule femme que j'aie jamais rencontrée à avoir acheté sa maison avec de l'argent qu'elle avait gagné par elle-même. Il y avait très peu de professeurs féminins à l'UCD. À mes yeux, Mme Wall expliquait bien mieux l'histoire que ne le fit jamais le professeur Dudley Edwards ou même le professeur Williams. Mais elle n'était rien dans la politique de l'université par rapport à eux. En anglais, Lorna Reynolds était d'une aide très généreuse ; elle m'a trouvé un travail de correctrice et m'invitait à prendre le thé dans sa belle maison (Earl Grey et tarte au citron). Je savais qu'elle était l'amie de femmes extraordinaires : de la romancière Kate O'Brien par exemple, et, en Italie, de Darina Silone. Mais je savais aussi que, à l'UCD, elle devait se battre contre le traitement injuste qu'on réservait aux femmes célibataires comme elle, comparé à celui des hommes mariés qui étaient considérés comme la norme. « Je ne suis pas responsable de vos neuf enfants, monsieur Tierney ! » fut le mot de la fin d'un rapport sur une des nombreuses confrontations courageuses qu'elle eut avec le président de l'UCD. Elle était en permanence aux prises avec des difficultés. Et elle ne gagnait jamais.

Le mariage était une condition dont on faisait

très peu de cas, pas étonnant donc qu'il y eût tant d'épouses amères. Je me souviens d'Anthony Cronin qui disait, dans les années 1950 : « C'était l'époque de l'épouse spectaculairement difficile. » Il pensait à Caitlin, la femme de Dylan Thomas, et à Hetta, l'épouse de William Empson. Elles aussi avaient des problèmes avec leurs maris, bien sûr, comme toutes les épouses difficiles que je connais. Il a fallu au moins vingt ans avant qu'une femme mariée puisse être considérée pour elle-même et non pas seulement en tant qu'appendice de son mari. Pour une femme mariée, il était en fait impossible d'espérer avoir une carrière qu'on prenne au sérieux au même titre que celle de son mari. Il aurait fallu aller jusqu'à l'entraîner dans une alliance défensive, une *folie à deux*[1], comme Queenie Leavis l'avait fait, paraît-il, avec F. R. Leavis dans des cercles littéraires anglais à Cambridge. Au mieux, vous pouviez avoir une carrière – c'est-à-dire exprimer vos dons et gagner votre argent – si vous n'aviez pas de rapports sexuels du tout. Ou vous en aviez mais vous vous arrangiez d'une manière ou d'une autre pour ne pas tomber enceinte. Le fait est que, sans jamais utiliser l'objet qu'on m'avait donné au centre et sans jamais prendre la pilule, je ne suis pas tombée enceinte.

Je considère cela, de même que d'avoir été envoyée au pensionnat, comme l'un des facteurs cruciaux qui m'ont permis de survivre. Il y avait d'autres coups de veine : connaître Sean Mac Réamoinn, et connaître cet homme plus âgé – le médecin – qui gardait un œil sur moi pendant mes études. Mais, si j'avais pu m'arranger

1. En français dans le texte. *(N.d.T.)*

pour réussir quelque chose sans eux, je n'aurais pas survécu avec un enfant. Cela n'a rien à voir avec les enfants. Je les aime, maintenant. J'ai des regrets très profonds de ne pas en avoir eu. À l'époque, j'étais tellement inexpérimentée et si perturbée que je n'aurais pas été capable d'élever un enfant comme il faut. La maternité, ainsi que ma mauvaise éducation, mes relations, bien que très peu satisfaisantes, qui absorbaient tout mon temps, et ma dépendance financière, étaient les ennemis d'un avenir prometteur. Mais ce n'est pas pour cela que je suis heureuse, car je ne pensais pas à moi-même comme à quelqu'un de prometteur. Je suis contente parce que, sous l'ancien système, il était tellement facile de mal élever les enfants. L'enfant n'aurait pas grandi correctement.

Je ne voyais pas cela, en partie parce que je n'avais personne avec qui partager mes idées. Avec le mouvement de libération de la femme, phénomène collectif, les impressions purent être partagées. Avant, quand « l'amour » était tout ce qui importait, la solidarité entre femmes n'avait pas encore de valeur. Je considérais les femmes mariées comme une espèce différente de la mienne – comme des femmes à la retraite.

Il y avait une sorte d'amusement réservé aux filles célibataires, excluant complètement les femmes mariées. Je me souviens d'une nuit de rêve, à la fin de cette période. J'avais obtenu ma grande bourse et j'étais sur le point de monter à Oxford. J'avais vingt-trois ans et je me trouvais pour la première fois à Rome, tout excitée. J'étais avec Michael et un groupe de gens de théâtre de Trinity qui organisaient dans un vieux théâtre délabré près de la piazza Navona une soirée avec l'acteur Pat Fay, qui devait réciter des monologues de Yeats et de Beckett. Ce fut une façon privilégiée de voir Rome pour la première fois, de faire partie de cette ville en étant mandatée pour acheter des épingles, ou pour poser des affiches sur les murs. Là-bas, au Vatican, Sean Mac Réamoinn, qui assistait à l'ouverture spectaculaire du concile de Vatican II, se trouvait peut-être dans le bar en bas de la via della Conciliazione réservé aux correspondants religieux. Ou peut-être était-il assis à une tablée joyeuse dans le jardin de la trattoria du Trastevere où les Irlandais se donnaient rendez-vous. Et l'Américain que j'avais connu à Dublin – à qui je n'en avais jamais voulu de s'être servi de moi la nuit où sa mère était morte – vivait à Rome. Il flirtait avec moi quand personne ne nous regardait, et s'arrangea une fois pour me retrouver tard une nuit dans le sombre couloir de la pension où nous logions, Michael et moi. Cet homme m'a mise dans sa petite voiture et nous avons fait une virée dans la ville merveilleuse, sautant hors de la voiture pour entrer dans un bar, pour monter les marches du Colisée afin de nous y asseoir et de nous embrasser, pour nous promener dans la campagne tranquille le long de l'antique via Appia, nous arrêtant pour nous embrasser, pour regarder les toits du haut du Janicule et nous embrasser encore; pour finir dans l'aube magnifique au Capitole où, à côté du square Renaissance, il y avait du gazon et des arbustes ainsi qu'une cage avec deux petits loups qui s'étiraient et y jouaient. J'avais vu Audrey Hepburn dans *Vacances romaines*. C'était ça, avec moi dans le rôle de la star.

Cet homme avait une épouse. Pour moi, le fait qu'il

ait une femme ne voulait rien dire. Pendant longtemps, j'étais incapable de donner un sens moral ou même un sens tout court à ma façon de me comporter avec le sexe opposé – et avec mon propre sexe. Je pense que l'inconscience est ce qui a permis d'exister à la culture dans laquelle j'ai grandi. Quand, une décennie plus tard, les choses ont commencé à changer, le brouillard dans lequel j'avais navigué était si dense qu'il m'a fallu une éternité pour m'en sortir ne serait-ce qu'à moitié. C'est là que je me trouve maintenant.

VIII

Après tout ce que j'avais connu, ma relation avec Michael me semblait merveilleusement solide. Mais elle était sans issue. À mon retour de Hull, nous avons vécu un moment à Dublin pendant que je travaillais pour obtenir ma grande bourse. C'est là que j'ai compris qu'il aurait pu commencer sa procédure de divorce depuis longtemps. Il aurait pu se bouger pour pouvoir se marier avec moi. Mais il ne l'a pas fait. Et j'avais moi-même des hésitations. Je faisais toujours mes prières, j'allais à la messe, et j'avais des crises de conscience parce que nous couchions ensemble. Le plus grave résidait dans le sentiment confus, issu d'un idéalisme tourmenté, qu'il existait pour moi quelque chose de plus difficile mais d'autant plus intéressant que de simplement vivre agréablement avec un homme honnête.

J'étais aussi imprégnée de l'idée qu'il fallait respecter l'homme. Michael était beaucoup trop sceptique pour accepter l'autorité que j'essayais de lui conférer. Et j'adorais comme un héros un homme très sérieusement catholique, un Gallois que j'avais rencontré lors de son passage à Dublin. Mon idéal secret était de me marier avec cet homme et d'être « bonne » pour le reste de ma vie ; même si je n'en savais pas plus sur la vie d'une bonne épouse, catholique et bourgeoise qu'un Martien, j'étais parfaitement sincère. Je l'ai fréquenté pendant des années. Nous nous sommes écrit d'innombrables lettres et, à la fin – par gentillesse, parce que j'étais fâchée avec lui pour une autre raison –, il m'a demandée en mariage. Quand j'ai dit oui, il a immédiatement disparu. Il s'est trouvé qu'il était parti voir sa mère. Puis il est revenu chez moi pour tenter d'annuler notre arrangement. Il avait senti chez moi cette envie de s'amuser sans même savoir vraiment comment j'avais passé ma jeunesse. Je ne l'ai jamais revu mais j'ai entendu dire qu'il était entré dans les ordres pour finalement les quitter, se marier et fonder une famille nombreuse.

Il a néanmoins bouleversé ma vie en me priant, quand il était en licence, de lui rendre visite à Oxford. J'ai vu cette petite ville pour la première fois, silencieuse, après de fortes chutes de neige en plein hiver. C'était magique. Pourtant, ce n'était pas de la magie : on pouvait vraiment aller là-bas. Quand j'ai décroché ma bourse, quelques années plus tard, c'est là que j'ai choisi d'aller.

Même avant de m'y trouver avec le Gallois, j'avais rêvé d'Oxford. Un jour, sur le bateau de mon père, j'avais lu un livre sur la ville. Ce bateau était une de ses folies passagères. Il le gardait à la cale du Clontarf Yacht Club, où ses grands-parents avaient été intendant et gouvernante chez les aristos. Une ou deux fois, nous sommes sortis à l'embouchure de la Liffey, laissant mon père en bas des marches de Butt Bridge, à côté de l'*Evening Press*. Aller au travail en bateau nous unissait à toutes les personnes désormais mortes qui avaient navigué avant nous dans la baie de Dublin. Parfois, nous allions dans l'autre direction, à Howth ; le bateau tanguait et sautait quand nous passions devant le phare de Baily. C'est pendant une de ces virées, sous les embruns qui m'inondaient, que j'ai terminé la lecture de *Poussière* de Rosamond Lehmann. Si le bateau avait coulé, j'aurais continué la lecture jusqu'à être submergée par les vagues. C'est ce roman sur les amitiés entre étudiantes en Angleterre qui a forgé mon idée de la vie universitaire. Tous les grands livres romantiques me faisaient frissonner. La mère de mon amie m'a balancé une théière à la figure pendant que je lisais *L'Adieu aux armes*, et je n'ai pas manqué une phrase. Je tremblais d'empathie en lisant Scott Fitzgerald. Ma mère me citait des passages de *La Ballade du café triste*. Mais c'étaient les Anglais dans les livres – jusqu'aux histoires de *The Chalet School* et Angela Brazil – qui incarnaient le côté glamour dont je rêvais. *The Constant Nymph* nourrissait mon imagination, et *Le Chapeau vert*, ainsi qu'un petit roman de Daphné Du Maurier sur un sujet vaguement incestueux, citant le refrain d'Edna Saint Vincent Millay :

Nous étions très fatigués,
Nous étions très heureux,
Nous allions et venions
Toute la nuit sur le ferry.

Je soupirais après les gens de la haute société

anglaise, riches et déséquilibrés, tels qu'ils étaient décrits dans ces livres.

Dans la réalité, être glamour consistait pour mon amie et pour moi à nous affubler de hauts talons et de jupes noires moulantes. Nous portions des chemises blanches en nylon pour hommes aux manches retroussées rentrées dans les jupes et maintenues avec de larges ceintures élastiques. Nous avions d'opulentes poitrines pointues (de vieux bas en nylon bourrés dans nos soutiens-gorge), une couche épaisse de fond de teint jaunâtre sur la figure, des lignes noires s'élevant du coin de l'œil et de la vaseline sur nos lèvres rose shocking. Dans la salle de bal du *Crystal*, les deux beautés que nous étions louchaient sur des mecs aux cheveux coupés en pointe sur la nuque et portant des chaussures à semelles de crêpe, tout en condescendant à danser avec des étudiants malais stupéfaits.

Je m'étais trompée en ce qui concerne *Poussière*. L'histoire ne parle finalement pas d'Oxford, mais de Cambridge. Et au milieu des années 1960, quand je suis allée à Oxford, la vie des étudiants n'y était, dans l'ensemble, pas très glamour. Le style du *Brideshead Revisited* n'était plus à la mode. Le coup de tonnerre des Beatles en Angleterre était sur le point de changer le pays et le monde entier. Mais je n'aurais pas pu être plus heureuse qu'en enfonçant mes pieds dans les feuilles mortes tout en me dirigeant vers l'université qui m'avait acceptée en ce jour d'automne de 1963. Au fond, j'ai toujours su combien j'avais été près de consacrer ma vie entière à un boulot ennuyeux à mourir où j'aurais passé mes journées à regarder l'heure. À dix-sept ans, j'ai travaillé dans la cantine d'une station d'épuration des eaux près de l'aéroport de Heathrow. Ce genre de job, quoi. Mais me voilà, dans une des premières mini-robes, n'ayant rien d'autre à faire qu'étudier, un chevalier servant à mes côtés. Michael était parti enseigner en Italie tandis que je préparais mon diplôme, mais nous devions nous retrouver pendant les vacances. Mon amie Harden Rodgers commençait à Cambridge cette même année. Quand, au dîner du premier soir, la fille à côté d'elle lui a demandé d'où elle venait et que Harden a répondu « d'Irlande », la fille a dit : « Oh, alors tu vas vouloir toutes les patates. » Je n'ai jamais pensé à mes origines irlandaises. J'étais à ma place à Oxford. J'avais lu tellement de romans sur cette ville. C'est là qu'étaient mes racines – dans les livres que j'avais lus.

Oxford était un endroit sans prétentions. C'était une ville provinciale anglaise qui, en fait, cachait les beaux bâtiments d'une vieille université à l'intérieur de ses murs. Le centre-ville était délabré et banal. Des enclaves de petites maisons où vivaient des familles ouvrières avec leurs poussettes et leurs rideaux propres subsistaient derrière des bâtiments universitaires et parmi ceux-ci. Il y avait des pubs aux murs marron vernis où les gens du coin à l'accent de l'Oxfordshire jouaient au billard. Au lieu de bars à vin ou de boutiques modernes, on trouvait des petites épiceries. Il y avait un grand magasin démodé avec un salon de thé où l'on pouvait manger des toasts aux anchois. Aujourd'hui, c'est un magasin discount, avec en vitrine des vêtements pour les grandes tailles. Il y avait des vieux relais de poste de guingois ; seuls leurs noms – *The Mitre*, *The Golden Cross* – ont survécu sous les arcades où de nombreuses boutiques de souvenirs les ont remplacés depuis. Il y avait de véritables cafés. J'ai vu Auden essayer de manger un œuf poché au *Cadena* après une nuit apparemment aussi triste que ses petits yeux couleur de basalte, à en juger d'après ses mains tremblantes. Aujourd'hui, Oxford est toujours plein de touristes. À l'époque, la ville était parfois si vide qu'elle ne semblait remplie que par le temps qu'il y faisait. Durant les lents étés, la campagne verte et débordante des alentours paraissait écraser la ville. Puis le froid montait de la rivière en crue, et la brume s'enroulait autour des murs dorés et troués de l'université, et l'eau de pluie se précipitait, bruyante, dans les égouts au bas des trottoirs. Une fois, j'ai croisé Elizabeth Taylor qui était à Oxford pour jouer Hélène de Troyes dans une mise en scène de *Docteur Faust* par Richard Burton. Elle marchait à vive allure dans une ruelle à l'heure où la nuit hivernale tombait. Quand elle levait le regard, ses yeux violets étaient si intenses, si exotiques qu'ils semblaient fixer, à l'instar de la lumière d'un flash, une impression durable des silex, des pavés mouillés et des pierres noires d'Oxford en hiver.

J'ai emprunté – détail important de cette époque – une veste en cuir pour auditionner au comité de la Société dramatique de l'université d'Oxford afin de diriger leur pièce annuelle au Playhouse Theatre. C'était une fonction très prestigieuse et avoir été choisie était le signe des changements survenus dans les années 1960. Aucune femme n'avait dirigé la pièce de la Société dramatique de l'université d'Oxford pendant quarante ans. Certes, je n'ai pas très bien répondu aux exigences du changement social : ma mise en scène de

De l'importance d'être constant était médiocre, excepté pour Maria Aitken, et le décor était effroyable. Les journaux londoniens rendaient traditionnellement compte de la pièce de la Société dramatique de l'université d'Oxford, celle-ci ne pouvait donc pas passer inaperçue. L'un d'eux disait que la pièce donnait l'impression de se dérouler dans un meublé de Golders Green.

Mais les vestes en cuir et les jeunes Irlandaises metteurs en scène faisaient partie du style nouveau. Quand je rencontrais des gens qui étaient allés à Oxford à peine dix ans plus tôt, ils se souvenaient de la grisaille et du conservatisme. Or, les années 1960 étaient gaies, pleines d'un sentiment juvénile de liberté. Je me souviens d'une fête particulièrement frénétique à Christ Church où les garçons du groupe The Animals eux-mêmes étaient parmi les fêtards. (La plupart du temps, c'étaient juste des jeunes hommes d'Oxford essayant de ressembler aux membres des Animals.) Je menais mon habituelle vie divisée en deux. Pendant presque toute la première année, j'ai été une catholique pratiquante. Un Vendredi saint, dans la laide église de St. Giles, j'ai entendu pour la première fois de ma vie la liturgie en anglais. Nous, la congrégation, devions dire : « Crucifiez-le ! Crucifiez-le ! » Cela m'a fortement bouleversée. J'allais aux réunions bienséantes de la Newman Society, où de jeunes catholiques étaient censés rencontrer des catholiques du sexe opposé. Mais j'ai laissé tomber quand ma vie sociale est devenue de plus en plus animée.

Je comprends maintenant qu'être irlandais était plutôt à la mode durant cette courte période située entre la découverte de la classe ouvrière dans les années 1960 et le début des troubles en Irlande du Nord. Je me rends compte qu'elles furent un petit bout d'histoire où les jeunes femmes étaient libres, sexuellement disponibles sans avoir pris conscience des implications de leur liberté. Imaginez, j'ai eu une discussion sur les femmes avec madame le professeur Helen Gardner à la plus grande joie des chers habitués d'un club privé. En fait, les membres masculins du club flânaient en tenue de soirée, buvant du champagne au goulot tandis que nous, les femmes, nous nous efforcions de les amuser ! Et nous ne le voyions même pas ! Dans l'Angleterre des années 1960, la séparation des classes n'était pas vraiment combattue. Il suffisait de regarder ces hommes pour comprendre qu'ils ne se verraient jamais autrement qu'en maîtres de l'univers. Et les questions concernant le sexe étaient profondément enterrées. Une fois, j'ai visité Tintern Abbey, à la frontière galloise, avec un soupirant américain. Une chambre à mon nom avait été réservée à l'hôtel, mais je savais qu'il était entendu que nous dormirions ensemble. Quand il est venu frapper à la porte de ma chambre, il l'a pourtant trouvée fermée, sans explications de ma part. Cela l'a terriblement vexé, et nous sommes retournés à Oxford en silence. Mais je ne pouvais pas lui dire – j'étais littéralement incapable de trouver le moyen de le lui dire – que mes règles étaient arrivées de façon inopinée. J'aurais pu coucher avec lui, mais j'étais incapable de prononcer ces mots-là. J'imagine que d'innombrables malentendus de ce genre ont eu lieu avant que la révolution des femmes ait un peu désarmé de tels tabous. Plus que tout, quand j'entends les Beatles chanter *I Wanna*

Hold Your Hand, il y a comme un doux écho qui me transporte aux sensations de ces années-là. Nous étions tellement jeunes. Il y avait quelque chose de pitoyable dans notre façon de jouer avec la liberté.

Le poète W. R. Rodgers est venu à Oxford pour une journée. Bertie était le père de mon amie Harden et, parce qu'elle le lui avait demandé, il m'a sortie. C'était un buveur redoutable. Nous avons fait la bringue en quadrillant Oxford en taxi. Nous sommes même allés à une lecture sur Herder par Isaiah Berlin. Dans la salle de lecture de St. Catherine, Bertie est tombé du banc. Enid Starkie nous a donné des boissons. Plus tard, elle m'a écrit un mot qui saisit bien le parfum de cette journée :

Chère Miss O'Faolain,

J'espère que votre oncle est bien rentré. J'espère que vous ne m'avez pas trouvée trop inhospitalière. Si le taxi vous a laissés sans le sou, permettez-moi de le payer. 1. J'aurais ramené votre oncle si je n'avais pas été occupée et 2. j'ai beaucoup plus d'argent que vous ! Votre oncle a fait allusion à un chèque dont il espérait que les Davin l'encaisseraient pour lui.

Des connaissances prises pour des oncles ! Des chèques redoutables. C'était ce genre de journée. Mais Bertie m'a rendu un très grand service en me présentant à ses hôtes, Dan et Winnie Davin, qui, en fin de soirée, marquaient une certaine désapprobation. Leur maison est devenue un deuxième foyer pour moi – le premier même, à plusieurs égards. Ils étaient néo-zélandais et Dan avait été un étudiant à Rhodes, puis un officier décoré pendant la guerre, un historien, un romancier et maintenant il était membre de Balliol et dirigeait l'Oxford University Press. J'eus bientôt une mansarde à moi dans leur maison hospitalière remplie de livres. Dans une récente biographie de Dan, on peut lire que nous étions amoureux l'un de l'autre, mais ce que nous formions en réalité était beaucoup plus confortable : une société d'admiration mutuelle.

Je me suis cultivée, du seul fait de connaître Dan et Winnie et les personnes qu'ils connaissaient. C'est un des aspects formidables des villes universitaires. S'éduquer était une des dimensions de la vie sociale. Les Davin avaient une table réservée au pub où ils buvaient, et les gens les plus divers venaient se joindre à eux. Godfrey Lienhardt était un anthropologue, spécialisé dans les Dinkas du Soudan du Sud, mais c'était aussi un grand généraliste et un homme extrêmement cultivé. Souvent, il était là le soir. Les gens parlaient de livres et, quand tel ou tel bouquin croisait mon chemin, je le lisais. Kierkegaard, Fontane, Benjamin Constant, Christina Stead. Je rencontrais des gens. Iris Murdoch a fait comprendre très clairement que le simple fait d'être née à Blessington Street ne voulait pas dire qu'elle fût irlandaise. Un traducteur américain de l'*Iliade* parlait de Scott Moncrieff et du mauvais choix qu'il fit en utilisant une phrase de Shakespeare pour traduire le titre de l'œuvre de Proust, *À la recherche du temps perdu*. «*Remembrance of things past*[1]» était

1. «Souvenir du passé.» *(N.d.T.)*

trop faible, disait cet homme. Cela ne rendait pas la signification forte de « recherche ». Le ton impérieux de « *Tell me where all past things are*[1] » serait plus fidèle au rythme de Proust. John Wain, qui était un homme de lettres et un romancier populaire, parlait du docteur Johnson et m'a appris à jouer au palet de table. Richard Ellman, le grand biographe de James Joyce, est venu. Le grand biographe de George Eliot, Gordon Haight, est venu. Il était classique que les wasp américains importants de l'establishment académique viennent à Oxford dans le cadre de recherches qu'ils menaient comme des missions royales. Ils descendaient dans des hôtels chers et discrets et invitaient les gens à dîner dans leurs clubs londoniens. Si c'étaient de véritables érudits dans leur spécialité, ils étaient traditionnellement publiés par l'Oxford University Press, et ils venaient donc voir les Davin.

Ma thèse sur « La réception d'*Esther Waters* de George Moore » portait sur certains carrefours dans l'histoire des idées de la fin du XIXe siècle et constituait un sujet très intéressant. Une fois que j'y avais travaillé par définition j'en savais plus sur le sujet que n'importe qui d'autre. Mais il y avait aussi des épreuves à l'examen, et je ne savais pratiquement rien dans ces matières. De temps en temps, je prenais mon vélo pour aller lire, ici ou là, pour la forme, ma dissertation à un vieil homme dans son cabinet de travail ou à une vieille dame dans son appartement – d'obscurs professeurs d'université qui, pour une raison ou pour une autre, avaient fini par faire autorité sur

1. « Dis-moi où sont les choses du passé. » *(N.d.T.)*

Matthew Arnold, Kipling, Gissing ou d'autres encore. L'université n'enseignait pas à ce niveau-là ; si vous ne cherchiez pas à étudier par vous-même, rien ne vous était donné. Je n'étudiais pas.

Je fus sauvée, pour ainsi dire, par l'historien du mouvement ouvrier Raphael Samuel. Comme s'il avait été l'archange du même nom, il est venu vers moi même si je le connaissais à peine. Il m'a apporté un gâteau dans une boîte que sa mère lui avait envoyée et affirma avec fermeté qu'il m'aiderait à travailler. Il me donnait des dissertations à faire toutes les semaines : « L'accroissement d'un public de lecteurs », « L'éloquence des chartistes », « Les romans de Mark Rutherford ». Il m'a amenée dans un groupe de travail à Nuffield où les gens parlaient de Paley, de Defoe, de Spengler, de mouvements de grève, de Henry Mayhew, de Trotski et de Peterloo. Raphael était un pionnier dans l'approche interdisciplinaire. Il croyait que tous ceux qui avaient obtenu un diplôme dans une spécialité avaient été entraînés à être indifférents à tout le reste. Il croyait qu'il fallait reprendre de zéro, à partir de l'ignorance. J'étais riche en matière d'ignorance. Je compte parmi les grands coups de veine de ma vie – avoir été au pensionnat, ne pas tomber enceinte, que Michael fût marié, avoir Sean Mac Réamoinn comme ami – que Raphael m'ait prise en main.

Il était beaucoup plus important qu'il n'y paraissait, même à cette époque, d'être introduite dans l'histoire du mouvement ouvrier. Cela allait de pair avec les révolutions sociales qui étaient sur le point de se produire. Un des effets secondaires a été que le monde concret de l'Angleterre commença à prendre une signification à mes yeux. J'ai appris pourquoi un canal avait été construit à tel endroit, ou à quoi le nom d'un pub faisait référence, ou vers quel moment les mots FRIENDLY SOCIETY avaient probablement été peints sur la fenêtre d'un vieux cabinet de travail. Quand j'ai fait la connaissance de Richard Cobb, un érudit qui se servait de sujets comme les romans de Simenon ou l'itinéraire du Tour de France en tant qu'éléments de compréhension de la société française, j'ai pu faire une plongée similaire dans la signification des paysages et des panoramas urbains de la France.

Mais c'est de l'homme dont je suis tombée amoureuse à la moitié de mon séjour à Oxford que j'ai appris le plus. Dès que je l'ai rencontré, je me suis engagée dans son université personnelle. Il enseignait dans des pubs, en marchant dans la rue, et dans de merveilleuses lettres qui débordaient de savoir et d'idées. Ses grandes passions étaient l'histoire de l'art et la peinture qu'il connaissait à merveille. Mais il s'y connaissait aussi en maquettes de villages, il savait jouer au billard, il connaissait la cuisine française classique, l'histoire ancienne d'Aston Villa, des chansons soviétiques, l'histoire de la sorcellerie… Il était bruyant, heureux, miteux, vif et… distant. Entre nous, nous ne parlions pas de choses personnelles. Parfois, j'obtenais une réelle attention et sa bonhomie presque nerveuse semblait alors disparaître. C'était un défi que de le rendre attentif à ma vie privée.

Il était sur le point de quitter Oxford ; moi, j'avais encore un an à tirer. Nous n'avions absolument pas d'argent. Nous squattions un sous-sol ; il achetait des livres à crédit dans une librairie et les revendait immédiatement à un bouquiniste afin de nous procurer de l'argent liquide pour boire et pour manger un peu. C'était l'été. J'ai retrouvé par hasard un papier sur lequel nous avons dû griffonner ensemble au cours d'une longue journée passée à parler dans un pub. Il avait dessiné une carte de l'Angleterre. J'avais rempli les rares endroits qu'il se trouve que je connaissais : Londres, Liverpool, Crewe, Hull. Il a ajouté le nom des autres. Si nous avions été anglais tous les deux, les choses auraient été différentes. Mais ce n'était pas le cas. De toute façon, en 1966 cela n'avait pas d'importance.

J'appellerai « Rob » le fantôme qui a les traits de ce jeune homme. En 1997, j'étais invitée à une conférence à Oxford pour parler de l'Irlande devant des politiciens, des banquiers et des diplomates. Les organisateurs m'avaient installée à l'hôtel *Randolph* dans le centre-ville. J'ai contemplé la portion de rue que j'avais longée quand j'étais venue rendre visite à mon ami gallois, en plein hiver, longtemps auparavant. Nous étions venus de la gare, nos deux mains bien au chaud dans la poche de son duffle-coat, montant Beaumont Street, la traversant pour atteindre le Broad, passant devant les têtes sculptées à l'extérieur du Sheldonian, devant les dômes du Sheldonian Theatre et la Radcliffe Camera, tout couverts de givre, tout étincelants à la lueur de la lune. C'était calme et brillant comme je n'ai plus jamais revu la ville. Le paysage des rues n'était pas moins beau quand je l'ai regardé plus de trente ans plus tard. Mais il ne signifiait rien de plus que ce qu'il était en soi.

Une rue plus loin se trouvait l'endroit où j'avais eu mon premier rendez-vous avec Rob. J'avais besoin de préparer mon intervention à la conférence, mais son fantôme m'en empêchait. Ce matin-là, une pluie froide tombait. Je suis pourtant sortie de l'hôtel pour aller à pied à Port Meadow, un pré proche de la Tamise. Ce soir-là – le soir du jour où je l'ai rencontré – avait été chaleureux et intime. Nous nous étions couchés sur l'herbe au bord du fleuve – ici ? Non, plus loin. Les pêcheurs avaient fait des bruits qui résonnaient, tout doucement, de l'autre côté du fleuve lisse, sous la haie noire. Comme nous avions besoin de plus d'intimité, nous avons retraversé le pré pour entrer dans l'herbe haute et douce au bord du canal. J'ai de nouveau longé ce chemin. Ça devait être ici, me suis-je dit, debout au-dessus du canal, frissonnante. Là. J'étais trempée, j'avais froid et je m'ennuyais ce matin-là. Mais j'ai essayé de me débarrasser de souvenirs têtus – de m'en moquer, de les forcer à s'écarter à la distance floue qui convenait.

Une image tourbillonnante, comme ombrée, résume en quelque sorte cette période de ma vie. Ce n'est pas une image de moi ni de Rob. C'est une scène que j'ai vue pendant un instant, tard par une nuit d'hiver à la gare de Paddington. J'étais allée à Londres avec Rob et j'étais sur le point de rentrer à Oxford par le dernier train. Les grandes voûtes de la gare étaient sombres et pleines de courants d'air. Un homme que je connaissais de vue parlait désespérément à une femme à côté d'un train. Il était très beau et elle – j'avais vu que c'était sa jeune épouse – était belle aussi. Il avait les mains dans les longs cheveux de la femme et il pleurait. Elle aussi, elle pleurait. Elle portait un manteau blanc. Ils continuaient à s'embrasser avec désespoir. C'est cette tristesse romantique que je cherchais à Oxford, comme dans *Poussière*. Mais je ne suis pas sûre d'avoir vraiment vécu cette scène, à cette période-là de ma vie : ne s'agit-il pas plutôt d'un pur produit de mon imagination ? Et si c'est le cas, l'ai-je créé à l'époque même, ou rétrospectivement, au fur et à mesure que le temps passait ?

Tout ce que je sais, c'est que quand j'ai quitté Oxford pour rentrer à Dublin, j'ai regardé l'avenir en me tournant vers le passé. J'étais toujours à moitié jeune fille. J'avais le cœur à moitié brisé. L'endroit que je quittais avait contenu, du début à la fin, des émotions si fortes, si stupides fussent-elles, qu'encore maintenant il m'est difficile de croire qu'elles ne continuent pas de vivre quelque part, ailleurs que dans ma mémoire. Ce matin mouillé de 1997, alors que je me dépêchais de rentrer à l'hôtel sous la pluie, j'ai regardé les trottoirs et je les ai interrogés, plaisantant à moitié. « Vous êtes faits de beaux et grands blocs de granite », leur disais-je. « Est-ce que vous êtes les mêmes trottoirs que ceux sur lesquels j'ai marché alors ? Si oui, pourquoi ne pleurez-vous pas ? »

IX

À mon retour d'Oxford, le département d'anglais de l'université de Dublin n'était pas vraiment dirigé, il tournait au ralenti. J'y ai trouvé un emploi. Ne serait-ce que quelques années plus tard, alors que s'était calmée la prospérité explosive qui, au milieu des années 1960, avait apporté un vent nouveau, il m'aurait fallu fournir la liste de mes publications. Mais là, rien de tel, et j'ai très vite été chargée d'éditer une anthologie des critiques de Beckett. Tout cela grâce à un universitaire anglais très connu qui était à Dublin pour faire une conférence et s'était amouraché de moi. J'habitais au-dessus de Merrion Square, dans un vieil appartement sous les toits où logeaient jadis les domestiques. Il y était venu après une journée passée à parcourir Dublin de plus en plus fébrilement, pour repartir aussitôt de façon spectaculaire parce que mon couvre-lit était identique à celui de son fils chez lui. Il m'a envoyé une carte de l'aéroport « The end of a sensing[1] », qui faisait allusion non sans esprit au titre d'un livre récent

1. « Fin d'un sentiment. » *(N.d.T.)*

du critique Frank Kermode, *The Sense of an Ending*[1]. Cet homme organisait la commission sur Beckett.

Il a été un des trois ou quatre universitaires reconnus qui se sont intéressés à moi au cours de ces années. C'était ainsi, et ça l'est peut-être toujours, quand une jeune femme travaille dans un milieu dominé par les hommes. Les hommes pratiquaient le mandarinat. Ils vous disaient où étaient les jobs disponibles, vous donnaient des invitations aux conférences, vous faisaient bénéficier de bourses et soufflaient votre nom aux éditeurs. Il ne s'agissait pas exactement de corruption, mais ce n'était pas juste non plus. Ils ne faisaient rien si vous ne leur plaisiez pas ou s'ils ne sentaient pas que vous étiez personnellement reconnaissante. Bien sûr, je ne voyais pas ce comportement généralisé pour ce qu'il était. J'étais aveuglée par l'habitude de tout traduire en termes personnels. Je voyais le monde universitaire qui m'entourait composé de tel ou tel homme gentil et de tel ou tel homme méchant. Je n'avais pas remarqué qu'il était constitué à quatre-vingt-dix-neuf pour cent d'hommes. Je n'ai demandé d'aide à aucun d'entre eux. Je voulais qu'on m'aime, non pas qu'on m'aide. Je n'avais pas l'impression d'être au début d'une carrière. Mon but dans la vie était d'aimer et d'être aimée. D'une manière ou d'une autre, cela devait marcher. Entre-temps, et comme incidemment, j'ai enseigné à de grandes classes d'étudiants des textes dont personne à l'UCD, au milieu des années 1960, ne s'était encore demandé s'ils pouvaient ou non intéresser des étudiants.

---

1. « Le Sentiment d'une fin. » *(N.d.T.)*

Je me souviens d'avoir parlé de Walter Pater dans un amphithéâtre si long et si étroit que, aux derniers rangs, les garçons lisaient le journal – ils étudiaient certainement la page des courses pour miser sur un cheval –, et ils fumaient même, tandis que, au premier rang, les bonnes sœurs notaient tout ce que je disais. Je me souviens d'avoir donné des cours sur Newman. De nombreux étudiants sortaient tout juste des écoles catholiques et feignaient la piété. Si vous leur demandiez quel était leur poème favori, ils citaient quelque chose comme « The Hound of Heaven », au cas où leur chef de classe aurait attendu ça d'eux. Mais la plupart d'entre eux ne voulaient pas faire cette incursion sérieuse dans la morale que les écrivains que nous étudiions exigeaient d'eux : Shakespeare, Milton, Wordsworth, Newman. Je faisais cours sur « L'idée d'une université » en 1968, au moment où les étudiants arrivaient avec leurs propres idées sur l'université. J'étais au courant des protestations contre le Viêtnam aux États-Unis et des *événements*[1] à Paris, mais je n'aurais pas pu être plus étonnée quand de vraies protestations eurent lieu à l'UCD.

La révolution des étudiants n'était pas grand-chose en soi comme on peut le déduire de l'appellation que lui ont donnée ses propres héros : la révolution « douce ». Le hall principal de l'UCD était devenu très sale parce que les étudiants s'y étaient installés confortablement, et on ne pouvait pas le nettoyer. Mais au moins ont-ils bloqué une réunion du conseil universitaire, et ces messieurs ne pouvaient plus aller aux

1. En français dans le texte. *(N.d.T.)*

toilettes. De désagréables appréciations sur les capacités de l'équipe enseignante étaient ronéotypées et distribuées – du moins celle qui me visait était-elle désagréable. « Mlle O'Faolain est si autoritaire et sarcastique que de nombreux étudiants quittent son cours et n'osent pas approcher le bureau du département quand elle s'y trouve » – c'est ce que disait *Confrontation*, le pamphlet des Étudiants pour l'action démocratique. Je le méritais bien. J'utilisais effectivement le sarcasme comme arme pour tenter de briser le manque de personnalité des étudiants. Et je croyais vraiment que je faisais la loi. Mais ma personnalité n'était pas le problème. Le problème, c'était que l'université était tombée en ruine. La proportion équipe enseignante/étudiants dans le département d'anglais était de un pour deux cent cinquante. Les étudiants devaient prendre rendez-vous s'ils voulaient parler avec un professeur, et ils devaient attendre parfois deux semaines. Les modalités d'examens étaient changées sans consultation. Et c'était même pire dans d'autres départements, comme en architecture. L'institution était si inerte que nul parmi les autorités n'avait remarqué qu'une révolte était inévitable. On pouvait lire de la gêne et même de la peur sur les visages des plus vieux professeurs tant ils étaient habitués à la docilité.

J'étais le fruit satisfait de l'ancien système. Et j'étais moi-même trop jeune pour respecter de si jeunes étudiants. Ils avaient raison de se plaindre de ne pas avoir plus d'influence sur leur condition qu'ils n'en avaient eue au lycée. Mais, à mes yeux, ils ne se distinguaient pas beaucoup des lycéens. J'avais la croyance messianique que les études universitaires de littérature anglaise pouvaient complètement transformer quelqu'un. Mais, mis à part une petite minorité, la plupart des étudiants pensaient que « faire de l'anglais » consistait à pondre laborieusement des dissertations sur Wordsworth et sur les trois niveaux de sa relation avec la nature ou sur le rôle du fou dans *Le Roi Lear*. Je savais que « faire de l'anglais » était facile jusqu'à un certain point. Mais je voulais que mes étudiants fassent quelque chose de plus difficile : apprendre à rester eux-mêmes alors qu'ils devaient sortir d'eux pour entrer dans la littérature que quelqu'un d'autre avait faite – trouver un équilibre entre subjectivité et objectivité. En s'entraînant à trouver cet équilibre, celui-ci deviendrait plus stable à chaque approche de la compréhension d'une œuvre d'art. Le changement de personnalité se fait par ce processus : il ne s'agit pas d'apprendre un vocabulaire technique. Il existe un vocabulaire particulier pour l'étude de la littérature, la littérature elle-même n'ayant jamais demandé à être étudiée. Un département universitaire d'anglais – un lieu où la prétendue mission civilisatrice de l'université subsume l'autonomie d'un morceau de littérature – utilise ce vocabulaire. Quelques étudiants très intelligents sont tombés sur ce vocabulaire technique en lisant les critiques où il était vraiment significatif. Comme des perroquets, ils l'ont ensuite si souvent répété qu'ils avaient l'impression de le comprendre. Mais rares étaient ceux qui le comprenaient vraiment. Cela n'a pas changé leur personnalité.

Les étudiants du soir – des enseignants, des policiers et des fonctionnaires qui arrivaient à Earlsfort Terrace par de sombres soirs d'hiver –, frissonnant dans leurs manteaux humides, qui s'attelaient avec détermination à un programme très hostile, n'y comprenaient goutte. Mais j'admirais ces gens. On peut dire que je les aimais. Quand je faisais cours le soir, je terminais aussi fatiguée qu'un artiste qui sort de scène après cet effort pour essayer de présenter les textes le mieux possible à de si sérieux étudiants. Les étudiants du soir étaient, pour employer une métaphore, le prolétariat de la révolution estudiantine. Ils n'avaient pas le temps de se révolter. Ce qui les intéressait, c'était obtenir le maximum du système. Les étudiants de jour représentaient la classe moyenne : ils avaient le temps et l'assurance nécessaires pour contraindre les autorités à changer.

C'est vers cette époque que l'université a commencé à être plus professionnelle. Avant, il y régnait une douce confusion. Les dames du secrétariat prenaient un très grand nombre de décisions bureaucratiques. L'appariteur, Paddy Keogh, dirigeait l'organisation des cours. Si un professeur qui avait un problème avec l'alcool appelait du pub du bas de la rue pour dire – comme l'a fait un d'eux en ma présence – qu'il était à Bray et bloqué par la marée, Paddy se chargeait de reporter le cours ou encore de trouver un remplaçant. Les professeurs étaient nommés à vie. Donc, si quelqu'un comme l'historien Desmond Williams se désintéressait très tôt dans sa carrière de la plupart des tâches liées à son rôle de professeur d'université, cela ne provoquait aucun commentaire. Si Desmond disparaissait au beau milieu d'un trimestre, il ne venait à personne l'idée de protester. En fait, il est même probable que seul Paddy Keogh était au courant.

Par ailleurs, les professeurs – Desmond y

compris – étaient des gens avec qui on pouvait parler et boire toute la journée, avec qui on pouvait aller au cinéma l'après-midi, à qui on pouvait emprunter ou prêter de l'argent. Le groupe des pairs n'était pas défini par le statut. Ce groupe était constitué de différents types de gens qui avaient en commun de traîner autour du parc St. Stephen's Green, troquant des plaisirs à court terme contre des fatigues et des difficultés à long terme. Il m'arrivait de commencer la journée avec l'intention de travailler un peu et de me retrouver à boire du whisky avec des historiens au *Arts Club*, ou à une eucharistie (du pain de seigle et du beaujolais ; nous finissions la bouteille après) organisée par Sean Mac Réamoinn dans l'appartement de quelqu'un ; ou bien de tomber sur le poète John Montague qui sortait d'un bâtiment lugubre de Temple Bar abandonné par qui je me laissais entraîner vers la petite maison de Ballsbridge, avec ses tables couvertes de flacons de comprimés, où vivait le poète John Berryman. Il m'arrivait de me réfugier auprès d'un groupe qui s'était installé chez *Hartigan* ou chez *O'Dwyer* à quatre heures de l'après-midi. Je pouvais me diriger vers la Bibliothèque nationale et ne jamais dépasser le *Buswell*. Peut-être quelqu'un avait-il gagné de l'argent aux courses. Ou bien Paddy Kavanagh m'appelait de son perron pour me demander de courir à la pharmacie pour lui. Beaucoup de gens vivaient publiquement en toute liberté. S'ils avaient quelque part une vie à eux, ils n'en parlaient guère. De temps en temps, je couchais l'après-midi à Merrion Square avec un homme que je connaissais un peu avant qu'il rentre chez lui. C'était presque le seul homme de ma connaissance qui essayait d'assumer ses responsabilités envers sa femme et ses enfants.

Je pense que de nombreuses personnes autour de moi manquaient, tout comme moi, de cet équilibre intérieur que les jeunes gens semblent avoir aujourd'hui. Il y a toujours eu une littérature censurée en Irlande, mais on se passait les livres qui nous épouvantaient vraiment, comme *Retour à Brooklyn*. La loi du silence planait sur la sexualité ; c'étaient donc des films comme ceux d'Ingmar Bergman qui montraient l'érotisme aux Irlandais, ce qui les rendait timides. Le monde s'assombrissait. Les secouristes se tenaient prêts, à la sortie des cinémas, à aider les spectateurs qui s'étaient évanouis face au réalisme de l'horreur nucléaire dans *La Bombe*. Les premières drogues, autres que l'alcool, arrivaient dans le pays, pour cette génération qui avait été maintenue dans l'enfance par De Valera et l'archevêque John Charles McQuaid. Je suis allée au Maroc avec un ami homosexuel, et nous n'étions pas capables d'être autrement que terriblement imprudents. Les jeunes garçons qui étaient avec nous pouvaient soit nous tuer, soit nous protéger. Nous sommes allés voir – complètement défoncés – *Hamlet* joué en arabe classique, mais nous sommes sortis pendant la représentation pour retourner prendre du haschich car nous croyions avoir assisté à la pièce pendant quatre ou cinq heures. Un marin italien rapace nous a amenés dans une boîte sous des pins où, dans une cage divisée en deux, étaient couchés un lion galeux et un tigre bouffé par les mites. Dans la nuit chaude, Frank Sinatra chantait encore et encore *Strangers in the Night*. Les animaux puaient comme s'ils étaient en train de pourrir. Nous avons suivi des personnes douteuses dans des hôtels vides aux piscines fissurées. Nous nous sommes quittés un instant. Mon ami est revenu le visage meurtri. J'étais malade. À Dublin, il est retourné à son job respectable, j'ai remis mon costume universitaire et j'ai repris mes cours. Les gens qui tournaient autour du centre de Dublin étaient partagés essentiellement entre ceux qui savaient se préserver et les autres, qui ne savaient rien.

Je suis toujours en contact avec un grand nombre des gens que j'ai fréquentés à Dublin aux alentours de 1970. Mais la plupart d'entre eux sont si différents maintenant que le passé pourrait aussi bien ne pas avoir eu lieu. Je me souviens de jeunes gens vulnérables et pas toujours dignes qui, maintenant, sont des dignitaires : un juge, un professeur, un critique effrayant, un consultant. Dans une culture plus sûre d'elle, des gens comme eux assumeraient leur jeunesse. En Amérique du Nord, même les gens les plus puissants sont heureux d'aller à des réunions où ils retrouvent l'innocence de leur jeunesse. Mais je crois que les Irlandais d'âge moyen ont l'impression d'être beaucoup plus innocents maintenant qu'à l'époque.

Et des membres d'âge moyen de l'establishment irlandais se comportent comme s'ils n'avaient pas de passé commun. Ils font comme s'il n'y avait pas de sentiments entre des gens qui se sont fréquentés pendant des décennies. J'ai pensé à cela il y a quelques années quand je présentais l'émission littéraire *Booklines* à la télévision irlandaise au moment de la parution de la *Field Day Anthology of Irish Literature*. Le professeur Seamus Deane, qui avait dirigé cette publication, devait en parler pendant l'émission. Il devait aussi s'expliquer quant à la raison pour laquelle l'histoire moderne des femmes ne figurait pas dans son compte rendu de l'histoire de l'île. J'ai souvent interviewé des gens que je connaissais. Ils ont tous apporté leur atmosphère. L'atmosphère de Seamus Deane était l'une des plus complexes. Il faisait partie de mes collègues quand j'enseignais à l'UCD, et il était très brillant. Il m'est arrivé de diriger avec lui un séminaire de troisième cycle sur le thème de « Parmi les écoliers » de Yeats. Je me souviens exactement de la salle et de sa lumière et des visages des étudiants, et de la façon dont ce beau poème semblait abandonner ses richesses. Je compte cela parmi les heures les plus excitantes de ma vie.

Quand nous étions jeunes professeurs, Seamus était un héros pour moi. En tant que critique littéraire il était saisissant, mais il était surtout le premier Irlandais du Nord d'un milieu nationaliste que j'avais connu jusque-là. Ce qu'il racontait sur sa famille et comment elle avait été traitée dans le ghetto du Bogside à Derry sous le régime de Stormont et des B-Specials[1] semblait provenir d'un livre d'horreur. D'une certaine manière, c'était un homme très moderne. Il venait juste de rentrer de Berkeley, et la maison dans laquelle il vivait avec Marian et leurs enfants évoquait un coin de Californie. J'y suis allée plusieurs fois avec un nouvel ami, l'écrivain et critique américain Leslie Fiedler, et nous avons tous les quatre paressé en buvant

1. Groupe formé dans les années 1920, composé de policiers à mi-temps et chargé de persécuter les catholiques. *(N.d.T.)*

joyeusement du champagne dans la grande pièce sans cloison, derrière la baie vitrée. Mais c'est à l'Irlande du Nord que Seamus appartenait vraiment. Il éprouvait un mépris complexe pour Dublin. Il regardait attentivement les gens autour de lui et les jugeait. C'était, pour lui, comme s'ils résumaient « le Sud ». De ceux qu'il n'aimait pas il disait qu'ils étaient lents et bruyants et qu'ils n'avaient pas de style ; les gens qu'il admirait, comme les écrivains Tom Kilroy et Tom Kinsella, étaient selon lui « entiers ». J'étais fière de jouer le rôle de confidente auprès de lui. Il m'a donné le conseil suivant : « L'hystérie, les allers et retours sauvages, les virées dans les pubs, la promiscuité, les perpétuelles charités où tu t'offres toi-même comme don, tout cela n'est pas ton truc. »

C'était lorsque nous étions collègues. Puis j'ai quitté Dublin et je n'ai pas revu Seamus avant une conférence sur James Joyce à Paris quelques années plus tard. Il m'a à peine parlé. Leslie Fiedler et sa femme m'ont regardée quand Seamus nous a négligemment fait un signe de la main dans un café en passant devant nous pour rejoindre d'autres personnes. « Eh bien, nos vies ont changé », et c'était vraiment ça. « Nous ne vivons même pas dans le même pays », ai-je ajouté.

Il y avait donc cette petite histoire personnelle quelque part dans ma tête quand nous nous sommes rencontrés dans le studio de télévision pour *Booklines*. Depuis que j'avais reçu son anthologie, j'avais passé une journée entière à l'étudier. C'était une très grande entreprise. Nous l'avions attendue pendant des années. C'était la plus grande action publique de Seamus : un effort massif vers l'autodescription nationale.

Mais quelque chose s'était passé entre les femmes et les hommes dans l'intervalle qui séparait notre jeunesse – celle de Seamus et la mienne – de la publication de cette anthologie. Le mouvement féministe avait eu lieu. Les femmes avaient émergé du silence du passé, et elles avaient commencé à laisser leurs traces. En parlant du livre avec Seamus, j'étais incapable de réagir sans émotion par rapport à son omission des témoignages féminins. Bien sûr, cette anthologie était de l'histoire, ce n'était pas simplement un recueil de textes littéraires. C'est pour cela que je m'étais attendue à y trouver une allusion au changement capital de la condition féminine en Irlande au XXe siècle. Mais je n'étais pas sûre que la minuscule blessure non refermée de l'incident parisien ne fît pas partie de ce qui était presque du chagrin en constatant l'absence des femmes. Comme si faire semblant de ne pas me connaître dans ce café avait été porté à son comble.

Field Day est une anthologie merveilleuse surtout par l'importance du volume, et nous avons parlé de son succès une grande partie du temps qui nous était imparti. Puis j'ai mentionné l'absence des femmes. Il a répondu quelque chose du genre qu'il ne s'était vraiment pas rendu compte de ce qu'il avait fait. Il ne s'en était simplement pas rendu compte ! J'ai senti que ce ton d'impuissance était absolument juste. Il était las et déconcerté, et il ne voulait pas argumenter. J'ai entendu Seamus Heaney dire, peu de temps après : « Pourquoi Seamus Deane ne se défend-il pas ? Il pourrait très bien justifier l'anthologie telle qu'elle est. » Mais Seamus Deane a laissé tomber, soit par ennui, soit par honte, qui sait.

Ce jour-là, après avoir terminé l'interview, alors que nous nous levions de nos chaises, que nous démêlions les câbles des microphones et que nous prononcions nos remerciements, il s'est arrêté à côté de moi et m'a dit : « Je suis désolé de vous avoir blessée. » À l'époque ou maintenant ? Le « vous », était-ce moi, ou étaient-ce les femmes en général ? Et était-il vraiment désolé ? C'était une remarque de maître ; elle lui a rendu son pouvoir brièvement affaibli en ma faveur pendant l'interview quand j'avais mis la question des femmes sur le tapis.

Voici un exemple des histoires qui informent de façon purement ostensible sur la vie des citoyens d'un endroit. Elles compliquent énormément l'Irlande – du Nord/du Sud, hommes/femmes, jadis/maintenant. Avant de partir pour l'Amérique, Seamus avait une maison voisine de la mienne. Il y a quelques années, je montais sa rue quand une voiture de police m'a dépassée à vive allure, sirène hurlante. Devant moi, j'ai vu Seamus sortir de chez lui et scruter la rue à la recherche des feux arrière de la voiture de police, comme le font la plupart des gens. Il est ensuite descendu vers le portail, s'est dirigé vers sa voiture, l'a contournée avec nonchalance, les mains dans les poches, donnant des coups de pied ici ou là dans les pneus. J'ai attendu en retrait jusqu'à ce qu'il rentre. Il n'y a pas le plus petit problème à lancer un « bonjour » amical. Mais « bonjour », pour moi en tout cas, est l'une des nombreuses choses qui ont une certaine résonance dans cette ville et dans ce pays.

En 1968, un colloque sur James Joyce s'est tenu à Dublin, et tout le département d'anglais à l'UCD y était impliqué. C'est là que j'ai fait la connaissance de Leslie Fiedler. Mon ami Sean Mac Réamoinn était par hasard assis à côté de lui sur un tabouret au comptoir de la *Lincoln Tavern*.

Leslie était connu en Amérique comme le pionnier du travail critique sur la littérature populaire, écrivant des ouvrages aux titres éloquents parmi lesquels *Love and Death in the American Novel.* Un essai sur le sentiment homosexuel dans *Huckleberry Finn* intitulé *Come Back to the Raft Ag'in, Huck Honey !* en était un autre. Leslie était aussi un romancier et un grand voyageur, et il aimait la bouffe, la boisson et les gens. Au cours des années qui ont suivi, il m'a montré des choses comme la judéité des lieux de Joyce : la tombe à Trieste où Stanislaus Joyce était discrètement enterré, en retrait comme d'habitude, et les petites pierres qui y avaient été laissées par le cortège funèbre de sa femme qui était juive. Les bains de purification et les cafés casher derrière la place des Vosges à Paris. La synagogue de Rome. Leslie a volé à mon secours alors qu'on m'avait volé tout mon argent à Venise. Je suis allée le sauver à une fête à New York quand une belle fille qui avait déjà giflé Norman Mailer était sur le point de le gifler, lui aussi. Il ressemblait à Neptune, et il était un vrai patriarche juif dans sa vie privée. Il était aussi un grand connaisseur de la culture populaire. Un soir, nous avons écumé les bars pour célibataires de la Deuxième Avenue pour voir combien de temps il nous fallait pour être – séparément – dragués. (Très vite. Tous les deux.) Nous avons vu *Orgissimo* au cinéma, et ça l'a rendu heureux pendant plusieurs jours. En 1970, j'ai en quelque sorte participé avec lui à un séminaire sur Joyce censé faire autorité, dans un palais de Trieste. Je me souviens d'être montée sur l'estrade pour chanter : « *Put another nickel in, / See Our Lady in her skin, / All I want is loving you / and music, music, music*[1]. » Cette chansonnette des cours d'école était le pivot central d'une nouvelle lecture d'*Ulysse* que nous avions inventée dans un bar.

Une fois, nous avons été réduits au silence. Le metteur en scène John Huston avait le projet de faire un film d'après *La Tempête*, et il voulait parler à Leslie au sujet du scénario. Huston logeait dans sa maison d'East Galway. Leslie lui a demandé s'il pouvait venir avec moi, et nous avons pris le train pour passer un week-end là-bas.

La maison de Huston était un manoir dans le plus pur style géorgien situé dans un vaste paysage de grands champs et de murets de pierres. Il habitait là parce que c'était un domaine de chasse. L'allée menant à la maison traversait un ruisseau sur les bords duquel des faucons vivaient dans des cages – plus tard, j'ai vu une chambre froide remplie de poulets tués du jour congelés et destinés à nourrir les faucons. Des chevaux superbes broutaient dans des enclos en face de la porte d'entrée qui donnait sur un hall aux belles proportions, plein d'objets précieux. J'ai appris que Huston avait des contacts à l'aéroport de Shannon qui l'aidaient beaucoup dans la constitution de sa collection d'antiquités. Un domestique nous a conduits à nos

1. « Mets une autre pièce, / Vois Notre-Dame telle qu'elle est, / Tout ce que je veux c'est t'aimer / et la musique, la musique, la musique. » *(N.d.T.)*

chambres. J'avais une suite luxueuse avec sur la table de chevet les plus belles choses : de nouveaux livres et magazines, des fleurs, une carte calligraphiée avec les numéros de téléphone des employés de maison, et même une petite trousse à pharmacie contenant entre autres une sélection de somnifères. Tout était parfait. Nous avons trouvé le maître de maison dans une pièce complètement sombre, en train de regarder une petite télévision. C'était un grand moment. *Apollo 11* était sur le point de se poser sur la Lune. Nous avons regardé les images vibrantes gris et blanc d'Armstrong en train de mettre un pied sur cette surface inimaginable. Huston était un homme réservé et Leslie cachait ses vraies émotions sous une cordialité impénétrable. Mais c'était un très grand moment pour l'Amérique. Je me suis tenue tranquille derrière eux. Je pense qu'ils étaient tous deux très émus.

Plus tard, nous nous sommes rendus dans un salon où les deux hommes ont bavardé, se mesurant l'un à l'autre. Huston a dit une chose très intéressante sur Marilyn Monroe au moment du tournage des *Désaxés*. Elle croyait qu'elle resterait belle si seulement elle dormait assez, a-t-il dit. Elle prenait donc une grande quantité de somnifères et, quand elle était à moitié endormie, Paula Strasberg lui lisait ses répliques, inlassablement. Le lendemain, Marilyn prenait des excitants pour neutraliser les somnifères et, finalement, arrivait sur le plateau. Et elle connaissait ses répliques. Elle en connaissait les mots les plus importants, et leur longueur. Elle connaissait le rythme exact de chaque réplique. Mais elle se trompait partout dans les temps. Elle ne savait pas si une réplique était au passé ou au futur ou au présent. J'ai médité là-dessus, souvent.

Je ne savais rien des classes sociales, ni de l'Amérique. Si j'en avais eu une idée, j'aurais pu remarquer combien dans cette ambiance Leslie paraissait juif, et combien Huston paraissait wasp. Leslie était un petit homme de Newark, New Jersey, nerveux, sensible et rubicond. Cela ne lui allait pas d'avoir été invité par Huston, vêtu de tweeds impeccables, appuyé contre une barrière, pour discuter des chasseurs dans le pré. Mais nous aurions pu le supporter s'il n'y avait pas eu les repas. Ces derniers – le déjeuner comme le dîner étaient servis dans la salle à manger où le papier peint était chinois et fait à la main au XVIIIe siècle ou quelque chose de ce genre – étaient des moments protocolaires. Plusieurs enfants silencieux, apprêtés comme les enfants de l'aristocratie anglaise avec des chaussettes blanches et des rubans en velours, étaient assis autour de la table. Leurs nounous ou, dans le cas d'un petit garçon exquis, la mère tout aussi exquise leur faisaient prendre leur repas. Cette dernière était une Bolivienne venue de Rome, et il se trouvait qu'elle habitait derrière la maison où une cour d'écurie avait été transformée en appartements. Apparemment elle était une des maîtresses de Huston, et le garçon était le sien au même titre que les autres enfants. Il ne l'a pas dit. Il parlait peu ou pas du tout lors de ces repas glacials. Leslie, qui avait normalement un bon appétit, s'atrophiait dans le silence. Le premier soir, nous avons dîné, le deuxième jour, nous avons déjeuné. Puis nous avons conçu un plan sournois à côté de la maison, sous une fenêtre, là où personne ne pouvait nous voir. Leslie a proféré une excuse quelconque, et on nous a conduits à la petite gare où s'arrêtait le train pour Dublin. Nous y sommes arrivés des heures à l'avance. Cela nous était égal. La voiture de Huston a disparu et nous nous sommes retrouvés dans cette petite gare, rien que nous, au beau milieu de la vaste campagne estivale. Nous avons sautillé sur le quai, criant et riant, transportés par le soulagement d'être sortis de la tension de cette maison et de la froideur de Huston.

Ma longue amitié avec Michael s'était évaporée. Les moments importants pour moi étaient dorénavant ceux où j'allais en Angleterre voir Rob. Il m'a amenée dans la ville du Lancashire d'où sa famille était originaire. Il était une telle source de savoir historique et il voyait si bien comment les endroits étaient construits et les choses importantes qui s'y trouvaient, que les voyages avec lui étaient une révélation. De temps en temps, il prenait le bateau pour venir à Dublin. Il arrivait à Dún Laoghaire tôt le matin. Je dormais encore dans ma mansarde de Merrion Square quand la sonnette de la porte d'entrée retentissait. Je trébuchais jusqu'à la fenêtre dans ma chemise de nuit. Là, quatre étages plus bas dans la rue vide, dans le matin pur où rien ne bougeait hormis les mouettes, il y avait son visage levé vers le ciel. Je lui jetais les clés et retournais d'un grand saut dans mon lit pour, une minute plus tard, entendre ses pas monter l'escalier en vitesse. Je me souviens de ces matins exaltants quand je passe à l'angle de cette rue.

Mais nous nous sommes aussi disputés. J'étais jalouse. Il était jaloux. Nous ne connaissions pas la vie de l'autre. Un Noël, il était à Londres, moi à Dublin. Mais quelqu'un croyait qu'il était à Dublin. Je suis entrée dans le couloir de la maison un jour pour prendre le courrier de ma boîte aux lettres, ouvrant les enveloppes en montant l'escalier. Je n'avais pas remarqué qu'une de ces lettres lui était adressée et qu'on l'avait fait suivre. « Mon très cher Rob », ai-je lu avant de réaliser ce que je faisais, « j'ai perdu notre bébé. » Je n'ai jamais compris qui était cette femme et ce qui était arrivé. L'énorme flambée de jalousie et de chagrin qui m'a envahie – je n'avais jamais réussi à tomber enceinte de lui – a effacé tout le reste. J'étais capable de donner mes cours à Earlsfort Terrace dans les matins hivernaux mais j'étais incapable de faire quoi que ce fût d'autre. Les mains tremblantes, j'avais appelé l'hôpital de Londres d'où elle avait écrit pour essayer d'apprendre son nom complet. Une infirmière suspicieuse m'avait raccroché au nez.

Dans des conversations urgentes et interminables de Londres, il disait des choses incohérentes. Ce n'était rien, tout cela était une erreur, la fille inventait des choses, j'étais la seule, vraiment la seule, on se marierait. Il obtiendrait une autorisation spéciale. Il a tout précipité. Il a obtenu l'autorisation. Nous avons pris rendez-vous au bureau d'état civil de St. Pancras, et quelques amis devaient se joindre à nous au *Yates's Wine Lodge* dans la rue en bas pour un vin d'honneur. On lui a prêté un vieux moulin à Somerset pour la lune de miel. Le rendez vous au bureau de l'état civil était à telle heure. Le départ du train, avec un changement à Bristol, était à telle heure, et ça collait avec la correspondance du bus à prendre. Un voisin mettrait le chauffage dans la maison de campagne avant notre arrivée. Quelle préparation ! Oublie la lettre.

Un soir de février, je me trouvais donc dans ma mansarde à Merrion Square en train d'accomplir les derniers préparatifs avant de partir à Londres pour me marier quelques jours plus tard. À côté du feu, accroupie tout près du lumineux wigwam du feu de tourbe, je faisais une liste. Je pouvais entendre les rafales de vent et la pluie qui éclaboussait les ardoises juste au-dessus de ma tête. Quelqu'un a sonné à la porte d'entrée. J'ai jeté un coup d'œil de la fenêtre et, en bas, où les voitures circulaient bruyamment sous la pluie, j'ai pu voir une longue voiture passer au ralenti : l'homme qui en était sorti se tenait devant ma porte d'entrée. J'ai dévalé l'escalier pour ouvrir la porte.

« Ma fille ! » m'a saluée mon père. « Prends ton manteau ! Nous allons jouer aux dominos à Ringsend. » Il m'a fourré un grand bouquet de fleurs dans les mains et il a reculé. Depuis deux ans que j'habitais Merrion Square, il n'avait jamais appelé. Il était de service ; les dominos feraient partie de sa chronique « Dubliner's Diary » du lendemain. De temps en temps, je le croisais par hasard en ville, mais je ne sortais jamais avec lui quelque part. « Je ne peux pas, papa », ai-je commencé. « Je suis jusqu'au cou… » – puis j'ai réalisé que ce n'était pas de la pluie sur son visage. Il pleurait.

Nous sommes partis dans sa voiture et il a parlé de tout et de rien sans s'interrompre pendant l'heure entière que nous avons passée ensemble – excepté une fois quand il a dit par-dessus son épaule, en attendant d'être servi au bar du pub qui était bondé : « Ne te marie pas avec lui. Tu auras toutes les peines du monde à divorcer. » – « Bon », ai-je dit. C'était la plus longue conversation privée que nous avions jamais eue de toute notre vie. Cela avait un poids énorme pour moi parce qu'il se tenait à une telle distance de nous tous. Il ne donnait jamais de conseil. Et j'ai appelé Rob, le jeudi précédant le samedi de notre mariage. Je lui ai expliqué que nous le faisions uniquement parce que plus nos disputes étaient graves, plus nos gestes de réconciliation devaient être grands. Nous ne sommes pas allés au bureau de l'état civil. Nous avons quand même eu notre lune de miel. Mais nous ne nous sommes jamais mariés. Des années plus tard, un copain que nous fréquentions à cette époque m'a dépassée dans une rue de Londres et, en me reconnaissant, il est revenu vers moi. « Où étiez-vous le jour de votre mariage ? » s'est-il écrié. « Nous étions tous au *Wine Lodge* avec vos cadeaux. »

Je voudrais insérer ici un autre document témoignant du patriarcat. Quelqu'un avait raconté à mon grand-père – qui se trouvait dans un mouroir – que je m'étais fiancée. Ce qui était d'ailleurs le cas : Rob était sorti en courant du pub *Doheny & Nesbitt's* pour m'acheter une bague avec un vrai diamant. On a dû mentionner aussi que le grand-père de Rob était un « Sir » ; il avait été anobli pour ses faits de guerre. Mon grand-père m'a envoyé la lettre suivante :

Chère Nuala,

Je viens d'apprendre quel mariage tu entends contracter, et le déplore. Est-ce que tu réalises ce que tu es en train de faire – tu te maries hors de ton milieu, avec un gars qui n'a pas de religion, et dans un bureau de l'état civil. Selon toute apparence, vous n'avez rien en commun. Avec ton comportement stupide, tu déçois tous ceux qui te sont chers. Que diront tes amis s'ils apprennent que tu te maries dans un bureau de l'état civil avec un païen qui, je le prédis, montrera son vrai visage peu de temps après le début de votre vie commune ? Probablement, il insistera pour que tu restes avec lui. Il y en a plein comme lui à Londres, j'en suis sûr. Je te conseille très vivement d'aller voir ton confesseur ou ton prêtre si tu en as un, et de tout lui raconter. Ce ne sera qu'une demi-heure pour toi maintenant, mais plus tard ce sera un chagrin peut-être pour toute ta vie si tu persistes, apportant la honte à ton père qui est si bon avec toi. Envoie cette lettre s'il te plaît à ton gentleman titré en reportant ta folle aventure, et comme chaque nuage a un bord argenté, cela ne fera pas exception. Maintenant, ne t'approche pas de moi avant d'avoir arrangé tes affaires.

Ton triste grand-père.

X

Je descendais régulièrement les rues hivernales autour de Merrion Square pour déposer mon linge à la laverie automatique avant de monter à l'université populaire à Ballsbridge où je donnais des cours du soir sur l'art du roman à des étudiants. Il y avait en ce temps-là, à l'approche des années 1970, une grande soif de développement personnel. Le désir d'une deuxième chance de formation faisait partie du grand changement social qui était à l'œuvre.

En Grande-Bretagne, quand on a demandé à Harold Wilson ce que le gouvernement travailliste avait réalisé de plus important dans les années 1960, il a répondu : l'Open University. Et même si ce n'était absolument pas sophistiqué, offrir la possibilité d'un enseignement à distance aux masses était une bonne réponse à l'esprit de l'époque. Et Wilson a planifié l'Open University avec générosité. De nombreux politiciens du parti travailliste étaient habitués à l'ancien paysage de l'éducation pour adultes pour l'avoir connu personnellement : des salles froides, des cours ronéotypés sur du papier bon marché, des hommes et des femmes essayant d'étudier dans des bibliothèques délabrées. L'Open University aurait des imprimés aux couleurs brillantes, d'agréables écoles d'été sur les meilleurs campus et, surtout, des programmes de télévision et de radio produits par la BBC selon les critères les plus élevés de celle-ci.

J'étais si habituée à l'Angleterre que je n'avais pas l'impression d'entreprendre un pas significatif en postulant à la BBC un emploi qui consistait à créer des programmes pour l'Open University. Je croyais en la mission de l'OU : elle m'apparaissait comme un élargissement de ce que j'avais fait le soir dans l'amphithéâtre d'Earlsfort Terrace et à l'université populaire. Quand j'ai été prise à la BBC en 1970, j'ai déménagé à Londres. Rob avait une petite maison à Clapham. L'éventualité d'un mariage était toujours possible et je portais ma bague de fiançailles. Dans la maison, il y avait un chat qui s'appelait Furriskey. Je pensais que nous serions très heureux.

La BBC nous formait dans un bâtiment labyrinthique en face de Broadcasting House qui jadis avait été un hôtel. Ses couloirs sinueux, ses bureaux qui faisaient toujours penser à des chambres, ses fausses cloisons et ses placards inattendus, ses salles de bains avec des baignoires et ses escaliers de service évoquaient plus une cour de récréation surréaliste qu'un lieu de travail. Aujourd'hui, c'est de nouveau un hôtel. Récemment, j'y suis allée et je me suis arrêtée pleine de nostalgie dans le hall de réception étincelant. Nous recevions exactement la même formation que si nous devions entrer dans un département principal de la BBC. Mais nous étions préparés à être aussi bien des professeurs que des professionnels de la radio. Par exemple, j'étais une des personnes intégrées dans une équipe complète chargée de préparer le contenu d'un cours sur la Renaissance, ou sur le roman au XIXe siècle, ou bien sur les religions dans le monde. J'étais entourée de spécialistes universitaires en littérature, en musique ou en histoire politique – dans toutes les disciplines liées au sujet en question. Ma tâche consistait à isoler l'idée, le thème, l'endroit ou la personne spécialiste du sujet traité qui conviendraient le mieux à la télévision ou à la radio, et qui serviraient plus à l'étudiant en étant transmis par les médias que par écrit ou oralement. Les universitaires ont tendance à croire qu'une lecture – avec un sujet capable d'impressionner leurs pairs – faite directement, par leur précieuse personne, devant une caméra est une utilisation quasi idéale des médias. Mais le membre de l'équipe de la BBC devait essayer de gagner de l'audience pour une idée de programme qui, sans doute, était valable sur le plan universitaire, mais qui devait aussi être capable de capter l'attention d'un auditoire habitué à une télévision sophistiquée.

J'aimais cette expérience de formation. Jamais auparavant, et jamais ensuite non plus, je n'avais fait partie d'un groupe qui était dirigé vers un but par des exercices, des compétitions et diverses stratégies d'analogie. J'aimais faire partie d'un groupe. Et puis la BBC était pour moi une organisation prestigieuse qui évoquait les romans de guerre d'Elizabeth Bowen, de Portland Place et de Regent's Park, ainsi que les films en noir et blanc sur des hommes et des femmes qui, se maîtrisant héroïquement, avaient dans les yeux des larmes de vaseline. Dans les pubs autour de Fitzroy

Square, des génies traumatisés, de retour de la guerre, avaient écrit des scripts pour la radio au dos de morceaux de papier. La BBC m'a frappée parce qu'elle ressemblait plus à l'idée que j'avais eue d'Oxford qu'Oxford lui-même. Elle était majestueusement, hiérarchiquement et fièrement séparatiste. Notre formation nous apprenait aussi les « bonnes manières » qu'il nous fallait acquérir pour devenir un membre de la BBC. De vieux gourous de la Corporation venaient nous parler d'éthique. On nous a longuement expliqué les procès-verbaux qui entouraient les chèques sans provision. J'ai commencé à comprendre toute l'étendue et toute la richesse de l'ancienne civilisation de la BBC à laquelle l'arrivée de la télévision avait simplement ajouté de nouvelles provinces. J'ai commencé à réaliser que la BBC était un monde parallèle, avec ses propres bâtiments partout dans Londres et dans toute la Grande-Bretagne, avec ses bibliothèques, ses assureurs, ses médecins, ses agences de voyage, ses avocats, ses chefs et ses grands personnages. Nous qui étions assis dans cette salle de formation en 1970, nous étions presque la caricature d'une nouvelle ère. Mon ami Tony, le fils d'un Ghanéen cracheur de feu, était un biologiste marin qui avait donné son nom à la glande d'un certain escargot de mer ; être un scientifique c'était presque aussi nouveau dans cette culture de producteurs dominée par les arts dans laquelle nous entrions qu'être noir. Parmi les autres stagiaires, il y avait des sociologues, des mathématiciens, des chimistes. Il y avait un Écossais et un Gallois. Je venais d'Irlande et j'étais une femme. Il était clair que nous allions être intégrés complètement au système de la

BBC, sans que nous, ou ce que nous représentions, ne changions en aucune manière la BBC.

Pour mon premier exercice en cours, j'ai réalisé un reportage télévisé sur l'instant où le cardinal Newman apprend qu'il doit partir pour Rome. La musique d'orgue tonitruante de Widor et les lents fondus enchaînés du portrait du cardinal par Richmond accompagnaient ce reportage. J'ai fait ensuite un exercice sur Elvis Presley. (J'ai réalisé un fondu enchaîné jusqu'au noir, assorti de l'enregistrement du battement de cœur d'un fœtus, le mêlant aux premières notes de *Heartbreak Hotel*. Résultat : j'ai eu zéro, car si jamais un écran de la BBC reste noir trop longtemps cela déclenche automatiquement le déploiement des services d'urgence nationaux.) J'avais du savoir et de l'imagination. Mais je n'écoutais pas quand on nous enseignait le côté technique d'un studio de télévision ou de la production des films. Quand j'entendais des mots comme « profondeur focale » ou « phase internégative », j'arrêtais d'essayer de comprendre. Ce refus de la possibilité même d'épouser une idée et d'appréhender des techniques m'a causé un grand tort – comme à de nombreuses autres femmes, j'imagine. C'était culturel. Les hommes étaient censés être capables d'apprendre le maniement d'une caméra, les plans d'éclairage, les fréquences de transmission, etc. Mais ce n'était pas uniquement une question de sexe. On peut aussi trouver une certaine répugnance face à la technologie chez des hommes d'un milieu pauvre ou chez les intellectuels. Mon problème n'était pas vraiment le manque de confiance en moi. J'ai limité ma propre intelligence en refusant de jongler avec des questions abstraites ou avec des informations qui n'avaient pas de contenu humain. La BBC est, ou était, structurée comme une pyramide de techniciens au sommet de laquelle se trouve le producteur, et où chacun est formé pour faire son travail aussi bien que possible, pour l'amour du travail. Un producteur peut être porté, le plus souvent, par cette structure. C'était mon cas. Mais l'incompétence technique est un handicap constant qui, à la fin, limite notre réflexion. J'ai fait un stock de problèmes pour l'avenir.

Ce stage de formation me plaisait beaucoup. Mais ce qui comptait le plus pour moi c'était ma vie avec Rob. Et nous faisions totalement fausse route. Par moments, nous étions heureux. Il travaillait à la maison, il écrivait deux livres, l'un sur Keats, l'autre sur les préraphaélites. Le soir, il venait m'attendre à la station de métro. Nous descendions notre rue en flânant, regardant à travers les clôtures dans les petits jardins avant de mettre à feu doux un paquet de saucisses Wall's First Choice dans la poêle et d'aller faire un saut au pub voisin pour quelques verres et une partie de billard. Nous avions des amis et une ménagère de couteaux assortis, je faisais occasionnellement des critiques littéraires pour le *Times* de Londres, et il me montrait comment améliorer mes premiers jets. Mais l'un et l'autre nous ne savions pas comment vivre avec quelqu'un. Il est arrivé que je me rende à mon stage avec un œil au beurre noir. Parfois – dans le désarroi, et parce que nous buvions –, nous nous battions. Nous nous disions des choses horribles. J'étais folle parce qu'il aimait beaucoup une autre femme. Elle était très belle et assez impressionnante. On m'a prescrit les mêmes somnifères que prenait ma mère sans que je réalise que c'étaient des barbituriques et que j'étais devenue dépendante d'eux.

Personne ne s'occupait de notre pauvre maison. Le chat était parti. Une fois, je suis rentrée de voyage et j'ai trouvé un zeste d'orange desséché au milieu des papiers sur la table, et il y avait de la poussière dans cette épluchure. Où était-il allé ces derniers jours ? Je suis devenue experte dans les mégots, dans les silhouettes carbonisées des objets qui avaient été brûlés dans la cheminée, dans les lettres qu'il emportait tout de suite avec lui dans son bureau. Un soir d'hiver, je suis allée dans une ville de campagne pour voir l'autre femme. J'étais attablée en face d'elle dans un pub pendant que le taxi attendait dehors pour me ramener à la gare. C'était une femme très sympathique. Que pouvait-elle faire pour sa défense ? m'a-t-elle demandé. Elle continuerait certainement à être son amie. À quoi m'étais-je attendue ?

Tous ceux qui ont connu la jalousie savent à quel point elle envahit tout. Je vivais dans une bulle de jalousie. Je pouvais en sortir pour aller travailler, mais, tout de suite après, j'étais prise de nouveau. Pendant un moment, je n'ai même plus vu le monde autour de moi. Je n'ai pas remarqué que le rideau s'ouvrait sur l'Irlande du Nord, ou quoi que ce soit d'autre. J'étais très maigre et tremblante. Et j'avais la mort dans l'âme. Nous avions probablement tous les deux la mort dans l'âme. À la fin, je suis partie.

Au cours des quelques années qui ont suivi, j'ai travaillé pour la BBC dans un palais Belle Époque, le palais Alexandra, en haut d'une colline dans un parc. Le dernier jour du championnat irlandais de football, des Irlandais y sont montés pour percher leurs transistors dans des arbres et attendre impatiemment les commentaires venant de Croke Park. La section de la BBC de l'Open University se déplaçait comme une tribu de Pygmées dans les vastes et sombres espaces du palais. Derrière une porte, il y avait un véritable théâtre, somptueux et doré, en train de s'effriter. Il y avait des halls avec de hauts plafonds qui résonnaient, remplis de décors oubliés. Il y avait un étang de couleur grise avec des bateaux à rames battus par les vagues que l'on pouvait louer à l'heure, et aussi les vestiges d'un terrain de course. C'était un lieu de travail théâtral, et le travail que nous faisions était pour nous aussi fascinant qu'une pièce dramatique. Nous, les producteurs qui travaillions dans la faculté des lettres de l'OU, étions des pionniers, et nous parlions sans répit des programmes que nous faisions ou que nous voulions faire, ou qu'on nous avait empêchés de faire. Nous regardions les rushes des autres, faisant des suggestions, écrivant des morceaux de script l'un pour l'autre. Mes collègues étaient très doués. Je n'étais pas comme eux. J'ai dit cela, il n'y a pas très longtemps, à l'un d'eux que j'avais rencontré à une conférence. « Je n'étais pas très bonne », ai-je dit humblement. « Non », a-t-il répondu, « c'est vrai. Mais tu étais une animatrice. Tu as aidé les autres à être bons. »

Il régnait une ambiance XVIIIe siècle avec les maisons mitoyennes, les larges trottoirs et les petites pelouses clôturées autour d'Angel où j'habitais. Le bus que je prenais pour aller au travail montait, descendait et montait de nouveau après avoir passé le terrain de football d'Arsenal, suivant les contours des collines du nord de Londres, au-dessous de la chape du centre-ville. Le bus dans l'autre sens descendait vers une plaine. Il était facile d'imaginer ces rues comme des chemins encombrés de carrosses se dirigeant vers le West End. Je passais devant le cimetière où Shelley a fait l'amour avec Mary Godwin sur la tombe de Mary Wollstonecraft, à mi-chemin en descendant la colline, en direction d'Euston. Je traversais rapidement la place couverte d'herbe sur le chemin de l'Open University à Milton Keynes quand j'entendais mon propre accent. Mes compatriotes, des hommes et des femmes, titubaient et dodelinaient de la tête, le visage gonflé et rougi par l'alcool et par la vie rude. Quand j'ai vu la pièce de Brian Friel, *Danser à Lughnasa*, dans mon esprit c'est là que j'imaginais bien les deux tantes venues parcourir l'Angleterre : dans le morne parc à l'extérieur d'Euston. Mais je ne pensais pratiquement jamais à l'Irlande.

Je voyageais, seule. Je suis par exemple allée à Prague, à une époque où peu de gens s'y rendaient. J'ai pris un bus pour Lidice. Je connaissais ce nom. C'est un village qui a été rasé par les nazis en guise de représailles pour un assassinat. C'était l'automne. Il n'y avait absolument pas d'autres visiteurs. Mais l'homme qui s'occupait du lieu m'a fait asseoir dans un cinéma pour regarder, seule, le film que les nazis avaient tourné eux-mêmes en guise d'avertissement pour les autres. Il montrait de quelle façon ils avaient saccagé le village, conduit les hommes de force à la mort, séparé les femmes et les enfants pour les emmener comme des troupeaux, donné des coups de pied aux chiens, et puis on voyait des mains armées de fusils tirer sur la tête des chiens, sautant dans le cadre. Tout cela en noir et blanc, filant à toute allure, sous-éclairé. Muet. Après, je suis allée au musée. Il y avait un mur couvert de lettres – conservées de manière très efficace par les services postaux allemands, car jamais distribuées. C'étaient des lettres d'enfants adressées à leurs mères. Les mères étaient mortes rapidement, ou envoyées à la mort dans les camps. Mais les enfants ne le savaient pas. *Ma très chère maman, si tu pouvais m'envoyer un peu de pain...* Je me rappelle que, après, pour m'en remettre, je me suis assise au bord d'un parterre bétonné de fleurs séchées où quelques roses avaient flétri dans le gel de l'automne.

J'ai voyagé aussi pour mon travail. C'était un aspect de la vie moderne que je devais apprendre, et pendant longtemps je n'ai pas été très douée pour ça. Je perdais mes cartes d'embarquement. Je prenais le métro dans la mauvaise direction. Je ne comprenais pas comment fonctionnaient les téléphones. J'étais toujours stressée. Je me suis habituée à la sensation de rester dans des chambres d'hôtel de peur d'en sortir, de prendre le téléphone et de soudain perdre confiance. Mais je devais vaincre ces inhibitions, et au fur et à mesure j'y suis parvenue. J'ai vaincu les Gitans autour de la gare de Florence en hiver, et le taxi collectif qui ne voulait pas s'arrêter pour me laisser descendre à Téhéran, j'ai vaincu les hommes qui me suivaient jusqu'à ma chambre parce que je leur avais parlé dans un bar d'hôtel à New York, et la poussière et la chaleur d'un village en Israël où personne ne parlait, et cette fois où j'ai perdu une dent de devant le matin même où je devais enregistrer une interview. Si je n'avais pas lu *Jane Eyre* et si Jane n'avait pas été aussi courageuse, j'aurais succombé à la panique. Aujourd'hui, je vois ces femmes avec leur attaché-case dans les aéroports, et j'ai l'impression qu'elles sont d'une autre espèce.

Parfois, j'ai claqué la porte de l'appartement derrière moi pour partir à l'aéroport. Pour aller à Florence afin de récupérer le matériel nécessaire à la reconstitution d'une noce Renaissance ; pour les États-Unis dans le but d'enregistrer des conversations radiophoniques sur Mazzini ou Courbet ou sur le rôle du concret dans l'architecture moderne ; pour Israël afin de filmer la fête de pâque parmi les Juifs du Yémen ; ou pour l'Écosse, afin de montrer en quoi son tissu social reflète l'histoire de la société de Gatehouse of Fleet. En Cornouailles, j'ai enregistré le poète anglais Donald Davie en train de faire une lecture éloquente des poèmes de Hardy dans des lieux chers à ce dernier. Sur le parapet de Thoor Ballylee, Denis Donoghue, professeur à New York et à Dublin, a parlé de Yeats. Je suis allée à Stanford pour Rodin, à Paris pour Tolstoï, à Lyon pour la révolution de 1848, à Jérusalem pour la liturgie de la pâque orthodoxe grecque, à Édimbourg pour un homme qui avait connu le poète John Cornford avant que celui-ci s'engage dans la guerre civile espagnole. J'ai rencontré des érudits et j'ai visité des bibliothèques, des collections de diapositives, des galeries. Mais il y avait aussi un côté dur, lent et angoissant, dans ces voyages. Je devais me battre avec des officiels, je devais supporter des équipes de cameramen difficiles, des grèves, des moyens de transport qui n'arrivaient pas, des demandes d'argent en liquide et rubis sur l'ongle, des chambres d'hôtel solitaires, des réunions ennuyeuses, des terminaux d'aéroport au plus noir de la nuit quand le dernier avion était déjà parti. Et des mauvaises idées qui sont devenues, à ma grande honte, de mauvais programmes. Nous nous engagions corps et âme pour ce travail, mais il était plein de découvertes.

De ces années un moment se détache en particulier. Il s'agit d'une remarque sur la musique – ou, plutôt, suscitée par la musique – et faite assez banalement, un soir à l'opéra de Covent Garden. Il est important qu'elle vienne d'Arnold Kettle qui était, lui aussi, professeur d'anglais à l'OU mais surtout une figure centrale du Parti communiste de Grande-Bretagne. Il était également un collègue des grands leaders communistes internationaux et de James Klugman qui avait introduit Guy Burgess et les autres « traîtres » de Cambridge dans le parti. Arnold avait donné tout ce qu'un homme sérieux peut donner pour l'avènement du socialisme révolutionnaire. Lui et sa femme étaient aussi des amateurs d'opéra passionnés. Moi, j'ai toujours écouté des opéras depuis le jour où j'ai trouvé, dans la petite maison médiévale dans laquelle j'ai habité à Oxford, comme un trésor, dans un coffre en bois sculpté, une pile de disques de Maria Callas chantant dans *Les Puritains*.

C'était la première fois que je voyais *Fidelio*. Arnold et Margot l'avaient vu à Lisbonne, le soir même où avait pris fin la dictature de Salazar. Les soldats du complot de l'opéra, quand ils sont montés sur scène ce soir-là, portaient des œillets rouges au canon de leurs revolvers, comme les vrais soldats de la « révolution des œillets» qui se déroulait dans les rues. Au premier acte, il y a le quatuor «Mir ist so wunderbar». Les quatre protagonistes descendent jusqu'à la rampe et ils utilisent ce procédé caractéristique des opéras : apparemment indifférents les uns aux autres, ils chantent l'air qui les concerne directement à l'adresse des spectateurs comme s'ils n'étaient pour rien dans le mélange harmonieux et complexe des répliques créé par les quatre, même s'il s'agit d'une chose qui provient de chacun d'eux séparément. J'étais transportée, comme je le suis toujours quand j'entends des chœurs. Quand le rideau est tombé, j'ai essuyé mes larmes et j'ai demandé à Arnold : «Pourquoi ces chœurs sont-ils si beaux ? Pourquoi nous émeuvent-ils tellement ?» Et il a répondu : «Les hommes seraient comme ça tout le temps s'ils le pouvaient.»

Cette remarque était pleine de sens pour moi. J'ai pensé qu'elle concernait son communisme. Il a dû avoir dans sa tête une vision d'hommes parfaits dans une société parfaite, libérée des déformations et des oppressions. Des hommes ainsi libérés communiqueraient parfaitement, comme ils le font quand ils chantent ensemble à l'opéra. La musique représente tout ce qui peut exister de perfection humaine et sociale. Derrière l'apparence des choses, il y a une silhouette idéale parfaite. Il y a la possibilité d'une communication totale, et le fait d'essayer d'instaurer une justice sociale est un moyen d'aller dans ce sens.

Dans ma vie quotidienne, bien réelle, l'idéalisme était pourtant assez destructeur. Il se manifestait comme une nostalgie ou comme un rêve de quelque chose de meilleur et même de différent – quelque chose de plus passionnant – que les meilleures choses qui m'arrivaient en réalité. Ma dépression était informe. J'avais l'impression de ne pas être dans la vie, mais de seulement la regarder. Je rentrais chez moi après une absence. Je poussais la porte contre une pile de courrier inutile, et la maison était plus que vide. L'air y était irrespirable. J'ouvrais la fenêtre et des feuilles mortes et brunies tombaient en cascade de mon géranium odorant. Je n'aimais pas penser au passé, et je n'avais aucun enthousiasme pour l'avenir.

XI

Il faudrait un roman pour décrire les couches souterraines qui existent dans une relation entre deux personnes. Mon ami du stage de formation, Tony, et moi, nous avons dû paraître bien assortis dès le jour où nous nous sommes rencontrés à la BBC. Nous avons vite pris l'habitude de nous raconter nos problèmes l'un à l'autre d'un ton assez dégagé. Il s'occupait de sa famille. En tant que fils aîné, il se sentait responsable des autres – y compris de ses parents – parce que, bien que doués et beaux, ils vivaient dans une triste cité et la vie n'était pas facile pour eux. Il parlait d'eux et de ses petites copines. Je parlais de Rob. Mais il s'est passé un petit événement, peu après notre rencontre, qui a fait de nous de vrais amis, et c'était aussi imprévisible qu'une invention romanesque. Nous sommes partis skier par train spécial en Autriche, et j'ai gâché mes vacances en m'enivrant horriblement pendant le voyage d'aller pour ensuite me blesser à la jambe le tout premier jour. Tony était un athlète. Il a tout de suite appris à skier, et il était magnifique, bleu et noir sur la neige étincelante. Moi, j'ai passé mon temps à traîner dans le coin, en clopinant.

Puis, un soir à l'hôtel, nous avons commencé à parler de poésie. Tony est un scientifique. Personne n'avait jamais lu et analysé un poème avec lui. Il voulait savoir comment procéder. J'ai donc griffonné sur un papier « A Slumber Did My Spirit Seal » de Wordsworth, lui montrant ensuite ce que je voyais que le poème exprimait. Je me souviens de cette chambre chaleureuse : le bois doré et rustique du plafond bas et les rideaux à carreaux fermés sur la neige à l'extérieur. Il était assis sur son lit, moi sur le mien et j'ai fait la seule chose que je sais vraiment faire : je lui ai donné un cours vivant sur la poésie lyrique, sur le romantisme, les poèmes à « Lucy » de Wordsworth en général, et ce petit poème en particulier. Que Tony comprenne immédiatement et totalement a fait de cette soirée un épisode brillant pour moi. Je me suis plu, le dégoût de moi provoqué par ma soûlerie et par ma gaucherie était apaisé. Et Tony m'a plu énormément, avec cette intelligence de chercheur dont il suivait toujours les intuitions. À dater de ce soir-là, je lui ai toujours fait confiance, même si ce qui s'était passé n'avait rien à voir avec la confiance.

Je l'ai suivi dans un nouveau département de la BBC qui avait décidé de créer sa toute première unité de télévision ouverte. L'idée était d'avoir une maison mitoyenne ordinaire au lieu d'un bureau et d'y installer une poignée de gens inspirant la confiance qui aideraient des particuliers ou des organisations qui s'estimaient ignorés ou offensés par la BBC à élaborer leurs propres programmes. Ces programmes seraient ensuite émis dans un créneau qui s'intitulerait *Open Door*. Nous avons envoyé notre candidature pour *Open Door*, et nous avons bien sûr été sélectionnés. Les hommes blancs de la classe moyenne et d'âge moyen qui travaillaient à la BBC étaient non seulement incapables de communiquer avec les gens du public mais surtout ils n'avaient pas envie de communiquer avec eux face à face. Sans doute y avait-il en jeu quelque chose comme des idées confuses sur les minorités. Nous étions deux chefs et trois producteurs exécutifs dans ce premier *Open Door*. Les deux chefs, c'étaient des hommes blancs ; les producteurs, c'étaient moi, irlandaise et femme, une autre femme et Tony, un Noir.

L'idée de base telle qu'elle était conçue initialement s'apparentait en grande partie à de la rhétorique vide de sens. Les professionnels des médias peuvent difficilement supporter d'émettre un produit aussi mauvais qu'on peut s'y attendre quand, au départ, il a été entièrement conçu par des amateurs. La main invisible des professionnels était partout dans *Open Door*. Ils choisissaient les candidats, les manipulaient ou échangeaient tel matériel contre tel autre. Toute l'idée, typique des années 1970, consistait à montrer qu'un geste était fait en direction de la démocratie par une organisation d'élite tout juste assez maligne pour avoir senti le vent tourner. En cours de route, je suis devenue très sceptique quant à la valeur de ce que nous faisions. Je pense que nous avons laissé derrière nous un sillage de gens déçus et mécontents. Le stress que nous ressentions en faisant nos programmes a engendré des disputes terribles dans les groupes : je me souviens d'un obscur groupe de poésie à Brighton – les gens les plus doux possibles – où à la fin les gens se sont engueulés. Le système consistant à s'évaluer soi-même afin de construire un programme avait mis au jour tout ce qu'ils avaient gardé caché jusque-là. Même les participants isolés ne semblaient pas beaucoup plus heureux après avoir dit ce qu'ils avaient à dire. Ils se sentaient toujours incompris.

Mais l'idée derrière cette entreprise était bonne. Et j'aimais aussi son style informel. Le matin, je traversais Londres sur la vieille ligne de métro bringuebalant pour descendre au marché de Goldhawk Road et tourner à l'angle d'une maison d'aspect ordinaire avec un jardinet devant, c'était notre bureau. J'avais des clients follement bizarres. J'ai fait un programme sur la surpopulation avec un riche comptable qui regardait constamment la mauvaise caméra : l'émission était en direct. J'ai fait un film de protestation contre la pornographie avec le gynécologue de la reine et ses collègues dans « The Responsible Society ». J'ai fait un film avec une secte religieuse dont les réunions – auxquelles j'ai dû assister – avaient lieu dans un sous-sol enfumé décoré de satin mauve. Ses membres faisaient des prières sur un petit magnétophone que leur leader a emporté ensuite – dans des conditions assez luxueuses – en Californie où, à bord d'un yacht, il est allé l'immerger dans la faille de San Andreas afin que la force des prières s'infiltre dans la matière même de la planète.

J'ai fait un film pour des transsexuelles. L'une d'elles a insisté pour me montrer son vagin tout neuf dans son petit appartement surchauffé à Roehampton. C'était une sorte de creux formé avec la peau de son ancien pénis. Elle avait été policier en Afrique du Sud. Il y avait aussi une gentille femme du Yorkshire qu'on avait envoyée travailler à la mine quand, alors garçon, un sein avait commencé à pousser d'un côté de sa poitrine. Le travail à la mine était censé l'endurcir, faire d'elle un homme. Elle avait essayé. Elle s'était mariée et sa femme avait eu des enfants. Mais faire l'amour lui donnait la migraine et la faisait vomir. Son épouse, très compréhensive, l'avait quittée, laissant les enfants chez leur « maman » que, de temps en temps, ils appelaient « papa » sans s'en rendre compte. Il y avait aussi un mélancolique spécialiste en électrolyse et une femme qui était devenue un homme – un serveur italien, plus précisément. Quand j'amenais les hommes devenus des femmes au club de la BBC à Shepherd's Bush, ils aimaient aller aux toilettes pour dames. Mais ils ont commis de petites erreurs. Face à la glace, ils ont remonté leurs jupes pour fixer leurs bas. Je n'ai jamais vu de femmes-nées faire des choses de ce genre.

De loin, c'est à Derry que j'ai fait le plus important de mes programmes, pour l'association de la Bogside Community – l'organisation efficace qui négociait à cette époque pour le Bogside – après que l'armée anglaise fut intervenue pour débloquer l'impasse dans laquelle se trouvait le « Derry libre ». Je ne savais rien de l'Irlande du Nord ; j'avais été à Derry une fois, pour une journée, quand j'avais douze ans. On m'a confié cette mission uniquement parce que j'étais irlandaise ; Tony aurait eu des missions concernant les Turcs ou les Somaliens à cause de la couleur de sa peau, bien qu'il fût né à l'ouest de Londres.

Quand je suis allée à Derry, j'ai vu pour la première fois une ville sur le point d'être ravagée, et j'ai rencontré pour la première fois des gens complètement détachés de l'État qui était censé leur demander allégeance. On peut mesurer l'ignorance de l'establishment anglais en 1973 pour qu'un reportage sur cette importante révolution politique et sociale en Irlande du Nord, et sur sa guerre désespérée, ait été mené par une moins que rien de la minuscule unité de télévision libre. Mais, pour moi, ce fut une expérience extraordinaire. J'étais comme la plupart des reporters étrangers : j'étais électrisée mais pas horrifiée par cette ville. Les appartements avec leurs hauts plafonds touchés par des balles, les carrés de terrain vague sillonnés par des garçons en fuite après des violences soudaines, les terrasses de minuscules maisons dans des lieux comme Brandywell où la défense mutuelle avait encore plus complètement soudé les gens entre eux, la rivière paisible, les voitures armées, les hélicoptères et les soldats qui couraient à reculons dans les ruelles derrière des immeubles brûlés, les gens vivant sur les nerfs – je n'avais jamais été dans un lieu aussi exotique.

Ni aussi impressionnant. Dans l'association de la Bogside Community il y avait des hommes – au début, les femmes n'étaient pas du tout visibles – qui, sous la pression, étaient devenus des activistes d'un genre dont je n'avais jamais imaginé qu'il puisse exister. À cette époque, Paddy Doherty était l'homme le plus apparent de l'organisation, mais il y avait presque trop d'hommes intelligents et passionnés disponibles. L'association de la Bogside Community avait une baraque de chantier où, d'un côté, on couvait des idées sur l'organisation de la société et, de l'autre côté, il pouvait arriver qu'une vieille dame entre pour demander à un des activistes de la communauté de lui changer une ampoule. Des enfants venaient dire à leur père de rentrer manger.

Je n'avais aucun droit de me trouver là – une personne non informée envoyée par une institution sans bienveillance. J'avais le pouvoir de représenter ces gens à ma façon. Ils n'étaient pas encore connus, et encore moins respectés. Ils pouvaient se faire entendre seulement par *Open Door*. J'ai effectivement fait un film sur eux – réalisation de BBC Belfast – qui a réussi à rendre quelque chose de l'intensité de la ville. Un jour, alors que nous étions en train de filmer, des tirs ont commencé. C'était normal. Pourtant, la BBC Belfast était une antenne de la BBC qui, au cours des décennies, s'était désagrégée. Certains avaient bénéficié du statu quo terne de la province. Ils étaient quasiment incapables de répondre, intellectuellement ou même physiquement, aux demandes de la nouvelle situation. Ils détestaient tout ce qui s'était passé depuis 1969, et ils ne pouvaient pas, ou ne voulaient pas, en guise de protestation, accroître leur niveau de compétence.

J'avais remarqué tout cela, mais, quand je suis retournée en Angleterre, je n'ai pas continué à réfléchir ni à m'informer sur ce que j'avais vu. C'était juste une autre guerre exotique, comme celles du Viêtnam ou d'Algérie. Quand, deux ou trois ans plus tard, je suis retournée en Irlande du Nord, j'étais toujours aussi ignorante que la plupart des gens des médias anglais. J'avais quitté le service de l'*Open Door* et je travaillais désormais dans un département d'éducation générale de la BBC. J'ai eu la chance de pouvoir faire deux « portraits » irlandais filmés, l'un sur Crossmaglen, l'autre sur Shankill Road. C'était pour une série qui devait parler de la vie ordinaire dans des endroits qui, vus de Londres, étaient marginaux – l'Écosse, le pays de Galles, l'Irlande du Nord – bien que des mots comme « marginal » fussent, avec beaucoup de tact, évités. Ce sont les derniers programmes que j'ai faits pour la BBC. J'ai défait une fois encore ma valise – au *Rio Guesthouse* à Crossmaglen et au *Windsor Bed & Breakfast* à Belfast – pour ensuite sortir et tenter une stratégie d'approche, sans autre information que les noms de quelques personnes à qui je pouvais peut-être parler, et mes yeux pour regarder. Et ce n'était bien sûr pas suffisant. Dans ces villes, il n'y avait pas de vie ordinaire. Mais il était impossible d'expliquer cela sans parler de politique, et j'avais reçu l'ordre explicite de ne pas le faire. Je n'avais pas d'autre choix que de faire des films sans le moindre parti pris. Ils étaient terribles. Des chars fonçaient dans l'air vibrant de chaleur derrière des ajoncs en feu. Des grains de poussière argentés dansaient dans l'air, là où le soleil était entré entre les volets définitivement fermés d'un club à Shankill. Mais comme ces films ne se mêlaient guère de politique, ils ressemblaient à ces vieux films du cinéma publicitaire sur Bournemouth, virant à la folie. Je ne peux pas dire que j'ai vraiment eu conscience de cela à l'époque.

Quand je suis rentrée en Irlande vers la fin des années 1970, et que j'ai trouvé du travail à la RTÉ, j'ai innocemment montré mon film sur Crossmaglen à Nicky Coffey, un vieux loup de la télévision qui venait de Dundalk, juste en bas de la – très dangereuse – rue. Dans un coin de son bureau, j'ai mis la vidéo dans l'appareil et je suis partie dans le mien, qui se trouvait derrière une cloison. Je l'ai entendu commencer à rire. À la fin, il riait aux éclats. Il s'est levé quand le générique de fin s'est déroulé sur l'écran, et il est parti sans jamais m'en dire un seul mot. Ce rire a été le début d'une vraie vigilance chez moi. Après ça, j'ai prêté attention au Nord.

XII

Rob et moi, nous nous sommes retrouvés, pour ainsi dire, dix ans après notre première rencontre, l'année même où je travaillais à la télévision libre. De façon inattendue, ce fut une année très heureuse. J'aimais travailler pour *Open Door.* J'aimais ce que je vivais en dehors du travail. Parce qu'il y avait un endroit du nom de Wrabness.

Wrabness sonne scandinave. Je suppose que les Vikings sont passés en voilier là où se trouve maintenant Harwich pour remonter le large et bel estuaire qui sépare le Suffolk de l'Essex. Wrabness, c'est un hameau sur la rive sud de l'estuaire – rien de plus qu'un arrêt de train, un pub et quelques maisons, et puis une étendue de bois et de champs qui descend vers une large rive –, une campagne luxuriante et secrète, un coin de l'Angleterre la plus cachée. Rob était en train d'écrire un livre sur Picasso, mais il avait pris du retard parce qu'il gaspillait trop de temps à courir dans Londres pour déposer une critique littéraire par-ci, récupérer les honoraires d'une lecture par-là. Alors un jour, son éditeur – qui était aussi un ami – lui a dit qu'il avait emprunté pour lui un cottage à la campagne. Il a mis Rob, ses ustensiles de cuisine et ses livres dans une camionnette pour le conduire à Wrabness et le laisser là. Il devait y rester jusqu'à ce qu'il ait terminé son livre.

De nombreux vendredis de cette année-là, je quittais le travail en courant pour me faufiler dans un wagon bondé du métro qui me transportait jusqu'à Liverpool Street où je traversais rapidement la grande gare bruyante, écrasée par mon sac plein de cadeaux, pour sauter enfin dans un train express qui filait vers le nord, à Ipswich ou à Norwich. Une heure plus tard, ce train arrivait dans une gare de jonction où je descendais, ainsi que les quelques voyageurs faisant régulièrement la navette qui se rendaient ensuite au parking de la gare d'où j'entendais s'éloigner leurs voitures. Moi, je restais sur le quai dans le calme soir d'été ou, en hiver, dans le vent et la pluie. Et arrivait le petit train qui descendait en suffoquant la voie secondaire en direction de Harwich, trajet pendant lequel il s'arrêtait toutes les cinq minutes. Quand il arrivait à Wrabness je voyais, avant de pouvoir ouvrir la portière, Rob m'attendre dans la cour de la gare à côté de la haie d'églantines qui poussait dans tous les sens ; ou, s'il faisait froid, dans le faisceau lumineux d'un lampadaire, je le voyais passer dans la rue après avoir quitté le pub en vitesse dès qu'il avait entendu le train. Il n'y avait presque jamais d'autres personnes. Quand le train repartait, on n'entendait que le chant nocturne des oiseaux ou les bruits de la nuit d'hiver. Nous courions au pub où les buveurs tranquilles levaient la tête pour me dire : « Salut, Nooly. » Dans un coin, il y avait le tas d'affaires que Rob avait laissé : sa pinte de bière à moitié vide, ses papiers et ses livres, les quelques provisions qu'il avait faites à l'épicerie du village. Nous parlions un peu avec tout le monde – comment allaient les haricots grimpants, est-ce que dimanche il y aurait une fête dans le village voisin, pour ou contre l'achat d'un chauffage électrique pour le bar. C'étaient des papotages simples, tels qu'il y en avait toujours eu dans ce petit bar pendant des décennies. Beaucoup de gens de Wrabness, même dans les années 1970, n'étaient jamais allés à Londres.

Nous achetions ensuite nos boissons à emporter et partions. Nous rentrions par un chemin qui longeait le bout du champ, puis par le côté d'un épais bois de hêtres pour ensuite passer dans la forêt que nous traversions sur son sol doux, écartant les branches jusqu'à sortir dans une clairière au milieu des arbres et là, sur un carré d'herbe, comme par un tour de magie, se dressait le cottage.

Toutes les saisons y étaient belles. Au printemps, il y avait une mer de jacinthes des bois sous le vert jeune et éclatant des nouvelles feuilles des hêtres. En été, les meules dorées du blé brillaient dans les chaumes et les bois étaient d'un vert noirâtre. En automne, les phares des moissonneuses aux roues gigantesques renouvelaient leur jeu sur le mur vide des arbres et, tourbillonnant et sautant dans les grands champs, elles mâchouillaient des plants entiers de petits pois, crachant derrière elles le paillis. L'hiver était la saison la plus merveilleuse. Il commençait quand les feuilles tombaient en couches si épaisses que tout devenait silencieux. La brume montait de l'estuaire et les branches nues des arbres se couvraient d'une sueur froide. Après, il y avait le gel, et quand nous sortions du pub, entamant le chemin de retour à la maison, nous brisions la couche de glace qui avait commencé à se former à la surface des flaques à la tombée de la nuit. Nous entrions dans la forêt squelettique. Et là, dans la petite clairière crispée de gel, il y avait notre cottage, la lumière brillant dans la chaude cuisine, le dîner prêt dans le four. Nous n'avions pas de salle de bains, ni de télévision, ni de téléphone. Nous avions tout.

Il n'y avait presque jamais personne dans cette forêt. En bas, dans un pré qui menait à la rive où chuchotait l'eau brunie, se trouvait une ferme désertée, en pierres, couverte de lierre et de ronces. De l'autre côté de la large rivière, un tapis de verdure s'étalait jusqu'au joli portique d'une grande maison. C'étaient les seuls signes de présence humaine. Nous étions seuls avec les oiseaux, les fleurs et les arbres changeants. La nuit, je sortais en vitesse dans la clairière pour faire pipi. En hiver, mes pieds chauds laissaient des traces sur la couche de gel. Je rentrais en courant pour me pelotonner vite, vite, vite contre le dos de Rob, dans la rigole hospitalière au milieu du vieux lit.

Nous n'avons pas échangé un seul mot désagréable, Rob et moi, pendant cette année où il eut ce cottage – même si, un week-end, je suis arrivée pour m'apercevoir que les vêtements et autres objets que j'avais laissés au cottage avaient tous été cachés. Une autre femme était venue là, et il ne tenait pas à ce qu'elle ait vent de mon existence. Toute femme, me suis-je dit amèrement, aurait remis les choses exactement là où elles avaient été auparavant. Il avait oublié.

Je suis entrée dans l'arrière-cuisine, me tenant devant l'évier en pierre, et, pour la première fois de ma vie, j'ai pu contrôler mes réactions face à la douleur. L'endroit m'avait enseigné la relativité.

À la fin, le propriétaire a repris le cottage. Pendant son absence de Londres, Rob avait aussi perdu sa maison là-bas. Nous avons essayé de vivre ensemble dans mon sombre appartement en sous-sol. C'était sans espoir. C'est donc là qu'il avait, un jour, laissé un mot disant « De retour mardi » pour disparaître. Et bien que nous nous soyons revus pendant un moment, il n'est jamais vraiment revenu. Mais ce qui s'est passé après n'a que peu d'importance. Cette année d'*Open Door* et de Wrabness était un sommet. Tout un tas de circonstances avait été nécessaire pour que cela se produise. Ce n'était pas comme la vraie vie. Cela n'aurait pas pu continuer. Mais c'était merveilleux de le vivre, et surtout d'avoir su, en le vivant, que ça ne faisait pas partie de ce monde.

XIII

Au cours de la première grande manifestation des années 1970 pour la libération des femmes, de jeunes hommes nous huaient alors que nous descendions Oxford Street en scandant nos slogans. C'était ainsi à cette époque. Pour rien au monde je n'aurais manqué cette manifestation. Mais même si je savais très bien que j'avais besoin d'être là je ne savais pas pourquoi. Partout régnait une injustice flagrante envers les femmes, surtout dans le monde du travail, mais j'avais un job fantastique. Si quelqu'un était venu vers moi, alors vêtue de mon long manteau de hippie qui traînait jusqu'à terre, pour me demander pourquoi j'étais là, j'aurais répondu : pour les autres femmes. La nécessité de m'interroger ne me serait pas venue à l'esprit. Je ne voyais pas que j'avais passé toute ma vie d'adulte à courir après quelque chose qui m'aurait fait devenir facilement une femme au foyer – la recherche d'un homme, de l'amour, du seul homme à aimer et qui m'aimerait en retour, avec lequel avoir des bébés – alors que je ne *voulais* pas être une femme au foyer. Partout dans la société, je pouvais voir le sexisme à l'œuvre ; une fois que notre conscience a fait tilt, nous ne pouvons plus jamais cesser de le voir. Mais je ne voyais pas que, invariablement, je donnais aux hommes la responsabilité de mon bonheur personnel. Si on m'avait demandé pourquoi j'étais si souvent malheureuse, j'aurais dit : « Oh, je passe un sale quart d'heure avec X », et j'aurais cité n'importe quel nom d'homme.

Les liens, voilà ce qu'il y a de plus difficile à penser et à tisser à nouveau. Je n'ai jamais été dans un groupe de femmes, je n'ai donc jamais entendu les expériences d'autres femmes. Une remarque d'une de mes sœurs, une sérieuse féministe, m'a, comme un flash, offert un nouveau point de vue sur moi. C'était une raillerie à propos d'un – le mot « relation » est trop fort – béguin non partagé que j'avais à ce moment-là. Affectueusement, j'ai qualifié ce coureur de jupons de « pauvre homme ». Ma sœur a dit : « Pauvre homme, en effet. » C'était tout, mais ça m'a fait avancer.

C'était l'un des deux hommes avec lequel j'entretenais, dans ces années-là, des relations intermittentes qui vaillent la peine d'être mentionnées, car il s'agit presque d'études de cas sur les limites de ma conscience supposée élevée et féministe – et sur les bornes du changement dans les relations entre hommes et femmes, du moins pour ceux qui n'étaient plus jeunes à cette époque-là. Le premier homme n'était ni honnête ni fidèle, mais il était exceptionnellement doux et gentil, et pour cela, justement, les femmes, y compris moi, lui permettaient de se comporter de manière blessante. Le second était aussi intelligent et fin qu'on puisse l'être – sauf dans ses rapports avec les femmes, y compris moi.

Par l'intermédiaire d'un Anglais que je connaissais j'avais rencontré une Américaine d'âge moyen d'une beauté tragique qui s'appelait Peggy Craig. Elle habitait dans un grand appartement à Rome où elle déambulait d'une pièce à l'autre en robe de chambre, où elle lisait des livres sur l'histoire de l'art et ruminait la question de savoir où pourrait bien être son mari, un scénariste de Hollywood. C'était un Irlandais du nom de Harry Craig qui, depuis son départ du presbytère tranquille de son père dans le comté de Limerick pour aller à Trinity – et probablement même avant –, avait été un homme à femmes dévoué et passionné. Il était charmant en toute occasion et idéaliste – il faisait partie de l'organisation d'un syndicat – ainsi qu'amateur de poésie. Il figure dans un livre de Maurice Harmon, *Sean O'Faolain : A Life*, en tant que collaborateur au magazine *The Bell* : « Le rédacteur adjoint, Harry L. Craig, un étudiant de Trinity College, très connu pour le manque d'ordre dans sa vie ainsi que pour ses exploits sexuels… Craig attribuait son succès auprès des femmes au fait d'avoir un double conduit dans son pénis. » Il a déménagé à Londres pour ravager la BBC de l'après-guerre ; on disait de lui qu'il écrivait le message royal de Noël. La veuve de David Thomson – Harry avait connu la « Phoebé », ainsi qu'elle est nommée dans les Mémoires de Thomson, *Woodbrook* – m'a raconté récemment qu'on disait que le lit qui se trouvait dans l'appartement de Harry à Hampstead avait des draps de satin noir, ce qui dans le Londres austère des années 1950 frisait la légende.

L'Anglais et Peggy étaient proches. Une fois, tous les deux sont montés de Rome à Paris et se sont installés au *Ritz* dans la suite réservée à la fête organisée à l'occasion de la première de *Waterloo*, un film écrit par Harry et où Rod Steiger jouait Napoléon. Peggy n'avait pas vu Harry depuis des semaines. Mais Harry n'est pas venu.

J'ai rencontré Peggy à Paris à ce moment-là. J'ai attendu avec elle dans un bar pendant que l'Anglais allait chercher la voiture dans un garage éloigné avant d'entamer le voyage de retour à Rome. Cette femme avait un charme fou quand elle était en forme, et ce jour-là c'était le cas. Pour quelques heures, assise dans son manteau de velours noir dans ce vulgaire bar au décor de plastique, sa beauté dorée était revenue. Quand nous nous sommes mis en route en direction du Sud – je faisais une partie du chemin avec eux –, je l'adorais. Nous nous sommes arrêtés pour la nuit à Vézelay. C'était l'hiver. La Bourgogne était aussi noire que la mer quand nous la traversâmes. Sur les chemins qui menaient vers la majestueuse abbaye grise, il y avait un brouillard froid. Le village était désert. Je me rappelle que l'hôtel était dans un bâtiment ancien, et que nous avons bu beaucoup de vin à côté du feu. Un large escalier en bois noir poli se divisait sur le palier en deux petites ailes menant l'une vers la droite, où se trouvait ma chambre, l'autre vers la gauche. Quand nous avons tous les trois monté l'escalier pour nous coucher, je ne savais pas quelle direction allait prendre l'Anglais. Je ne connaissais pas ses rapports avec Peggy.

J'aurais aimé être l'amie de Peggy. J'aurais été plus honorée par elle que par l'intérêt qu'allait me porter Harry. Mais elle ne s'intéressait qu'à lui. Lui, dès notre rencontre, m'a inscrite – comme par réflexe – parmi ses femmes accessoires. Nous devions alors nous comporter comme des amants quand nous aurions été parfaitement heureux de passer simplement de longs déjeuners ensemble. J'étais moins intéressante pour lui que n'importe quel homme, parce que j'étais une femme, et il savait avec une précision lasse comment parler au téléphone d'une voix douce, comment vous envoyer une voiture, commander le chablis frais et le faire monter dans la chambre. Peggy et Harry étaient incapables de sortir des sillons profonds de leur comportement conventionnel et, moi, je n'étais pas plus avancée, même si le mouvement féministe avait vraiment commencé à changer le monde.

Harry avait une présence physique si merveilleuse tout en étant pourtant si stupide qu'il n'était pas facile de le juger. Il avait l'habitude d'assurer à notre petit troupeau d'expatriés – ses invités dans les restaurants romains – qu'il allait faire quelque chose pour l'Irlande du Nord. « J'irai à la frontière ! J'y resterai les bras ouverts et je leur dirai "Écoutez !", et puis je leur lirai du Yeats. » Il nous lisait ensuite, des larmes d'émotion aux yeux, les morceaux de Yeats qu'il allait leur lire si jamais il avait le temps d'aller en Irlande. Parfois, il s'excitait sur la politique en Afrique du Nord. Je ne sais pas comment, mais il était accepté par l'industrie du film musulmane, malgré son goût prononcé pour la boisson. Nous étions engagés comme admirateurs de Mahomet, bien sûr, et, dans les temps modernes, du « lion du désert » – le héros libyen de la guerre d'indépendance contre l'Italie, tel qu'il était représenté par Anthony Quinn, un ami de Harry. Son grand talent, c'était l'empathie. Mais cela signifiait aussi qu'il était complètement irrationnel moralement. Personne ne pouvait compter sur lui. Une journaliste américaine, sa maîtresse *en titre*[1], parle de lui dans son autobiographie, et du choc terrible qu'elle a éprouvé à l'annonce de sa mort. Elle a tout de suite appelé Marlon Brando pour lui en parler, et elle ne pouvait pas arrêter de parler avec sa mère de manière obsessionnelle de son deuil. Son récit se termine sur un jugement porté sur Harry par sa mère : « J'ai essayé longuement de le décrire en une seule phrase, et je crois que je l'ai trouvée : "Il n'a jamais vraiment été à la hauteur." »

Le succès de Harry était, en fait, trop personnel. Tacitement, il faisait cadeau de son charme pour recevoir en échange l'autorisation de faire ce qu'il voulait. J'avais accepté ce marché. Quand je papotais avec ma sœur et que je lui ai raconté comment le pauvre homme était obligé de jongler avec ses passeports pour échapper à ses femmes, et qu'elle m'a dit « pauvre homme, en effet », j'ai réalisé ce que je faisais. Mais je ne voulais pas répondre à cet appel féministe au respect de soi-même. Je voulais fréquenter Harry, et les conditions pour le fréquenter n'étaient pas négociables.

Ces années-là, je fréquentais un autre homme, Clement Greenberg, un critique d'art américain renommé qui faisait des efforts absolument exceptionnels pour être honnête, mais il n'était pas meilleur que Harry dans sa démarche vers une espèce de nouvelle communicabilité. Et moi, je n'étais pas plus moi-même avec lui qu'avec Harry. Si l'intelligence avait suffi, nous aurions eu, Clem et moi, une relation intime

---

1. En français dans le texte. *(N.d.T.)*

fondée sur l'honnêteté. Mais l'intelligence semble avoir eu peu d'influence sur les habitudes prémodernes de l'auto-humiliation, de la sournoiserie et de la fausseté.

Clem était vieux quand je l'ai rencontré. Il avait l'air très juif, et encore plus l'air new-yorkais : il bougeait lentement comme une tortue, avec ses yeux aux paupières lourdes et sa tête chauve, et il s'habillait comme un garçon studieux du Bronx s'imagine qu'un gentleman anglais peut le faire. Et il était formidable. Dans son milieu, il était considéré comme un très grand spécialiste de l'histoire des cultures – tel le Matthew Arnold de ce siècle, filiation qu'il a proclamée dans le titre de son recueil d'essais, *Art and Culture*. Il avait pris fait et cause pour Matisse avant tout le monde, il avait changé les perceptions de la peinture moderne et il avait promu et donné son nom à l'expressionnisme abstrait de son ami Jackson Pollock. Il était, entre autres, l'ami et l'exécuteur testamentaire de Rothko. À l'époque où je le fréquentais, il était payé pour se promener dans des galeries, prêtant son prestige aux œuvres d'art rien qu'en les regardant. Il était un immense penseur, sérieux et original, et dans les États-Unis du milieu du XXe siècle, vu le rôle que l'art y jouait, cela avait fait de lui un homme riche et célèbre. La convergence de l'art, de la critique d'art et de la richesse, avait été plus tard violemment attaquée par Tom Wolfe dans son essai *Le Mot peint*. Certes, Clem ne s'intéressait pas aux attaques violentes ; il était plutôt assez combatif lui-même.

Mais je ne savais rien de tout cela quand je l'ai rencontré à la première grande exposition d'art contemporain de Dublin, en 1972. J'ai juste reconnu en lui une de ces personnalités dominantes et difficiles dont il est utile d'attirer l'attention. Avec John Elderfield, un jeune historien de l'art, nous sommes partis vers l'ouest dans une voiture avec chauffeur. Au château de Lord Mountbatten à Mullaghmore, Clem a soudoyé un concierge pour nous faire entrer, parce qu'il avait un béguin simple et fervent pour la princesse Margaret, et qu'il voulait regarder ses photos parmi toutes celles qui étaient exposées sur les pianos et les cheminées. À Galway, il y avait une petite exposition d'amateurs de peinture à l'huile, et nous sommes allés la voir. « Vous verrez », a hurlé Clem à l'adresse de John, quand nous sommes entrés, « il y aura ici plus de gens avec une vraie sensibilité picturale pour la peinture à l'huile que dans tous les États-Unis. » Nous sommes allés à Cork. « Avez-vous quelque chose comme de l'acide ? » a-t-il demandé sérieusement au sommelier. « Quelque chose pour couper le flegme ? »

Je l'ai fréquenté pendant cinq ou six ans, je lui rendais visite aux États-Unis et le voyais quand il venait à Londres. Il écrivait. Il s'exprimait crûment, mais je savais qu'il essayait de faire ce qu'il avait fait dans sa vie intellectuelle : il essayait d'« éliminer la connerie ». Il essayait en permanence de se connaître lui-même et d'être honnête dans ses relations avec les femmes :

> *Comment vivre ? Apprendre à laisser venir ses intuitions et à les distinguer des chuchotements du diable. Une sorte de désespoir m'a envahi à propos des femmes. Maintenant, je prends des leçons.*

Ou encore :

Seulement une personne sur sept ou sur huit dans le monde occidental est casher (ce que je dis platement, en me fondant sur soixante-huit années de vie). Mais comme le dit Kant, on ne peut trouver que ce qu'on cherche ; quelque chose se retourne en nous, après un long moment, et puis on élimine en quelque sorte ceux qui ne sont pas casher, si nombreux soient-ils, et alors plus nombreux seront ceux qui sont casher à venir dans ton monde.

Il m'a encouragée :

Tu trouveras ta voie. Peut-être que plus tu attendras, plus tu seras indolente, et ce que tu as en toi-même à écrire n'en sortira que mieux, quel qu'il soit. La seule chose que j'ai de plus par rapport à toi, je crois, c'est une foi implicite dans mes résultats. Mais c'est seulement l'avantage du mâle – dans ma situation, sans couilles, je serais certainement un estropié.

« Toutes les femmes des îles Britanniques semblent avoir été élevées pour devenir des pétitionnaires », m'a-t-il écrit. Et, avec franchise, en guise de signature : « Dans l'attente du prochain orgasme. »

Mais je savais, même si je n'étais pas capable de me l'énoncer à moi-même, qu'en réalité je ne lui plaisais pas. Nous n'avions pas vraiment d'importance l'un pour l'autre. Je ne l'appréciais pas. Alors pourquoi, un hiver, ai-je pris l'avion de New York pour me rendre dans sa maison de campagne, sur un lac enneigé et gelé, où il n'y avait rien à manger, où il passait ses journées à sniffer de la cocaïne, à danser frénétiquement le jitterbug sur la musique swing de sa jeunesse qui passait à la radio, tandis que, moi, j'étais malheureuse ? Une autre fois, je suis allée avec lui à Édimbourg, et nous nous sommes promenés dans la National Gallery d'Écosse. Des centaines de personnes auraient tout donné pour ce privilège. Mais je ne connaissais pas assez l'histoire de la peinture, ou je n'avais peut-être pas un assez bon œil pour les tableaux que j'avais devant moi pour être enivrée par ses commentaires. Et lui, avec « l'œil » qu'il avait, a-t-il seulement vu la personne vivante en moi ? Pensait-il que je le trouvais attirant physiquement ? Pourquoi m'a-t-il traitée comme si j'avais autant d'argent que lui ? Il m'a dit de prendre l'avion à New York pour venir dans sa maison de campagne : pourquoi ne lui ai-je pas répondu « Je n'ai pas assez d'argent pour cela » ? Parce qu'il aurait pu croire que je mendiais. Il aurait pu ne pas me vouloir du tout si j'étais devenue un problème. Et, par-dessus tout, qu'y aurait-il eu de plus qu'une vague relation entre nous si je n'avais pas couché avec lui ?

Une fois, la distance s'est visiblement agrandie entre nous. Je l'ai ennuyé, et il m'a attaquée. « Tu es une perdante », a-t-il crié d'une voix râpeuse, avec du pur mépris dans la voix. « Vous les Irlandais, vous êtes tous des losers. » Et il s'est lancé dans une longue diatribe pleine de dégoût physique pour moi et pour les gens comme moi – des gens (comme je le compris) qui n'avaient pas de cran, qui ne faisaient pas partie du jeu, qui n'étaient pas importants, qui étaient doux et mélancoliques et dépressifs au lieu d'être là, dans ce monde malin et dur, à se battre pour atteindre la réussite. (C'est une réaction aux Irlandais que j'ai rencontrée à nouveau chez d'autres Américains en pleine réussite. Mary MacCarthy m'a dit une fois qu'elle avait une telle peur de l'indolence irlandaise que, quand l'avion faisait escale à Shannon, elle ne descendait pas, de peur d'être aspirée dans la tourbière. La nuit où Dukakis a perdu les élections présidentielles face à George Bush, j'ai regardé les résultats à Boston, assise à côté de Murray Kempton, chroniqueur et auteur américain très admiré. « Je n'ai jamais voulu aller dans votre pays », m'a-t-il dit. « Cette simple idée même me fatigue. ») Clem a pointé une différence qui existe effectivement, je crois, entre les Juifs new-yorkais et les catholiques irlandais. Mais il ne l'a soulignée avec une telle force que parce qu'il était en colère contre moi. Avec moi, il s'était empêtré dans la malhonnêteté, mais il n'arrivait pas vraiment à le reconnaître. Je sais. Je l'ai compris à ce moment-là.

Peut-être savait-il, d'une certaine façon, comme moi, que nous étions diminués par chacune de nos rencontres. Mais apprendre à nous connaître avait semblé être une si bonne idée. Peut-être continuait-il, comme moi, à cause d'un mélange d'insécurité et de vanité, et à cause du désir de ne pas capituler – de continuer à essayer des choses –, de continuer de vivre et d'apprendre. Une fois de plus, comme avec Harry, notre relation était trop enracinée dans l'ancienne culture pour être revivifiée par la pensée du mouvement féministe. Cette ancienne culture venait de s'écraser, mais nous nous promenions dans ses ruines, nous avancions avec circonspection dans ses débris.

XIV

Toutes ces années à Londres, je n'ai jamais longtemps oublié ma famille, là-bas à Clontarf. Je n'avais pas assez de recul pour les juger. Dans mes lettres, je parlais de moi comme de « la branche londonienne ». Je ne me rappelle pas avoir été surprise quand mes parents m'ont envoyé mon plus jeune frère pour que je l'aide à traverser une adolescence difficile. Il avait des problèmes avec la loi, à Dublin. Beaucoup plus tard, mon frère m'a écrit une lettre à ce propos :

Mon père a suggéré à la justice que, si seulement on me donnait la chance de vider les lieux, il n'y aurait plus de problèmes (pour lui !). Le problème est littéralement parti. À deux heures du matin, je suis arrivé à Liverpool en gare de Lime Street. Je n'avais aucune idée de l'endroit où j'étais, comment utiliser le téléphone, quel quai, etc. J'ai juste paniqué, commencé à pleurer. Un policier m'a accompagné à la gare, tasse de thé, calme-toi, etc.

Ce frère, mon père avait l'habitude de l'emmener

avec lui, « quand j'avais neuf ou dix ans, pour rendre visite à tante Carmel qui était toujours "malade au lit". Il me laissait dans le salon avec un petit garçon pour qu'on joue ensemble avec son train électrique. Il me paraît vaguement bizarre que *a)* je n'ai jamais vu tante Carmel, et *b)* je n'ai jamais pigé la relation entre le petit garçon et le reste de la famille. Tiens, fils, une demi-couronne. Ne parle pas à maman de tante Carmel. Elle se fâcherait. »

Ce frère n'a pas vraiment eu d'enfance :

Mon père n'était jamais là. Ma mère, elle, buvait. Le vieux rentrait de temps en temps de quelque endroit éloigné et, quand il apprenait une de mes bêtises, il me battait comme plâtre (avec sa ceinture de l'armée, un bâton en bambou, sa canne). Une fois, après un de ces incidents, je suis resté trois jours dans une « cabane » en carton dans une décharge derrière Clontarf Road. Maman m'y a retrouvé au matin du quatrième jour. « Viens à la maison, fils », a-t-elle dit d'une voix lasse. « Tu peux rentrer. Il est parti. »

Ce frère était un garçon exceptionnellement gentil et très intelligent – je me rappelle qu'il disait, lorsqu'il lisait Thomas Hardy : « C'est un pauvre con, mais je me sens proche de lui » – pourtant il portait sur lui les marques de la négligence. Je me souviens du regard d'une amie quand mon frère, fraîchement arrivé à Londres, a écrasé sa cigarette dans une assiette où il y avait encore le jaune liquide d'un œuf.

J'aimerais pouvoir revivre cette époque. Si c'était maintenant, je pousserais et tirerais mon frère avec toute mon énergie vers un but quelconque. Mais les choses étaient telles que j'étais trop absorbée par moi-même, et je ne lui prêtais qu'une attention intermittente. Les années qui ont suivi étaient ponctuées de rendez-vous dans de mauvaises écoles, de bringues à des concerts de rock, de contrôleurs judiciaires et de virées dans des squats à la recherche de mon frère. Il était la seule responsabilité importante que j'avais jamais eue. Il doit y avoir dans le monde une énorme douleur particulièrement désespérée que personne ne semble mentionner – le chagrin de ceux qui n'ont pas fait de leur mieux pour quelqu'un de jeune et qui ne pourra jamais se rattraper.

Un instant, au cours de ces années-là, j'ai accepté que Rob s'en aille. Je l'ai vu, ce qui devait être la dernière fois pour une dizaine d'années, à un dîner au *St. Anthony's* à Oxford – car il y était retourné – donné en l'honneur de Conor Cruise O'Brien. Le dîner était présidé par Lord Goodman qui n'a cessé de raconter des anecdotes dans lesquelles il se vantait jusqu'à ce que Conor s'impose avec une anecdote sur lui-même. Rob et moi, nous avons mal dormi cette nuit-là dans le lit à une place de sa petite chambre. Le lendemain matin, il m'a accompagnée à pied jusqu'à la gare d'Oxford. Le même endroit, dix ans plus tard. C'était la véritable fin. Mais pour ce qui était de mon incorrigible imagination, j'avais à peine progressé.

J'ai gardé un carnet de notes dans lequel j'écrivais de temps en temps, la nuit dans mon appartement d'Islington, en écoutant *The Third Programme* et en buvant du vin. « Si on prenait le chemin le plus court, à travers le champ de blé entièrement labouré en octobre, on marchait pendant peut-être trois minutes à côté de la haie étroite de l'ancien presbytère. » J'avais écrit sur le Wrabness perdu. Il y a le début d'une nouvelle : un homme et sa femme à moitié ivre courent avec leurs enfants à travers un champ pour se rendre à la fête de Noël dans la grande maison de la propriétaire. La femme essaie de savoir où il a été toute la journée… Mon enfance me hantait toujours.

Dans ma vie réelle, j'étais au plus bas. Aimer semblait avoir été un échec. Je suis allée à une beuverie avec une autre journaliste irlandaise que j'avais rencontrée à un déjeuner. Nous avons continué de boire dans l'après-midi. Nous nous sommes retrouvées dans un pub à Kentish Town, très cockney, qui craignait gravement. Il y avait une maison à côté où nous nous sommes rendues avec des hommes du pub. Je suis rentrée chez moi le lendemain, malade et dégoûtée de moi-même. C'est un des épisodes qui a eu pour conséquence finale que je ne suis presque plus sortie de chez moi. Peu nombreux sont ceux qui venaient chez moi.

Un écrivain irlandais que je connaissais m'a rendu visite par une chaude soirée d'été, et il est resté quelques jours, couché par terre dans ma chambre, à regarder Wimbledon. Quelle différence de rentrer du travail, dans la chaleur de la rue, pour le retrouver, plutôt que de rentrer dans ma solitude habituelle ! Dans mon carnet de notes, j'ai écrit aussi à cet homme : des épanchements pleins de désir. Et pleins de mensonges que je me racontais à moi-même. Je l'assurais que je n'avais pas besoin de lui, que je n'étais pas seule. J'ai pris le ton d'une personne très sage. Même si, le dimanche précédent, j'étais allée à la messe à la cathédrale de Westminster, dans l'espoir fou de l'apercevoir du bus, car il habitait dans ce quartier. Même si j'aurais fait n'importe quoi – hormis lui raconter tout cela – pour qu'il revienne.

Mais j'avais aussi des amis et des soupirants. Deux de mes sœurs n'habitaient pas loin de chez moi, et j'avais mon frère. Je voyageais. Il était si facile de trouver des billets bon marché pour sortir de Londres que je pouvais aller à Rome pour le week-end. Pendant quelques mois, j'ai travaillé à Téhéran. Et il y avait la lumière de plus en plus forte diffusée par le mouvement féministe.

Au milieu des années 1970, l'Irlande et l'Angleterre avaient des rapports différents de ceux qu'elles entretenaient ne fût-ce que quelques années plus tôt, quand je pouvais encore dire des choses intimes à Rob ou parler à mes collègues de travail sans qu'ils entendent mon accent avant mes paroles. Peu de temps avant que Rob me quitte, l'IRA avait tué vingt et une personnes et blessé plus d'une centaine dans l'attentat à la bombe de Birmingham. Il était déjà très grave que, au travail, les femmes de ménage m'aient poussée contre le mur des toilettes pour me harceler de questions furibondes. Mais Rob s'est tourné vers moi dans ma propre cuisine. « Tes amis sont en train de tuer mes amis », m'a-t-il craché. Pourtant il savait qui j'étais. Il savait pertinemment qu'il y avait peu de chances pour que je connaisse quelqu'un de l'IRA. Je n'étais pas allée en Irlande pendant sept des dix dernières années. Je n'y avais pratiquement aucune relation, à part ma famille et Sean Mac Réamoinn. Je m'intéressais si peu à l'Irlande – ou à la vie publique en Angleterre – que je n'avais même pas saisi la portée des événements comme le Bloody Sunday de Derry. Je ne me sentais pas du tout irlandaise, sauf que j'allais encore souvent à la messe le dimanche. J'aimais l'Angleterre du XIXe siècle : l'Angleterre provinciale, avec sa classe ouvrière et ses clubs de football. Je savais beaucoup de choses sur l'Angleterre. Je connaissais par exemple sa littérature, jusqu'aux Anglo-Saxons. Mais je ne savais pratiquement rien sur l'Irlande.

Mon vieil ami Sean Mac Réamoinn m'a rendu visite quand il était à Londres. Il a préparé en vitesse son dîner préféré du moment, des spaghettis à la carbonara accompagnés d'une grande quantité de veuve-du-vernay pétillant. Sean m'a dit que, pendant mes vacances, je devais venir à l'école d'été Merriman. Il avait contribué à fonder cette école. J'avais « fait », dans les cours d'irlandais à l'école, les premières lignes du *Cúirt an Mheán Oíche* de Merriman, où il donne au pied levé une description accomplie de sa campagne natale dans l'East Clare. *« Ba gnáth mé ag siúl le ciumhais na habhann »*, avions-nous chanté. Dans mon effort pour enregistrer ce passage dans ma mémoire sans en saisir la moitié des mots, je n'y ai rien compris. Je ne savais pas que c'était le début d'un long poème satirique sur la vigueur des êtres humains et leur rejet du clergé catholique qui essayait de les contrôler. Je ne savais pas qu'il avait été écrit par une personne réelle, un instituteur protecteur du nom de Merriman. Sean faisait partie d'un groupe qui voulait sauver la langue irlandaise de sa triste existence de matière enseignée à l'école, et la réaffirmer dans tous les domaines de la vie : au théâtre, dans la sexualité, dans les injures, en buvant, partout. Ces hommes ont fondé l'école Brian-Merriman pour que, une semaine par an, tous ceux qui le veulent puissent aller dans le Clare y apprendre, parler, écouter, chanter et danser en irlandais ou en anglais, mais surtout dans l'ancien esprit gaélique.

Ma vie a pris un tournant quand je suis allée pour la première fois à Merriman. C'était en 1973. Un jour du mois d'août, j'ai pris l'avion pour Shannon, j'ai ensuite traversé le comté jusqu'au village maraîcher en pierre grise de Scarriff, situé dans un doux paysage turquoise de collines boisées, de prairies humides, de lacs et des larges berges du Shannon. Je n'étais jamais venue dans le Clare rural jusque-là. Je pouvais compter sur mes doigts les jours que j'avais passés dans l'Irlande rurale. Que c'était beau, après les rues grises et les stations de métro sales que je traversais tous les jours à Londres ! Les voix des gens étaient tellement expressives. Dans cette école, je suis tombée complètement amoureuse d'une Irlande qui s'est révélée plus tard ne pas exister. Pourtant, cette Irlande imaginaire m'a donné l'élan nécessaire pour rompre mes liens avec l'Angleterre. Et cela m'a conduite vers l'Irlande réelle que je commence à connaître maintenant. Si je n'avais pas connu l'Irlande moderne si tard dans ma vie, et si je n'avais pas pensé – par ignorance et à cause de mon absence – que c'était merveilleusement intéressant, je n'aurais pas mis autant de zèle à la découvrir. L'importance de cette prise de conscience s'est accrue de plus en plus pour moi chaque année. Une nouvelle conception de la notion de « chez moi » s'est insinuée dans ma vie quand j'ai réalisé que l'Irlande, dans tous ses aspects, présents et passés, m'appartenait. Et que j'appartiens à l'Irlande juste parce que je suis irlandaise.

Les gens qui étaient à l'école à Scarriff, et dont la plupart venaient de Dublin – des universitaires, des artistes, des journalistes et des diplomates –, étaient exactement ce qu'il me fallait. J'avais besoin de cette structure de lectures et de séminaires. Il ne m'aurait pas suffi de trouver simplement un joli coin d'Irlande pour y passer mes vacances. J'avais besoin d'un cours intensif sur mes racines. Cette première fois, après une si longue absence, j'étais choquée et ravie de la quantité prodigieuse de personnalités autour de moi. Le grand visage barbu de David Greene, érudit et professeur, est l'exemple d'une personne remarquable à tous les niveaux. Peu de temps après mon arrivée à Scarriff, je me suis promenée avec lui et sa femme, la sculptrice Hilary Heron. Elle a murmuré « montbrétia » quand nous sommes passés devant des touffes de fleurs sauvages élancées aux couleurs flamboyantes enroulées sur une rive couverte d'herbe. J'avais vu cette fleur pour la première fois à l'âge de onze ans, quand on m'a envoyée à Gaeltacht pour essayer d'apprendre un peu d'irlandais avec des gens qui le parlaient. Maintenant, enfin, je connaissais son nom. Le fait qu'une chose dont j'ignorais le nom ait été nommée lors de cette première journée reste pour moi symbolique de tout ce qui s'est passé dans ma vie rien que parce que je suis allée à l'école Merriman dans le Clare.

Les personnalités de l'école me paraissaient plus importantes que la vie. Et chaque événement semblait chargé de signification. Liam de Paor était à Scarriff parce qu'il y habitait effectivement, fouillant un site médiéval de pèlerinage sur Inis Cealtra à Lough Derg. Je suis allée sur le site lors d'une journée merveilleusement douce et ventée, alors que Liam était venu sur l'île avec une autre archéologue, une petite-fille de De Valera, pour parler aux étudiants de quelques-uns des squelettes qu'ils avaient trouvés. Nous sommes allés en bateau sur l'île où nous sommes restés dans un cabanon de verdure, avec le vent qui caressait l'herbe, à regarder les squelettes étendus sur le sol. Ils étaient très petits. L'un d'eux était le squelette d'une femme avec le squelette d'un bébé encore enroulé dans son bassin. La petite-fille de De Valera s'est penchée pour nous montrer les dents de nos ancêtres, usées jusqu'aux gencives. « C'est parce qu'ils mâchaient des grains durs », a-t-elle expliqué. « Et à cause du miel. » Cela m'a rapprochée d'eux. J'étais terriblement émue de faire partie de ce groupe : des gens ordinaires morts au Moyen Âge, la chair et le sang de De Valera, et moi, autorisée à être là, à faire partie d'eux.

Je ne voyais pas les gens de Merriman pour ce qu'ils étaient. Je les voyais comme des trésors ambulants. Je brûlais de l'envie d'une vie théâtrale. Je pleurais comme une Madeleine pour n'importe quoi. J'ai entendu pour la première fois des récitals de quelques-unes des grandes chansons irlandaises. J'ai écouté Diarmuid Breathnach chanter *Na Connerys* et un enseignant de Clare *Sliabh na mBan*, quelqu'un d'autre chantait *Príosún Chluain Meala*. À l'hôtel, il y avait un nightclub où on dansait. Mais de temps en temps, on ne savait jamais à quel moment, une chanson jaillissait, chantée par quelqu'un tenant une boisson à la main. Tout cela était nouveau pour moi. Je n'avais été en contact avec les arts traditionnels irlandais, et avec ses grands interprètes, qu'en un ou deux *Fleadhanna*[1] auxquels j'avais participé dans des villages, plus de dix ans auparavant. Quand j'étais jeune, j'ai passé plusieurs après-midi au cinéma avec un homme solitaire du Connemara que j'avais rencontré chez *O'Donoghue*. C'était Joe Heaney, le grand chanteur de *Sean-nós*. Mais il n'a jamais fait allusion à ses chansons.

À Merriman, j'ai entendu des gens bavarder en irlandais. Ou, encore mieux, ils ne remarquaient même pas qu'ils bavardaient tantôt en anglais tantôt en irlandais ! Ces gens étaient comme une nouvelle race pour moi, comparé aux Londoniens auxquels j'étais habituée. Ils étaient chacun si distincts. Il y avait si peu de gris. J'ai bougé dans une brume de bonheur dans l'espace réduit de la ville de Scarriff. J'allais à une lecture là-bas, au lycée technique, ou au petit cinéma de l'autre côté de la rue. J'allais dans un des multiples pubs, par exemple le pub de Johnny Maloney, où Johnny était assis en tailleur à la fenêtre tout en commentant les affaires du pub ou bien celles de la nation. J'allais quelques portes plus loin au *Maire Melody's*, où on m'a conduite à la cuisine pour manger des sandwiches faits de grosses tranches de jambon entre des quignons de pain frais. Parfois, le soir, nous avons même joué aux cartes. Quand je rentrais en titubant à mon *bed-and-breakfast* – un pavillon si récent qu'on y faisait encore des travaux tout autour, et que chaque nuit je tombais dans une tranchée –, je marchais submergée d'émotions.

J'ai tout fait faux, je m'en rends compte maintenant.

---

1. Festivals. *(N.d.T.)*

J'étais trop fleur bleue et trop exubérante pour ces gens blasés. Je portais à cette époque des blouses en toile à beurre sans soutien-gorge et de longues jupes indiennes. Mais l'innocence de mon enthousiasme a dû me sauver. Je pensais que toutes les personnes que je rencontrais, une à une, les visiteurs et les gens du coin, étaient merveilleuses. Je pensais que tout ce qui concernait le comté de Clare était merveilleux. Nous avons fait une excursion en bus à Doolin, et nous nous sommes assis au soleil devant le pub de Gussy O'Connor, où une fille qui venait de remporter le concours de Fleadh Cheoil na hÉireann[1] jouait de la flûte. Après une semaine de sentiments débordants et de boissons, je me suis retrouvée vautrée dans un taxi en direction de Shannon. J'ai pleuré tout le chemin de retour vers mon triste appartement de Londres, et puis pendant des jours après ça ; et durant l'année que j'ai passée en attendant d'y retourner, j'ai souvent rêvé des hommes et des femmes merveilleux qui allaient à cette école, et des jolis contours du Clare.

Quand l'école s'est déplacée à Ennis, et ensuite à West Clare, je suis tombée encore plus amoureuse de ce comté. J'ai commencé à louer une maison au sud de Lahinch, sur la route de Miltown Malbay. Quelques-unes de mes sœurs y sont allées elles aussi avec leurs enfants. C'étaient nos toutes premières vacances en famille. Nous y étions quand j'ai entendu une nuit un bruit sourd dans la chambre de ma petite sœur – elle venait d'apprendre à la radio qu'Elvis était mort. (La première chose qu'elle a faite le lendemain

1. Festival de musique. *(N.d.T.)*

matin, c'était d'écrire à sa copine ; elle avait marqué RIP en travers de l'enveloppe.) Nous y étions quand Mountbatten a été tué. Nous y étions quand l'accord anglo-irlandais a été signé. Nous y allons encore maintenant. Certaines de mes sœurs – j'ai du mal à le croire – font de la danse traditionnelle irlandaise à Londres et à Dublin. C'est venu de Merriman : je n'avais jamais entendu parler de la danse traditionnelle irlandaise avant d'avoir trente ans. Ce coin particulier du Clare – ses pierres et ses prairies, son bétail qui vient à l'étable blanchie à la chaux, dehors sur cette large route pleine de vent après le camping, sa petite plage divisée par le fleuve qui court sur les galets – est devenu le fondement de notre relation avec l'Irlande qui, maintenant, n'est plus simplement fortuite.

J'ai décidé de rentrer chez moi, bien sûr, maintenant que je considérais l'Irlande comme mon chez-moi. Quelques années auparavant, j'avais acheté pour quatre mille livres une petite maison dans un quartier pauvre de Dublin. Des squatters y avaient habité, mais ils sont finalement partis. Je suis rentrée à Dublin après sept années d'absence, avec rien d'autre qu'une valise remplie de lettres auxquelles, dans cette partie de ma vie, je me suis en quelque sorte raccrochée. (Je les ai utilisées pour écrire ce livre.)

J'ai recommencé ma vie en Irlande le 1er janvier 1977. J'ai trouvé un travail temporaire comme productrice à la RTÉ. Pour ce travail, j'ai parcouru toute l'Irlande avec des présentateurs qui connaissaient les moindres recoins du pays. Je me souviens de ma première fois à West Cork, avec Doireann Ní Bhriain. Je me rappelle, alors que j'étais avec elle à Donegal, que nous sommes sorties du quai de Magheraroarty sur un bateau en direction des pierres érodées des maisons sur Inishbofin, île silencieuse et barricadée contre le rude hiver. Je me souviens des rochers majestueux à Glenbarrow dans les montagnes Slieve Bloom – le cœur même de cet endroit qui s'appelle finalement l'Irlande. Je me souviens comme je suis descendue à travers Kilkenny vers Enniscorthy avec Paddy Gallagher et comme nous nous arrêtions dans les pubs, l'un après l'autre, sur la piste du designer Eileen Grey, pour *Folio*. Alors que je me trouvais pour la première fois sur l'île d'Aran, au printemps, les fleurs sauvages abondaient dans les fissures des pierres, à Inis Meáin, et les poules grattaient le sol dans la rue herbeuse. Les équipes de la RTÉ ont connu tous les hôtels deux étoiles de toutes les villes d'Irlande. Bailieborough. Youghal. Birr. Dungarvan. Loughrea. Listowel. Cavan. Chacun de ces noms – chaque nom de ce pays – est une évocation complexe de souvenirs et d'impressions, chacun a son propre goût bien distinct, rappelant une atmosphère aussi précise qu'une couleur.

J'étais extrêmement naïve en ce qui concerne les groupes sociaux en Irlande. Le choc quand je m'en suis rendu compte fut, à long terme, une bénédiction : je me préoccupe, maintenant, de regarder derrière les apparences. Avec le temps, j'ai réalisé par exemple que l'école Merriman, comme la plupart des institutions irlandaises, avait un noyau d'initiés et de personnes considérées comme « importantes », et une périphérie de gens perçus comme moins importants, et que cet ordre hiérarchique était une cause de difficultés qui, souvent, faisaient mal. J'ai vu que l'école, en tant que l'un des très rares lieux où des hommes et des femmes adultes se trouvaient ensemble en dehors de leurs vies ordinaires irlandaises, pouvait refléter la maladresse, la timidité et les cruautés soudaines qui continuent de déformer ici les rapports sociaux entre les sexes. Je pense que l'école a changé depuis et qu'elle est maintenant plus accessible qu'avant. Et qu'elle est moins indulgente pour les « personnalités ». Le premier soir d'un de mes séjours à Merriman, je suis allée dans un pub, plein à craquer et très joyeux, avec Nell McCafferty, originaire de Derry et républicaine. Une « personnalité » de Merriman – un professeur d'histoire de Cork nommé John A. Murphy – nous a envoyé ce message à travers l'assemblée : « On ne veut pas de sympathisants de l'IRA provisoire ici. » Je ne le lui pardonne pas. Je ne me pardonne pas d'avoir flatté ce même homme plus tard dans la soirée pour qu'il chante des chansons. Bien sûr, je n'accuse pas l'école Merriman. Elle est précieuse justement parce qu'elle est un des rares événements dans l'année où des opposés – des gens du Nord et du Sud, des nationalistes et des unionistes – se rencontrent dans un cadre social sans différences. Mais ce n'est pas un événement simple, sur plusieurs plans. Ce qui attire de si nombreux individus à forte personnalité ne peut l'être.

À la RTÉ, ce n'était pas simple non plus. C'était une chose que de parcourir le pays mais travailler au siège à Montrose en était une autre. Ce caractère que j'admirais chez les Irlandais par rapport aux Anglais, qui voit plus grand que la vie, devenait un fardeau quand il fallait négocier, jour après jour, avec les collègues.

Pourtant, revenir d'Angleterre et être libérée de ses rigides structures de classes me rendait tout euphorique. Il était merveilleux d'être avec des gens qui étaient ce qu'ils étaient, et non intimidés et classés depuis leur naissance. Au début des années 1970, lorsque je travaillais en extérieur à la BBC, l'équipe technique mangeait à une autre table que les producteurs et les présentateurs. Par exemple, on appelait l'électricien « Électricien », au lieu de le désigner par son nom à lui. C'était un énorme soulagement que de m'être éloignée de ça. Mais cette hiérarchie sociale convenue, qui existe en Angleterre, aide les entreprises à travailler sans à-coups. À la RTÉ, il y avait des gens qui, comparé à la BBC, avaient apparemment besoin d'être charmés ou amusés ou bien poussés par une volonté supérieure pour faire leur travail. Souvent, ils y étaient brillants. Mais le seul amour du travail ne suffisait pas à les satisfaire. Quand ils s'ennuyaient, ils bloquaient tout le monde, et s'ils étaient de bonne humeur, ils participaient avec une générosité désarmante. Et il y avait l'habituel problème des hommes qui n'aimaient pas travailler avec des femmes. Cela s'exprimait d'une manière typiquement irlandaise. Les femmes étaient dénigrées par le rappel sans fin d'un âge d'or de la RTÉ pour la production télévisuelle, où tel ou tel groupe d'hommes avait connu de « grandes soirées » – généralement des beuveries. On nous faisait bien comprendre que la situation présente était une dégringolade.

Les femmes étaient aussi exclues à cause du style de gestion rude et macho qui était très souvent juste au-dessous de la limite des bonnes manières dignes d'une gestion en bonne et due forme. La boîte était dirigée par des hommes – ils ne portaient pas tous le titre de chefs – qui avaient un certain « pouvoir ». Ce « pouvoir » était personnel ou politique, rarement professionnel. Techniquement, certains producteurs et managers ne savaient pas vraiment ce qu'ils faisaient. Mais cela leur était égal. Leurs vraies passions étaient idéologiques ou politiques, bien que ces termes soient beaucoup trop grandiloquents pour le but très limité de l'idéologie dominante, qui consistait à tenir aussi loin que possible de toute influence tous ceux qui avaient ne serait-ce qu'un peu de sympathie pour le nationalisme du Nord.

J'ai entendu dire que la branche télévisée de la RTÉ n'a pas trouvé sa voie parce que son développement a été freiné par les conflits en Irlande du Nord. Mais d'autres médias – *The Irish Times*, par exemple – se sont parfaitement bien développés, tout en couvrant l'actualité de l'Irlande du Nord avec compétence et honnêteté. J'ai l'impression que la RTÉ avait deux problèmes avec l'Irlande du Nord : il était permis d'insulter directement, personnellement et en public tous ceux qui étaient considérés comme étant des nationalistes, ou pas assez antinationalistes. Certaines réunions sur l'article 31 de la loi sur l'audiovisuel qui censurait les nationalistes étaient particulièrement infâmes. Peut-être la RTÉ était-elle un organisme trop jeune, mais apparemment il n'y avait pas de déontologie quant à la conduite professionnelle ou personnelle. Le deuxième effet de cette énergie dépensée dans l'antinationalisme était que seuls les programmes sur les affaires politiques et les questions d'actualité y avaient de l'importance. À la BBC, les gens avec de l'énergie et du talent travaillaient sur les programmes consacrés aux arts et sur les magazines culturels. À la RTÉ, ces domaines étaient souvent moribonds.

Moi, j'ai largement bénéficié d'un autre courant de cette époque – de l'intérêt nouveau pour les femmes. Dans les années 1980, j'ai beaucoup travaillé sur des programmes consacrés aux femmes. J'ai fait une série – *Women Talking* – qui s'inspirait du comportement des spectateurs dans *Late, Late*, et d'autres émissions de débats télévisés. Avec Doireann Ní Bhriain, nous avons parcouru le pays pour nous asseoir avec des villageoises choisies presque au hasard afin d'enregistrer leurs paroles tandis qu'elles discutaient de sujets qui les intéressaient. J'ai ensuite travaillé pour *The Women's Programme*, où nous avons été les pionnières, avec Clare Duignan, Marian Finucane et Doireann, à faire des émissions sur l'inceste, la prostitution, l'avortement, les salaires et l'embauche des femmes, sur des nonnes contemplatives, des sujets de santé, des femmes unionistes et leurs vues sur les femmes du Sud, les ruptures dans les familles à cause des activités des mouchards aussi bien chez les loyalistes que chez les républicains (il y a eu à ce sujet des protestations d'un antinationaliste à l'adresse de la direction – nous n'aurions pas dû inclure les républicains), des sujets du monde entier concernant les femmes, le débat sur le traitement hormonal substitutif, comment diriger une course de dix kilomètres, où en Irlande se trouvent le plus d'hommes célibataires (à ce moment-là à Ballaghaderreen, dans le comté de Roscommon), etc. C'était sérieux, et c'était amusant.

Nell McCafferty a fait une série merveilleuse sur

les femmes vues par les journaux de la semaine. Elle prenait par exemple une publicité pour des sous-vêtements en Thermolactyl fondée sur le témoignage d'un prêtre qui disait à quel point il était confortable de dire la messe dans ces sous-vêtements en Thermolactyl sur différents pics montagneux, et elle y introduisait une extravagance. À nous toutes, nous avons abordé les sujets concernant les femmes sous tous les angles et sur tous les tons. Une fois, lors d'un colloque de la Communauté européenne à Bruxelles sur les femmes et la radio en Europe, Clare a fait un rapport sur l'Irlande – parlant entre autres de *Women Today*, qui, à l'époque, passait à la radio – et des journalistes de radio de toute l'Europe sont venus vers nous pour nous féliciter. Ils pensaient que la RTÉ était vraiment progressiste. C'était un endroit où des opportunités pouvaient soudain se présenter. C'était le bon côté du manque de hiérarchie : n'importe qui pouvait apporter une idée à un directeur, et si l'idée était bonne et le directeur assez influent, on pouvait court-circuiter les structures habituelles et réaliser le programme. C'est ainsi que j'ai pu faire ma série sur les femmes âgées, *Plain Tales*.

J'ai commencé et terminé ma carrière à la RTÉ avec des « magazines ». Ce sont ces programmes dont personne ne se rappelle jamais le titre ; ils sont émis tôt dans la soirée et consistent en quatre ou cinq sujets innocents traités par des présentateurs assez beaux assis sur des canapés. La production de ces magazines nécessite de grands efforts humains. Le dernier auquel j'ai participé a réuni des gens comme Cian Ó hEigeartaigh, un vrai érudit et esthète, Richard Crowley, un journaliste exceptionnellement doué, et David Blake Knox, un expert en comédies télévisées, ainsi que peut-être dix autres personnes de l'équipe de production, pour débiter des sujets de six minutes sur, par exemple, des femmes culturistes. Il n'est pas facile de diriger des talents irlandais. De nombreuses personnes qui travaillaient à la RTÉ sont presque par définition insatisfaites. C'était mon cas. L'un des plus grands coups de chance de ma vie a donc été de pouvoir partir à l'*Irish Times*.

*

J'étais retombée sur mes pieds à ce moment-là. Mais les premières années en Irlande après mon retour de Londres, ces années avant 1980, étaient sous bien des rapports les moments les plus sombres de ma vie. J'étais de nouveau avec ma famille. Je n'arrivais pas à assumer les choses matérielles. Mon manque de savoir-faire pour diriger un studio de télévision me rendait terriblement anxieuse. J'avais tout le temps peur. Je ne pouvais pas allumer la gazinière à cause du « plop » de la première flamme. Je ne pouvais pas aller chez le dentiste, je ne pouvais pas grimper sur un escabeau par peur de l'altitude. Et j'étais inexpérimentée en tout. Je ne pouvais pas conduire. Je ne savais pas taper à la machine. Je ne savais pas comment les choses fonctionnent. M'occuper de ma maison dans le quartier pauvre me dépassait. Un gros rat tout gris est sorti d'un grand bond du placard. Des morceaux de plâtre sont tombés du plafond. Je n'avais jamais tenu une maison et, même en faisant venir un ouvrier après l'autre, c'était de mal en pis. Je ne comprenais pas l'Irlande. Un après-midi d'été, alors que j'étais dans mon lit, quatre ou cinq grands types ont pénétré en bas à coups d'épaules. Ils étaient des renseignements généraux, m'ont-ils dit. Sans me parler, ils ont commencé à fouiller mon sac de charbon et à soulever les planches. Puis leur chef a vu que j'avais des livres en irlandais. « Savez-vous lire l'irlandais ? » m'a-t-il demandé, visiblement impressionné. Il a arrêté la recherche. Je ne savais pas qu'ils ne pouvaient pas faire cela – ils ne pouvaient pas entrer simplement comme ça et bousculer un citoyen.

À cette époque, je ne décidais pas de ce qui devait se passer ; les choses sont simplement arrivées. Le pire fut de tomber enceinte. J'avais trente-neuf ans. J'étais tellement bouleversée par le cours des événements que j'étais incapable d'y réfléchir. Quand j'ai fait une fausse couche, très douloureusement, une nuit, toute seule dans une chambre de l'hôpital de Holles Street, je ne savais toujours pas comment je me sentais. Je ne le sais toujours pas.

On ne peut jamais faire les choses comme il faut, quand on boit trop. On fait tout juste le minimum nécessaire. Mais boire a aussi ses bons côtés. Dans un pub, on trouve toujours la compagnie de quelques habitués. Les gens qui boivent l'après-midi ont la compagnie d'autres buveurs de l'après-midi. La vie des pubs est une manière de vivre flottante, sans exigences, sans jugements et pleine de petits incidents. Les gens qui sont aussi tremblants que je l'étais alors sont très gentils les uns avec les autres. J'avais de vagues relations avec d'autres gens qui buvaient trop. Je n'étais jamais bien. Il était déjà assez difficile d'arriver à un accord avec la RTÉ, mais je m'imposais un handicap supplémentaire avec mon régime de gueules de bois et de plats chinois à emporter. Mon ex-copain Michael, avec qui j'avais découvert l'épanouissement sexuel quand j'avais vingt ans, m'a sortie de temps en temps. Mais nous n'avions plus rien à nous dire. Je faisais tout machinalement avec les relations que j'avais.

Pourtant, ce temps apparemment gâché alors que j'allais avoir quarante ans, alors que j'étais au bord de l'alcoolisme, était au fond positif. Une facette de la vulnérabilité vous rend extrêmement ouvert. J'avais pris l'habitude de rester couchée sur mon lit et de regarder le ciel qui s'assombrissait très, très lentement les soirs d'été. La mélancolie a quelque chose d'incomparable. Les dimanches matin, les week-ends fériés, je n'avais absolument rien d'autre à faire qu'à d'écouter le silence. D'une certaine façon, j'étais tout à moi-même. Après, cette sensation d'être immobilisée, en apesanteur, m'a parfois manqué.

Je pensais donc que rien ne se passait. Mais ma tête se remplissait de richesses. La mosaïque du pays se composait à l'intérieur. Les vallées mystérieuses entre Leitrim et la mer avec les noires rivières huileuses pleines de grosses truites. L'étendue de la plaine – d'un vert des plus profond, des plus argenté – dehors, au-delà de Lissadell, avec son bord abrupt sur les plages sauvages, aussi indifféremment belle qu'au moment où les petits bateaux de l'Armada se sont échoués sur leurs rochers. Le Shannon qui jaillit en silence dans son bassin pour ensuite changer de caractère, découvrir la jeunesse, caracoler vers Dowra et commencer son long écoulement à travers le pays. Sa descente à travers le gris argenté des prairies souvent inondées pour passer devant ce qui était des hôtels en pierre, des moulins à blé, d'anciens bâtiments du canal, sous les yeux des cygnes qui attendaient à côté des aulnes à moitié immergés. En hiver, si on passe en train au-dessus du Shannon, on a l'impression de traverser une très vaste étendue d'eau pour descendre dans le bas du pays. Dans la lumière hivernale, le train entre dans l'eau, l'eau semble d'acier et porte le train. Mais l'Irlande n'est pas faite uniquement de paysages, elle a son histoire et sa société actuelle. Il y a eu des famines et des brutalités et du néant dans ce pays. Et le milieu malade, que je fréquentais dans les pubs l'après-midi, faisait autant partie de l'Irlande que la beauté du paysage.

XV

La plupart des écrivains irlandais donnent une image adoucie et sans relief de leurs pères dans leurs souvenirs, comme si, pour eux, il n'y avait pas d'inconscient. L'homme mûr que je fréquentais quand j'étais jeune – le médecin qui m'a aidée à faire mes études – était attentif à la relation que j'entretenais avec mon père. Il faisait souvent allusion au fait que mon père préférait quand j'étais presque une épave que quand je trouvais la force, par exemple, de chercher l'aide de ma mère sans qu'il le sache, cela l'effrayait. Mais je ne me rendais compte de rien, sinon que mes sentiments pour mon père étaient (et sont toujours) contradictoires. Ainsi j'ai le cœur chaviré quand je me rappelle que ces années noyées dans l'alcool ont été les dernières qu'il a connues de moi. Il serait si fier de moi maintenant. Et pourtant, je crois que ce n'est pas par hasard – même s'il y avait d'autres raisons – que j'ai commencé à vivre sainement après que la mort m'a enlevé mon père, et ma mère quelques années plus tard.

Mes sœurs, mes frères et même ma mère ont dû avoir avec lui des rapports aussi ambigus que moi. Sur le papier, il nous a certes laissés tomber, il ne nous a pourtant pas abandonnés. Nous comptions pour lui. Et aucun de nous ne lui a jamais été, ne serait-ce que par instants, vraiment indifférent. Juste au moment où nous pensions qu'il valait mieux le détester, il faisait un geste plein d'amour et de sensibilité. Il était particulièrement gentil avec celle de ses filles qui ressemblait le plus à sa mère : ma sœur Deirdre, qui s'est mariée jeune, qui est une vraie catholique pratiquante et qui, avec son mari, a fondé une famille nombreuse dans une maison modeste et heureuse. L'idée de ce ménage a dû souvent réconforter mon père (comme elle nous a tous réconfortés). Papa a rendu visite à Deirdre à l'hôpital quand elle a eu sa première fille après trois garçons : une main est apparue de derrière la porte, tenant une tasse en argent, puis une autre main, tenant une bouteille de champagne. C'était le genre de gestes qu'il était capable de faire pour chacun de nous. Mais il a offert à Deirdre en particulier une grande bonté constante. Il était un père différent pour chacun de ses neuf enfants. Certains d'entre nous étaient presque sans parents. Certains, quand mon père était devenu plus vieux et plus doux, étaient régulièrement invités à un généreux dîner et, une fois par semaine, ils jouaient aux cartes dans l'appartement exigu où mes parents et ma petite sœur, la benjamine des enfants, avaient fini par s'installer. Maman, elle, ne jouait pas aux cartes. Dans les vapes, elle faisait constamment l'aller et retour de sa chambre en se traînant, en chemise de nuit, avec l'air de Miss Havisham[1].

1. Personnage du roman *Les Grandes Espérances* de Charles Dickens. *(N.d.T.)*

Une des choses qui tourmentaient ma mère était que mon père ne lui racontait rien. Elle ne connaissait jamais exactement leur situation financière. Une ou deux fois, la pauvre femme est même allée en ville pour, en tremblant, braver celui qui était à ce moment-là le comptable de mon père, et lui demander de lui donner l'argent directement à elle. Rien n'a jamais été réglé. Il menait l'existence idéale pour les dissimulations. Personne ne se sentait obligé vis-à-vis d'elle.

Elle a obtenu quelque soulagement pécuniaire quand mon père a vendu la seule maison pour laquelle il avait pris un emprunt, il était opposé à la location. Il a murmuré : « On ne peut vraiment pas faire confiance à ta mère quand il y a des escaliers », remarque destinée à lui attirer la sympathie pour cette décision qui lui avait été imposée, en apparence, par l'alcoolisme de ma mère. Mais, en réalité, il manquait d'argent plus que jamais. Il a fait déménager ma mère et ma petite sœur, les seules de sa famille pour qui il endossait encore des responsabilités, dans un appartement qui s'est révélé avoir été celui de sa maîtresse. Celle-ci a probablement déménagé ailleurs. Cela, ma mère l'a découvert par une nuit calme alors qu'elle était seule et qu'elle lisait dans son lit. La maîtresse en question a fait irruption dans la chambre pour l'attaquer à coups de lampe de chevet. Ce serait drôle si les deux femmes n'avaient pas été aussi désespérément malheureuses.

Je conclus des souvenirs de Michael O'Toole qu'il était de notoriété publique que mon père avait cette maîtresse. En quelques mots, O'Toole fait allusion à ma mère comme à une femme très intelligente qui avait un problème avec l'alcool, il poursuit avec le récit d'une anecdote sur la compagne de longue date de mon père, apparemment assez connue dans toute la ville pour avoir un surnom : « la Dame ». Je ne savais pas que sa maîtresse était si connue avant de lire le livre de O'Toole, et j'ai eu honte pour ma mère. L'anecdote raconte comment mon père était arrivé à une brocante, saignant de la tête, parce que sa maîtresse – apparemment incapable de tenir l'alcool – l'avait frappé à l'arrière de la voiture. À leur vue, l'homme du comité d'accueil en balbutiait, et il a demandé à mon père – pour dire quelque chose – s'il s'intéressait aux antiquités. Mon père a fait un bon mot en répondant qu'il ne voyageait jamais sans.

Je ne peux pas dire que je trouve ça drôle. Mais j'admire l'esprit rapide de mon père dans une autre occasion. Maman m'a raconté que, quand ma petite sœur est née, papa lui a rendu visite à l'hôpital et a suggéré que le bébé s'appelle Carmel. « Carmel ? » a dit ma mère. « Pourquoi ? » – « J'ai toujours eu de la dévotion pour Notre-Dame du Mont-Carmel », a-t-il répondu. Moi, je savais – ce qui n'était pas le cas de ma mère – que sa maîtresse, probablement la même que celle de l'anecdote de Michael O'Toole, s'appelait Carmel.

Après l'incident avec la lampe de chevet, ma mère est allée au poste de police de Clontarf où elle a reçu les premiers secours et où elle se préparait à porter plainte contre la maîtresse. Mon père est arrivé à toute allure de je ne sais quel quartier de la ville auquel il faisait la grâce de sa présence. Il a imploré ma mère de ne pas les déshonorer publiquement. En échange, il a offert de lui donner des informations. Elle saurait combien il gagnait, combien il devait et combien il avait eu pour la maison de Clontarf. Elle était d'accord.

Il était un homme très discipliné et extrêmement réservé. La scène publique avec Carmel, si c'était avec Carmel, et si Carmel l'avait frappé, constituait une chute de standing pour lui. Les années où il n'avait fait confiance à personne qu'à lui-même ont dû lui peser. Il n'avait pas d'alliés, pas d'égaux – pas d'amis, à vrai dire. Le jour où, finalement, il n'a plus pu se rendre au travail, il a pris lui-même ses dispositions. Son chauffeur l'attendait dehors comme toujours pour l'amener faire son habituel tour de société. Il était trop las pour nouer sa cravate. « Il était assis, très pensif, sur un tabouret à côté du téléphone », m'a écrit ma sœur dans une lettre, « le petit doigt entre les dents, la tête penchée sur le côté comme s'il écoutait quelque chose. » Il a ensuite décroché le téléphone pour annuler ses rendez-vous. Il a lui-même réservé une chambre à l'hôpital pour le jour même, il a fait son sac et il y est allé pour de bon.

Ma sœur Deirdre se souvient de la façon dont ma mère et lui se sont accrochés l'un à l'autre à partir du moment où il a su qu'il allait mourir. Mon père avait une leucémie, et un certain jour, après deux mois d'une terrible chimiothérapie, le spécialiste devait lui dire si le traitement avait marché. « À trois heures, le spécialiste est arrivé au bout du couloir pour procéder sans se presser à la visite des chambres », a écrit ma sœur.

Isolés dans la chambre de papa, nous avons bavardé désespérément à voix basse en attendant, nous taisant brusquement quand nous entendions ses pas rapides se rapprocher. Il y eut une petite pause, puis une accélération de sa démarche alors qu'il passait en vitesse devant la porte le long du couloir pour ensuite descendre bruyamment l'escalier. Les yeux bleus perçants de mon père se sont écarquillés pour rencontrer ceux, noyés de larmes, de ma mère. Il a tendu sa main vers elle. Personne n'a parlé. Peu de temps après, mon père a eu un petit rire mélancolique et, tournant son visage contre le mur, il a embrassé le coma qui l'attendait.

Nous, les « enfants », n'étions pas si importants au cours de ces derniers mois. Mais mes frères, en particulier, dont la jeunesse avait été rendue terriblement dure à cause de lui, ont tout laissé tomber pour être près de lui à l'hôpital. Je comprends leur besoin permanent de se rapprocher de lui. Je ne comprends pas comment il a pu les négliger ainsi. Je vois partout autour de moi des pères qui aiment leurs fils avec une véritable passion. Mais mon père a silencieusement refusé l'effort ordinaire d'être père. Mes frères étaient tendres et intelligents, mais il n'avait aucune tolérance pour les difficultés qu'ils ont rencontrées en grandissant. L'un d'eux ne posait jamais de problèmes, mais il a presque été puni pour cela, et on l'a laissé se noyer dans des jobs provisoires sans intérêt où il a gâché des années de sa vie. Un autre, après une épopée de desperado, a fini par crever de faim dans cette Angleterre pour laquelle son père lui avait acheté un aller simple. Il a rejoint l'armée britannique, ce qui a blessé mon père le plus profondément qu'il était possible de le faire – cet homme qui avait changé son nom de famille, le « Phelan » anglicisé de ses parents, en indigène

« O'Faolain » ! Pourtant, mon frère s'est engagé en partie pour l'impressionner, trop jeune pour comprendre que la nostalgie de l'armée irlandaise n'avait rien à voir avec le plaisir de voir son fils en deuxième classe britannique. Une de mes sœurs, encore adolescente alors et employée dans une banque, a essayé d'avoir une avance sur salaire afin d'économiser l'argent nécessaire pour racheter mon frère. Mon père a dit qu'il le rachèterait, qu'il paierait la somme nécessaire quand une police d'assurance arriverait à échéance. Mais personne n'a racheté mon frère. Et puis mes parents ont envoyé mon plus jeune frère chez moi, à Londres. Ma mère était ivre quand elle l'a accompagné au bateau. Mon père n'y était même pas.

Comment pardonner ces choses ?

Tard dans sa vie, mon père s'est fait un ami, Frank Finn, un homme gros, bienveillant, presque complètement silencieux, qui a accompagné mon père partout pendant quelques années. Quand Frank est mort, j'ai envoyé une lettre de condoléances à mon père. Il a répondu :

Je pense qu'il est impossible de croire dans les vivants, les morts et la résurrection, même si je me lève à Saint-Gabriel et si je dis tout cela. La pensée qu'il n'y a pas de point d'où on peut regarder vers la résurrection et la vie là-bas n'est pas raisonnable sauf si vos amis, vos voisins et tous ceux que vous avez aimés sur terre s'y trouvent… mais cela évoque pour moi une conférence de presse non stop… pour toute l'éternité… et je ne veux pas interviewer mon grand-père qui était sergent dans la gendarmerie royale irlandaise et qui m'a légué ses sourcils, ni être interviewé moi-même… Nous avons enterré l'ami Frank décemment. Il n'avait pas de famille, et il m'a laissé toute sa garde-robe de grande taille. Je l'ai donnée au Foyer de nuit des hommes de Tara Street et au Foyer des infortunés de Norfolk, et quelques vagabonds et marginaux géants sont maintenant magnifiquement habillés par O'Callaghans de Dame Street… Comme tu le comprendras, la perte de Frank Finn me fait beaucoup plus mal que celle de mon frère. Il a été toute sa vie un homme seul, et je sais que vers sa fin… cet homme énorme et gentil a dépendu de moi comme aucun de mes enfants, et je suis heureux d'avoir été avec lui toutes les nuits jusqu'à quelques heures avant qu'il meure dans la dignité.

Ici, mon père dit la vérité. Il a effectivement aimé Frank. Mais une phrase me frappe – Frank avait besoin de lui « comme aucun de ses enfants ». Mes frères avaient besoin de lui. Nous avions tous besoin de lui.

À l'issue de sa maladie, quand il était flétri et décoloré, qu'il ressemblait à un terrifiant garçon marron, recroquevillé sur son matelas dans cette chambre trop chaude, c'est encore vers lui que nous levions notre regard. Le perdre était terrible pour nous tous. Mon frère, qu'il n'avait pas sauvé de l'armée britannique, est rentré à la maison pour se joindre à la veillée funèbre dans la pièce enfumée au bout d'un couloir de l'hôpital – même si ce frère a été bouleversé dans son enfance par le vacarme que faisait mon père en frappant ma mère. Et même si – et il a écrit plus tard dans une lettre que cela lui faisait toujours mal – « au moins à deux reprises, quand j'étais enfant, mon père a oublié mon nom».

Il n'y avait rien que nous n'aurions fait. Je suis allée me confesser pour la première fois en vingt ans pour me préparer à une messe à côté de son lit. Mes frères et sœurs n'ont pas dormi, ni mangé. Je n'arrivais pas à lire, la seule fois de ma vie. Je suis revenue encore et encore sur le même poème, le dixième des *Élégies de Duino*, où Rilke fait l'éloge de la souffrance. «Nous, les gaspilleurs des souffrances ! », dit-il.

Comme nous les inspectons d'avance, dans la durée
triste cherchant
si peut-êtres elles n'iraient pas finir. Mais elles, ne
sont-elles pas
notre feuillage hiémal, notre sombre sempervirens,
*l'*une *des saisons de l'année secrète – pas seulement*
saison – mais emplacement, site, gîte, sol, domicile.[1]

Cette élégie et la dernière partie du *Chant de la terre* de Mahler – j'avais l'enregistrement de Kathleen Ferrier – se sont imposés d'eux-mêmes dans ma tête. Je suis rentrée de l'hôpital dans ma maison froide du quartier pauvre, sans envie de rien au monde et trop fatiguée et sobre pour dramatiser les choses. Mais ces deux morceaux m'ont assez facilement consolée. Tous les deux sont pleins d'images – vagues mais incontestables – d'une signification ultime. Les promesses de la chrétienté ne me disaient rien. Ce romantisme

1. Traduction de Jean-Pierre Lefebvre et Maurice Regnaut. *(N.d.T.)*

germanique était tout ce que j'avais à opposer à l'angoisse de la pitié que je ressentais pour mon père. Pourquoi Dieu ne lui avait-il pas permis de garder jusqu'au bout sa réserve, pourquoi l'avoir forcé à implorer : « Sortez-moi d'ici, sortez-moi d'ici », ses yeux devenus ronds et embués, exactement comme ceux de sa mère quand elle était très vieille. « Ramenez-moi juste à la maison. » Nous avions gravé sur sa tombe : *« Ar ball, gheoamíd radharc, aghaidh go h-aghaidh. »* À la fin, nous verrons, non pas sombrement comme à travers un miroir, mais clairement, face à face. Je ne m'attends pas, bien sûr, à comprendre la vie et la mort. Mais peut-être comprendrai-je un jour quel genre de père pensait être mon père. Quels genres de pères existent.

Il était très seul. Et ma mère était seule. Mais je pense qu'ils avaient une « entente-du-milieu-de-la-nuit » qu'ils ne partageaient avec personne. Elle s'est souvent vantée devant moi, timidement, de leurs rapports intimes pleins de confiance. Peut-être se sentait-elle complètement présente quand ils faisaient l'amour. Peut-être le sexe était-il sa meilleure expérience de la plénitude.

Un dimanche, j'ai eu un déjeuner horrible dans une maison à Hampstead, avec l'acteur Robert Shaw et sa femme d'alors, l'actrice Mary Ure. Dès le début du repas, il l'a bruyamment et constamment insultée. Si quelqu'un disait quelque chose, il se tournait sans cesse vers elle et lui lançait un truc du genre : « Tu entends ça, femme stupide ? Est-ce que tu entends ce que c'est qu'une conversation intelligente ? Ou est-ce que tu es trop bête pour savoir ce que c'est qu'une conversation intelligente ? » Au bout de quelques minutes, elle a quitté la pièce en courant, secouée de sanglots. Il s'est immédiatement détendu et s'est mis à s'empiffrer et à sourire gaiement à ses invités abasourdis. « Excusez-moi », a-t-il dit, « mais je dois agir comme ça. Sans moi, elle serait complètement paumée. »

Les arrangements entre mon père et ma mère étaient presque aussi durs pour nous, spectateurs. Ils étaient cruels l'un envers l'autre. Puis, sans raison apparente, ils oubliaient leur cruauté et s'entendaient bien. Pendant des dizaines d'années, il a parlé des problèmes que maman avait avec l'alcool comme s'il s'agissait d'une de ses habitudes amusantes et ironiques. Il l'a amenée en vacances et il a défié du regard les critiques qu'il a dû affronter. Implicitement, il ne nous était pas permis de parler d'elle avec lui. Quand elle tombait dans la rue ! Quand elle vomissait en public ! C'était une vaste dénégation. Mais cela leur permettait de garder une sorte de dignité entre eux. « Oh, Katherine ! J'ai toujours aimé ton sourire ! » Je me rappelle comment il l'a flattée avec ses dernières forces, dans sa chambre à l'hôpital, peu de semaines seulement avant sa mort, même si pour n'importe qui d'autre ce sourire était un rictus plutôt terrifié sous l'effet des calmants.

Après sa mort, elle le cherchait des yeux, le regard absent, comme quelqu'un qui regarde autour de lui dans une pièce où la lumière a soudain changé. Périodiquement, mes sœurs ont réussi par des efforts héroïques à l'amener pour un temps en cure de désintoxication, où on lui donnait aussi un traitement pour la malnutrition. Là, maman était comme une enfant – elle avait peur des autorités, se tenait à distance des autres patients, se cachait dans sa chambre, plus seule que jamais. Elle me demandait plaintivement : « Qu'est-ce qu'elles ont, tes sœurs ? Pourquoi tout le monde est si fâché contre moi ? » Elle ne se souvenait même pas des épisodes affreux que mes sœurs devaient affronter tout le temps. Et elle disait, avec une pétulance honnête : « *Pourquoi* ton père est-il mort en me laissant ici ? »

Elle ne descendait même plus pour tituber jusqu'au pub en bas de chez elle. Elle restait dans l'appartement. Elle réduisait au maximum le temps pendant lequel elle devait être consciente. Quand elle se levait, malade de gin et de somnifères, elle se remettait à boire. Si elle absorbait les doses qu'il fallait, elle pouvait être détendue et hors d'atteinte en fin d'après-midi.

J'allais la voir à peu près toutes les semaines. Je l'appelais avant, l'estomac serré. Souvent, je raccrochais avant d'avoir fini de composer le numéro. Puis je reprenais courage, sachant que, avec un peu de chance, je la trouverais dans ce laps de temps où elle n'était ni trop malade, ni trop ivre pour parler. Si elle avait l'air suffisamment lucide au téléphone, je me dépêchais d'aller chez elle. Parfois, elle était prête pour moi, assise sur sa chaise dans son manteau froissé, se cramponnant à son sac à main serré contre sa poitrine de ses doigts blanchâtres, tremblants. Dans mon soulagement, mon cœur s'ouvrait à ce qu'elle avait de pathétique. Le rouge à lèvres appliqué avec un savoir-faire intact. Les pâtés de mascara. Les touches de poudre rose. Certes, sous le maquillage, son teint était gris, et des poils pointaient sur sa lèvre supérieure.

Si, au cours du trajet en voiture, je lui donnais la

réplique pour l'un de ses petits souvenirs, si je la tenais par le bras pour monter les marches de la bibliothèque, si la bibliothécaire lui donnait rapidement quatre ou cinq livres qu'elle aimait, et si je l'installais derrière la fenêtre ensoleillée de quelque bar d'hôtel avec un double gin, elle irradiait de bonheur. Elle adoptait alors les manières d'une jolie femme bichonnée. Elle souriait, épanouie, de manière floue, à tout le monde. L'épanouissement pouvait durer une demi-heure. Une heure.

Un dimanche, j'ai appelé avant d'aller la voir. Elle avait l'air d'être bien. Mais, quand j'ai sonné, elle ne s'est pas dirigée vers la porte pour l'ouvrir. J'ai attendu sur le pas de sa porte, j'avais peur qu'elle ne fût morte. J'ai fait le tour pour regarder par la fenêtre à travers les interstices du store. Elle était étendue par terre. Ses jambes étaient écartées. Elle ronflait. Elle n'était pas morte. Elle était ivre morte. Elle portait son manteau, elle avait donc été prête pour moi, mais elle avait trop forcé sur je ne sais quelle boisson qu'elle avait engloutie, ou sur je ne sais quel comprimé qu'elle avait avalé. J'étais dehors et j'ai cogné contre la vitre encore et encore, l'engueulant pour qu'elle se lève, rageant de douleur et de colère, furieuse d'une fureur de toute une vie contre elle, pour m'avoir fait ça.

Peu de temps après, je suis allée dans l'Ouest, et comme d'habitude je lui ai écrit une lettre dans ma tête. Tu as fait ceci, tu as fait cela, tu n'as pas fait ceci… Et soudain, j'ai senti une sensation singulière, très précise : la vibration d'un unique son lourd. Je m'étais détachée d'elle. C'était complètement inattendu. Le point de rupture. À partir de là, j'eus un peu de distance par rapport à elle. Quand, quelques années plus tard, elle m'a annoncé qu'elle allait bientôt mourir – même si elle ne souffrait de rien en particulier – en levant son regard vers moi qui me tenais au pied de son lit, m'offrant un sourire merveilleusement franc en disant : « Nuala, ça ne peut pas continuer », j'ai juste répondu : « C'est vrai. » Je l'admirais du plus profond de mon cœur à cet instant, alors que je regardais son pauvre visage sous moi, tout bleui par des chutes. Avec courage, elle se portait de son mieux. Elle ne cherchait pas la pitié, ni même les commentaires. Elle avait juste remarqué, d'assez bonne humeur, qu'elle était finie.

Quand on m'a appelée quelques semaines plus tard pour me dire qu'elle était morte – qu'elle était décédée dans sa salle de bains, qu'on l'avait trouvée par terre –, j'étais presque préparée. Je l'avais vue étendue par terre. Son corps mort était le même que ce corps qui m'avait laissée dehors, ce jour où je l'avais engueulée à travers la fenêtre.

Je me souviens d'elle à travers des fenêtres. Elle se tenait dans l'encadrement de celle de sa chambre quand elle était jeune, un drap rapidement passé sous ses épaules d'ivoire, dans le pavillon où nous vivions. Elle nous criait, à nous, les enfants, de sortir jouer, de rester dehors, de ne pas rentrer avant qu'elle nous appelle. Puis elle se retournait vers la chambre où mon père devait l'attendre.

Elle a laissé ses vêtements, une bague et un bien qui valaient en tout mille livres. Elle a laissé la boîte à biscuits, avec ses critiques littéraires gribouillées et la lettre que mon père lui avait écrite du Donegal. Et elle a laissé neuf personnes, nous, ses enfants. Aucun de nous n'avait eu beaucoup d'importance pour elle. Une fois, alors que nous étions par hasard tous à Dublin, six d'entre nous, adultes, se sont mis ensemble en prenant leur courage à deux mains pour aller la voir et lui demander de nous permettre de lui trouver de l'aide. Elle nous a mis dehors avec quelques mots venimeux. Nous n'étions que « les enfants ».

Une de mes plus jeunes sœurs vit dans une ville rurale. Il n'y a pas longtemps, les femmes de là-bas ont organisé une « Journée de la femme », et j'y suis allée pour faire un reportage. « Je dois assister à un atelier ce matin », ai-je dit à ma sœur quand je l'ai croisée dans le hall plein de monde. Et ma sœur m'a donné un aperçu de sa personne – je ne la connais presque pas – quand elle a répondu : « Ben, moi je vais à un atelier intitulé "Les enfants adultes d'un alcoolique". » C'était extraordinaire d'être assise dans une petite pièce à côté de cette sœur parmi d'autres femmes, avec maman entre nous de retour de chez les morts, nantie de tout son pouvoir. À un moment donné, la femme qui dirigeait l'atelier nous a demandé de dessiner le plan au sol de la maison dans laquelle nous avions grandi. À la place, j'ai dessiné l'appartement, celui où est morte notre mère. Deux petites pièces carrées, et la salle de bains où du liquide a jailli dans ses poumons, où son souffle s'est étranglé et où un poids a pesé de plus en plus lourd sur son cœur jusqu'à ce que le dernier battement ne soit plus possible, et que la vie se vide de cette chose vide sur le sol.

Dans cet atelier, ma sœur et moi n'avons presque rien dit. Les histoires les plus terribles ont été racontées par d'autres. Quand nous sommes sorties en fin de matinée, j'ai dit à ma sœur : « Elle n'était pas si mauvaise que ça, hein ? Comparé à ce que certaines là-dedans ont dû supporter, c'était facile pour nous. Non ? » Mais ma sœur m'a juste regardée, s'est retournée et m'a laissée pour que j'entende moi-même la complaisance dans ma voix. Et la fausseté.

XVI

À Mopti, petite ville du Mali sur le Niger, au fin fond du Sud du Sahara, des milliers de milles à l'intérieur de l'Afrique, se trouve un hôtel délabré. Nell McCafferty et moi, nous étions sorties du bus en trébuchant après un voyage de dix heures de Bamako, la capitale, à l'arrivée à Mopti par une nuit moite et pleine d'insectes. Le boy qui avait porté nos sacs à dos à la descente du bus ne voulait pas que nous allions à l'hôtel. Il était *trop cher*[1]. Et c'était vrai : dans la pénombre du hall aux vitrines vides, une femme s'est levée péniblement du tas d'employés qui se prélassaient sur des canapés moisis pour nous donner une clé et nous annoncer des tarifs incroyablement élevés. Des armées de grenouilles d'un vert velouté s'éparpillaient devant nous alors que nous cherchions notre chemin à tâtons dans le noir pour nous rendre à notre chambre. Elles sautaient contre notre porte. À l'intérieur, l'eau coulait par terre d'une climatisation approximative qui brassait l'air stagnant de la chambre. Le béton des murs était

---

1. En français dans le texte. *(N.d.T.)*

couvert de traces de moustiques morts. Nous n'avions pas été capables de manger les pâtés marron que les autres passagers avaient achetés dans les cases sur le bord de la route mais, à l'hôtel, il n'y avait rien à manger. J'avais été malade toute la journée à cause d'une réaction au médicament contre la malaria. Nous avons éteint la lumière. La chaleur devenait de plus en plus pesante. Des odeurs de moisissure se sont élevées dans cette petite chambre affreuse. Dehors, des chiens hurlaient. La nuit allait être terrible.

Nous étions couchées sur nos lits tout tachés, la sueur nous coulait sur le visage. J'ai entendu Nell allumer une cigarette. Puis elle a dit dans le noir : « Tu sais quoi ?

— Quoi ?

— Je m'en fiche de ce qu'a fait l'évêque Casey[1]. Il ne doit pas être fait pour rester sous les tropiques. Ils devraient le laisser rentrer chez lui. »

Moi, j'organisais nos voyages. J'avais des idées fabuleuses – ainsi, nous étions par exemple à Mopti, en route pour Tombouctou. Pendant toute ma jeunesse, j'avais entendu la phrase « d'ici à Tombouctou », et Tombouctou était pour moi l'endroit le plus exotique qui soit. Et là, pour ses cinquante ans, j'avais surpris Nell avec des billets pour cette destination. Mais mes idées nous projetaient souvent dans des

1. L'évêque Eamonn Casey, obligé de quitter l'Irlande dans les années 1990 à cause d'une scandaleuse liaison qu'il a entretenue avec une paroissienne et dont il a eu un fils ; il subvenait aux besoins de l'enfant en se servant des fonds du diocèse. *(N.d.T.)*

situations hasardeuses, ce qui me désespérait. Dans ces moments-là, c'était Nell qui nous encourageait à continuer. Elle nous faisait rire comme par enchantement. Une fois, nous sommes allées dans le Péloponnèse où nous avons habité dans une hutte sur une plage, juste au nord du Magne. Le premier jour, nous nous sommes mises en route pour une promenade à travers les oliveraies en direction du village, sans nous rendre compte de la chaleur qu'il faisait. Au bout d'un moment, nous étions essoufflées, le visage écarlate, presque incapables de respirer. J'avais peur de tomber dans les pommes. Puis nous avons trouvé un abreuvoir, avec un tuyau d'où coulaient quelques gouttes ! Nous nous sommes jetées dans la boue fraîche qui l'entourait, faisant ensuite trempette dans l'eau. Quand enfin nous nous sommes mises debout, nos cheveux et nos vêtements nous collaient à la peau, nous étions toutes couvertes de boue, de mousse et de feuilles, Nell a dit – comme quelqu'un qui écrit la légende d'une photo – « Des mannequins irlandais font une pause pendant le défilé ».

Elle ne se plaignait jamais, peu importait ce qui nous arrivait : embobiner un agent de voyage à Bologne pour qu'il nous vende des billets de retour en train bien que notre carte de crédit fût arrivée à expiration ; être menacées par un Serbe avec qui nous avions bu de la liqueur de cerise dans le bar d'un hôtel à Belgrade ; essayer de grimper sur un glacier en Norvège avec un pic à glace, parce que le responsable de nos randonnées aimait nous faire des frayeurs. Il n'y avait pas de situation que Nell ne puisse pas détendre. Même après Tombouctou, quand on l'a transportée aux urgences avec une malaria épouvantable, elle m'a empêchée d'être théâtrale. À demi délirante, avec quarante de fièvre, elle a réussi à chuchoter, alors qu'on la mettait dans l'ambulance : « Pour mes soixante ans, je m'occuperai moi-même de la surprise. »

Mais je ne sais pas si nous serons en relation le jour de ses soixante ans. Nous avons vécu ensemble pendant presque quinze ans, et c'était de loin la relation la plus vivifiante de ma vie. Je l'avais toujours admirée comme journaliste brillante et comme courageuse militante des droits civils, au nord comme au sud de la frontière. Je me suis mise à l'aimer. Mais, à la fin, nos colères nous ont rendues impuissantes. Je ne sais pas pourquoi. Dans *Hamlet*, quand l'esprit de son père revient pour le harceler, Hamlet saute d'un endroit à un autre, l'oreille tendue vers le sol. « Êtes-vous là ? » crie-t-il. « Vieille taupe ! » crie-t-il, en essayant de le coincer. Les vieilles taupes de mon enfance montent, malveillantes, à la surface du sol sur lequel j'essaie de tenir debout.

Quand j'étais petite, à Athlone, il y eut un jour un festival. La chanson à la mode était alors *On Top of Old Smokey*, pour situer l'année. Il devait y avoir une parade, avec de la musique et des belles robes, et puis des boissons fraîches et des sandwiches dans une salle. Mais, moi, j'étais là pour donner un coup de main. J'étais une assistante en qui on avait confiance. Je me suis épuisée pour aider avec exaltation – courir ici, courir là, porter des messages, fixer du papier crêpon –, être responsable, faire partie de toute cette magie indescriptible. Je me souviens d'avoir couru dans la rue sous la pluie, passant devant les lumières des vitrines des magasins en direction de la salle où la dame que j'aidais avait besoin de moi. Je n'ai plus jamais été absorbée aussi intensément par quelque chose. Voilà mon idéal. C'est ainsi que j'imagine une bonne relation. Mais, depuis que j'ai grandi, je n'ai jamais voulu aider quelqu'un, de toute mon âme, comme je voulais aider cette dame.

Au plus profond de mon cœur, c'étaient des sentiments primaires qui remuaient en moi quand Nell me demandait vraiment quelque chose. Pourquoi ne peut-elle pas s'occuper d'elle-même ? Je ne lui demande rien. Et si je ne lui demande rien, pourquoi me demande-t-elle quelque chose ? Je m'occupe de moi. Elle peut s'occuper d'elle. J'entends cette voix et j'ai l'impression de l'avoir entendue plus tôt. N'est-ce pas cette hostilité primaire que ma mère exprimait quand elle buvait ?

Nos deux vies se sont mêlées l'une à l'autre à l'époque où mon père est mort. J'étais physiquement et mentalement au bout de quelque chose. Le matin de Noël 1980, je suis entrée à l'hôpital psychiatrique de Saint-Patrick. Nous avions enterré mon père quinze jours plus tôt. J'étais en état de choc. Je n'avais pratiquement pas dormi depuis sa mort. Je n'avais pas d'endroit où vivre non plus. J'avais vendu ma petite maison des quartiers pauvres dans l'année parce que je n'arrivais pas à m'en occuper. Un ami m'a accueillie. Je n'étais pas facile à supporter. Je buvais tout le temps sans parvenir à être ivre. À la fin, j'ai demandé à cet ami de me conduire à l'hôpital, et il l'a fait.

Il était excitant, cet effondrement. J'avais l'impression de comprendre énormément de choses sur moi.

Je continuais de gribouiller des idées dont j'étais sûre qu'elles seraient de la plus grande importance quand j'aurais le temps de les étudier. J'étais submergée par des marées d'émotions. Une nuit, j'étais couchée dans mon lit en train d'écouter la pluie contre la fenêtre, je l'imaginais qui frappait contre la tombe toute récente de mon père sur la colline à Sutton et qui suintait sur son corps solitaire, pleurant en apparence sur lui alors que je pleurais sur moi-même. Puis j'ai entendu sa voix ! Sa voix ! À la radio qui murmurait dans le coin, quelqu'un avait mis, en hommage, l'enregistrement d'une vieille interview de lui. J'étais une pleureuse tombée dans une embuscade. Penser à sa voix devenue muette me rappelait toutes les voix qui avaient été muettes durant toute leur vie, depuis des siècles. Je pleurais pour les millions et les millions de femmes anonymes qui auraient pu ne jamais exister, vu le peu que nous savions d'elles. J'ai écrit un genre d'hymne pour elles. Je n'arrivais toujours pas à dormir.

Mais Nell est revenue de son Noël en famille à Derry et un ami nous a prêté un appartement à Sandymount, et j'ai commencé à aller mieux. Elle était aussi prête à bouleverser avec chaleur, avec autorité et avec naturel la vie de quelqu'un d'autre que moi je ne l'étais pas. Elle s'est occupée de moi. Peu à peu, j'ai moins bu. Je mangeais un peu. Six mois après notre rencontre, j'ai jeté mes derniers somnifères. Je me souviens d'une glorieuse matinée de printemps où je suis sortie de l'appartement pour descendre sur le sable et y danser avec une joie des plus pure.

J'ai commencé à être capable de prendre du recul pour voir le monde, et pour le maîtriser un peu. J'ai essayé d'acheter une petite maison solide, même s'il était difficile pour moi d'obtenir un prêt à cette époque parce que je n'avais pas de travail permanent. J'en avais pourtant un : j'ai enseigné pendant une année de pause de la RTÉ. Un jour, j'ai dû aller voir un employé de l'administration de l'école où j'enseignais pour lui demander une lettre disant que, même si je ne faisais pas partie de l'équipe permanente, un poste à durée indéterminée pourrait s'ensuivre. J'avais terriblement besoin de cette lettre : si je l'avais, je pouvais obtenir un prêt. Je croyais qu'avec une maison où ranger mes affaires je pourrais m'en sortir. Cet homme avait un grand bureau. Il était assis derrière sa table. J'étais en face de lui. Il m'a regardée avec un mépris évident. « Qu'est-ce qui vous fait croire qu'on vous gardera ici ? Je n'ai pas de preuves que vous ayez accompli vos obligations de manière satisfaisante. Je suis désolé, ma chère, mais je ne signerai certainement aucune lettre. » Etc. Il jubilait parce que mon rapport d'enseignement de cette année était très mauvais. Et il savait s'y prendre – il était en haut de l'échelle, parce qu'il faisait partie de la classe moyenne depuis toujours. J'ai rampé devant lui. J'étais obligée de le faire pour avoir cette lettre. Quand je suis rentrée à la maison, j'étais heureuse de vivre dans un ménage exclusivement féminin. (Et je l'ai encore souvent été.)

Je suis retournée à la RTÉ, cette fois-ci pour *Féach*. Ce programme en langue irlandaise, jadis très fort, avait une histoire complexe, et son existence au sein de la RTÉ était une affaire compliquée. Jusque-là, je comprenais ; mais, à part ça, j'étais une marginale. Cela m'était égal. J'étais devenue comme la plupart des travailleurs ;

le centre réel de ma vie était à la maison. Je n'arrivais presque pas à le croire. Nous avions une maison. Nous sommes allées dans un magasin discount acheter de la vaisselle. Je n'arrivais pas à croire à quel point il est gratifiant d'avoir de l'ordre, de la propreté et de se construire un nid. Une fois je suis rentrée de quelques jours de travail en province. Nell était toute rouge et très ennuyée. Elle avait noué une serviette autour de son jean en guise de tablier. Elle avait préparé une pâte à pizza qu'elle avait mise dans un saladier devant la cheminée, et celle-ci ne montait pas comme il fallait. Je n'avais jamais vu ce genre de petite crise toute simple. Cela m'a procuré un plaisir immense. Je ne voulais plus jamais aller dans un pub. J'avais l'impression d'être rentrée à la maison pour la première fois après une vie passée sur la route. Je sentais que nous appartenions l'une à l'autre. Nous étions toutes les deux pareillement amies avec un couple que nous connaissions. Quand ils ont eu une petite fille, nous avons été les marraines conjointes. J'ai planté un lilas blanc dans le petit carré de terre sous la fenêtre devant la maison. Le premier samedi de cet été où il a fait chaud, durant notre première année, nous étions assises dessous pour prendre notre petit déjeuner. Une vieille dame qui habitait plus haut dans l'impasse s'est penchée pardessus notre barrière pour nous dire : « C'est agréable de voir des gens profiter de la vie. Vous êtes absolument bienvenues dans notre rue. » Plus notre vie était régulière et ordinaire, plus je me libérais. Le monde dehors est devenu intéressant et divertissant pour moi parce que ma vie privée me rassurait.

Pourtant, Nell et moi, nous ne nous ressemblions

pas. Nous n'étions pas souvent d'accord. Nous étions détendues ensemble uniquement pendant nos vacances à l'étranger. Dans ces moments-là, le côté rude de nos personnalités s'adoucissait. Nous ne voyagions qu'en touristes, mais avec l'intensité de voyageurs. Nous sommes allées dans les pays gouvernés par le communisme sans savoir qu'un jour le rideau de fer tomberait. Comme ces pays étaient bon marché, nous pouvions laisser de larges pourboires. Les vieilles femmes dans les vestiaires nous ont embrassées. Au *Gundel* à Budapest, nous avons mangé du canard aux cerises noires, accompagné de tout un orchestre de Tziganes ; nous avions une loge à l'opéra où tout le monde applaudissait les airs avec un tel enthousiasme que les chanteurs les bissaient, même s'ils devaient revenir sur scène après avoir été tués par balle ou par un coup de couteau. Nous sommes allées dans l'Est et, alors que nous marchions dans la plaine hongroise sans fin, le tonnerre et les éclairs nous ont rattrapées et le ciel, devenu noir, s'est ouvert en se craquelant ; nous nous sommes accrochées l'une à l'autre, aplaties par terre, tandis que les éclairs crépitaient autour de nous. À l'extérieur de l'austère maison de réunion des calvinistes à Debrecen étaient rassemblés les premiers réfugiés de Roumanie ; les frontières sont devenues perméables. Quand nous sommes arrivées au large fleuve qui nous séparait de l'Union soviétique, Nell est restée debout sur les graviers de la rive pour chanter, à l'adresse des bois épais de l'autre côté, l'air de Lara dans *Le Docteur Jivago*, pour montrer que nous étions amicales.

Nous avons connu la nourriture quotidienne

derrière le rideau de fer avant la chute du mur. Du porc sec. Des boulettes de nerfs. À Varsovie, des gens élégants – les femmes si délicates dans leurs vêtements faits maison – se sont levés de table pour danser sur la musique de l'orchestre minable alors qu'ils mangeaient quelques restes d'un repas bon marché. À Prague, les passants dans les rues pleines à craquer avant Noël parlaient si bas qu'il y avait une absence surréaliste de bruit. Nous étions les seules à avoir un dîner de Noël dans la salle à manger recouverte de boiseries de l'hôtel *Europa* qui ressemblait à une boîte parfaite en marqueterie. Nous avons gardé nos manteaux. La cuisine avait fait des efforts énormes pour l'époque. Quelques cornichons garnissaient la viande. Le serveur avait aussi froid que nous. Nous avons posé nos livres sur la table ornée d'argenterie et nous avons frissonné.

Prague était triste, mais à Budapest, à l'occasion d'un autre Noël, nous avons entendu les gens répondre à Moscou pendant la messe dans la cathédrale. Dans les galeries, il y avait des solistes de l'opéra et des musiciens de l'orchestre qui, après l'office, ont fait exploser en chœur l'Alléluia dans le dôme énorme de l'église. Ensuite, les fidèles – les hommes costauds dans leurs lodens ceinturés, les femmes avec leurs chapeaux impeccables en astrakan – se sont lancés dans un hymne en magyar, le chantant avec une telle ferveur que nous avons conclu qu'il devait s'agir d'un équivalent de notre *Faith of Our Fathers*. En sortant, nous étions si émues que nous avons couru, riant à moitié, pleurant encore à moitié, pour nous rétablir dans les toilettes pour dames du *Hilton*.

Nous avons entendu les premiers sons de la fin de

l'empire soviétique. Nous étions en Autriche, nous descendions à vélo le long du Danube. La Hongrie avait commencé de permettre aux Allemands de l'Est de sortir de leur pays par leur frontière, et leur route pour l'Allemagne de l'Ouest était parallèle au fleuve. La nuit, dans la campagne très silencieuse, nous avons entendu le bruit de leurs Trabant surchargées alors qu'ils se frayaient un chemin – les premiers à être relâchés de l'expérience socialiste – vers de nouvelles vies.

« C'est ça, la vie », dit un jour l'une de nous dans un café, en se carrant dans son fauteuil dans la chaleur d'une nuit méditerranéenne. Cette sensation de légèreté : sortir d'une douche rafraîchissante, être à peine vêtue, paresser. Des homards à la lueur des chandelles sur un quai à Fethiye. Le déjeuner que nous avons pris tous les jours dans ce café à deux tables derrière une haie difforme à Sperlonga, avec des petites frites dorées et du vin glacé verdâtre. Nous finissions tout juste le vin quand la pluie de l'après-midi se mettait à tomber, et nous courions alors à travers la rue pour retirer nos T-shirts sur le sable troué par la pluie et pour sauter hop ! dans la mer mousseuse sous la pluie chaude. À Assouan, nous sommes entrées dans un bureau de tabac fin de siècle, où l'on vendait en vrac des cigarettes ovales enveloppées dans des feuilles de vieux journaux arabes. Nous avons loué une calèche tirée par un cheval malodorant, nous avons mangé des glaces dans la rue, satisfaites de notre esprit d'aventure comparé aux touristes anglais sur le bateau de croisière qui était amarré sur le Nil, si exquis. Nous nous sommes baignées à l'improviste, en soutien-gorge et petite culotte, dans les vagues turquoise de l'Atlantique qui roulaient dans une crique rocheuse près de Lisbonne. Nous nous sommes promenées dans le chaud crépuscule d'un village au sud de Kalamata, pour y prendre notre ouzo et notre soucoupe d'amuse-gueule à la terrasse d'une taverne où les hommes du village discutaient et riaient sous des lampes accrochées dans les platanes, alors que des oiseaux bruyants jaillissaient d'un arbre et s'engouffraient dans d'autres pour s'y installer, et que des camionnettes de la campagne électorale faisaient des aller et retour en diffusant une musique métallique. « C'est ça, la vraie vie. »

Fuyant les bars vidéo à l'est de Corfou, nous avons pris le bateau pour traverser l'Adriatique en direc tion d'Ancône, où nous avons parcouru des vergers de pêchers pour arriver finalement sur la place en pierre couleur de miel d'Urbino, où des parents très dignes faisaient leur promenade du soir avec leurs enfants tourbillonnants. Nous étions ivres à cause de sakés chauds bus avec les propriétaires alors que nous étions les seules clientes du restaurant chinois à Ely, un réveillon de Nouvel An glacial, tandis que nous traversions à pied une Angleterre désertée et belle. Les bois de chênes verts au-dessus de Spolète, le sushi-bar à New York, le fleuve vert, torrentiel, descendant vers le fjord en Norvège, les pasodobles dans cette salle de bal miteuse à Barcelone, la truite à Salzbourg que nous avons mangée parce que nous en connaissions le mot grâce à Schubert, les sources chaudes pleines de vestiges classiques dans lesquelles nous avons nagé à Pamukkale – « Ça, c'est vraiment, *vraiment* la vie ». Sur une pente d'éboulis dans les montagnes Agrafa en Grèce ou quand j'étais glacée de vertige au bord d'un ravin dans le Vercors, Nell m'a parlé et m'a aidée à tenir bon. Elle m'a montré comment être courageuse. Quand j'étais fatiguée, elle me racontait des intrigues de films pour m'aider à terminer les derniers kilomètres : *Les Sept Mercenaires, Un homme est passé*. À Rome, elle connaissait déjà le Colisée par le cinéma : « Victor Mature est sorti par ce porche. » En Sicile, nous avons vu don Corleone partout, même chez les hommes d'affaires qui déjeunaient à côté de nous dans le café chic près de la fontaine d'Aréthuse où nous avons mangé des pâtes à la crème et aux crevettes en janvier, quinze ans après notre première rencontre, la porte ouverte pour laisser entrer le soleil et le bruit furieux de la mer. J'ai dit : « C'est ça, la vie », timidement ce jour-là, mais nous ne pouvions pas sourire, parce que nous étions sur le point de nous séparer.

Nous reviendrions en Irlande, proches. Puis les messages, les tensions du journalisme free-lance, les engueulades… Pourtant, j'aimais ses réveils toujours heureux, comme elle nageait vers la surface, bavardant sur ses rêves et engloutissant, encore à moitié endormie, le thé et le pain que je lui apportais. Tous les matins, je l'entendais chanter sous la douche. Quand elle était malade, elle était si humble. Et je la voyais venir à ma rencontre dans la rue, une femme formidable dans son jean et ses petites chaussures usées. Une fois, nous sommes allées à Belfast pour y passer une nuit, nous avons marché à travers les rues en plein carnaval et sommes descendues vers les quais où des grands voiliers étaient en visite et où la ville entière accourait pour les voir. Nous sommes tombées sur quelques femmes unionistes qui avaient vu Nell à la télévision – protestantes ou non, elles connaissaient le *Late, Late Show*. Nous avons flâné, heureuses d'être ensemble, elles intéressées par Nell, cette dernière fascinée par elles. Elles étaient devant moi : quatre ou cinq femmes d'âge moyen vêtues de cardigans pastel et de grandes chaussures beiges, leurs têtes tournées vers la petite Nell, qui, ravie, était au milieu. La plupart d'entre nous prenons simplement ce qu'on nous donne. Mais regardez-la, ai-je pensé, pleine d'énergie et d'arguments parce qu'il y a ici des femmes à qui parler, et de la politique pour en parler. Elle se disputerait avec le monde entier. Elle *s'est* disputée avec le monde entier.

Dans la maison familiale de Nell dans le Bogside, quand on s'asseyait sur le canapé dans la pièce de derrière, avec le grand poste de télévision grinçant dans son coin, sa mère entrait et sortait de l'office au beau milieu de ses corvées, tapotant son tablier, offrant au visiteur un flot d'anecdotes, d'idées et d'histoires tragiques ou comiques, des questions sur le monde, des dires et des discours sur ceci ou cela. Je n'avais jamais rencontré une telle charmeuse. Elle jouait sur le canapé avec ses petits-enfants, leur enseignait des hymnes, des chansons et la politesse envers les voisins, surtout envers les personnes âgées, leur donnait une idée de la façon dont les choses sont faites et l'ont toujours été. Le dîner, par exemple, de « poisson rouge » et de grands sacs de frites, ne serait pas correct s'il n'était pas servi à table accompagné de tranches de pain blanc, de beurre, d'oignons confits et de betteraves.

Parfois, je rentrais plus tôt dans cette maison, j'avais

besoin d'un peu de solitude, de retour peut-être de la maison d'une des filles où s'était rassemblée toute la famille – la grand-mère, les filles, les belles-filles, les amis, les petits-enfants – et où ils étaient tous installés devant la télévision avec leurs tasses de thé pour parler entre eux. Je pêchais la clé par la fente de la boîte aux lettres pour traverser le tunnel marron du hall, passer devant les bénitiers et entrer dans la petite pièce où la nappe était pliée sur le coin de la table, prête à être déployée, le tablier de la mère accroché derrière la porte, ses pantoufles bien alignées sous son fauteuil à bascule, et l'horloge à coucou ronronnant au mur. Je restais dans ce silence riche et éloquent, me disant que la famille savait exactement où se trouvaient, depuis toujours, les choses – cet ornement, ce flacon de pilules, le porte-monnaie de Lily, la carte de prières du padre Pio. Au début, j'ai tout vécu sous un angle sentimental. Après, je me suis sentie en dehors de tout cela.

Il y a eu un soir où la politesse de la famille McCafferty a été particulièrement importante pour moi. Aux alentours de 1994 a eu lieu à l'hôtel de ville un débat sur le féminisme et le nationalisme au cours duquel s'est produit un clash entre Bernadette MacAliskey et moi. La salle était pleine d'une foule de partisans. Ils étaient poussés par Bernadette qui rôdait sur le plateau derrière moi en roulant des morceaux de papier en boules pour me les lancer dans le dos avec force alors que je parlais. Je disais que le féminisme avait à voir avec le développement humain, et qu'il était donc incompatible avec les tueries. Je disais que la lutte armée était une des raisons pour lesquelles il n'y avait pas de solidarité féminine dans la totalité de l'Irlande. Que les femmes du Sud, selon moi, n'avaient que peu ou pas du tout de sympathie pour les femmes nationalistes du Nord. Que les hommes du Sinn Féin constituaient simplement une autre couche de patriarches parmi de nombreuses autres qui opprimaient les femmes en Irlande du Nord. Les femmes qui vivaient de thé et de biscuits apportaient des steaks à leurs maris en prison et les hommes trouvaient ça normal. Je regrette terriblement d'avoir fait cette dernière remarque insensible. Mais autrement j'ai patiemment supporté d'être fustigée par Bernadette et par des orateurs farouchement éloquents dans la salle. On m'a craché dessus alors que je sortais de l'hôtel de ville. C'est très important pour moi que, de retour dans la petite maison du Bogside, les McCafferty aient été le tact personnifié. Parce qu'ils ne comprennent pas pourquoi je suis ce que je suis, pas plus que moi je ne les comprends. Nous avons été marqués par des expériences historiques complètement différentes. Ils ne se drapent pas dans la vertu, et ils ne condamnent pas.

Nell et moi, nous étions en désaccord sur beaucoup de choses, et particulièrement sur la politique de l'île et, à partir d'un certain moment, nous n'en avons presque plus parlé de peur de nous disputer. Nous n'avions pas beaucoup de visites. Nous ne parlions pas beaucoup à la maison. Petit à petit, j'avais l'impression de perdre la faculté de parler naturellement. Au début, je ne m'en rendais pas compte. J'aimais ne pas parler. Mais quand j'ai eu la chance de pouvoir travailler pour le programme *Booklines* de la RTÉ, j'ai découvert que j'étais si rouillée pour les échanges les plus ordinaires que j'ai presque dû m'entraîner avant d'entrer dans la pièce où se réunissait l'équipe de production et avant de parler avec eux, parce que j'avais oublié comment on se comporte dans un groupe. Parfois, je partais avec des larmes de chagrin dans les yeux parce que, une fois de plus, j'avais tout fait faux – j'avais été trop bruyante, ou trop boudeuse, ou trop désinvolte. J'étais ridiculement sensible aux blessures infligées par les autres, et pas assez à celles que j'infligeais moi-même. Je n'étais même pas capable de me tenir tranquillement assise et de laisser venir un peu la conversation.

À l'étranger, nous parlions de tous les petits détails quotidiens. Un mois de mai chaud et pluvieux, nous sommes allées à pied de Volterra à Sienne. Nous nous sommes abritées sous des arbres dégoulinants tandis que la pluie trempait les têtes des coquelicots jusqu'à ce qu'elles se penchent et que les gouttes claires fassent briller les talus de violettes. La nuit venue, nous avons essayé de sécher nos bottes avec un sèche-cheveux. Un jour, au milieu d'une vallée pleine d'herbes d'un vert éclatant, nous sommes arrivées à une rivière. « Traverser le gué sur les pierres », disait le guide. La pluie avait fait monter la rivière largement au-dessus des pierres du gué. Nous avons enlevé nos bottes et nos pantalons et mis nos chaussures de jogging pour traverser, nous mouillant jusqu'à la culotte. Et nous sommes restées ainsi pour grimper de l'autre côté sur la terre mouillée jusqu'à arriver à un village : deux femmes d'âge moyen à moitié nues, les jambes rosies par le froid, couvertes d'herbe, de graines et de feuilles, riant comme des folles. Ce soir-là, nous nous sommes serrées dans un bain de quatre pouces d'eau. Nous avons recommencé à rire sans pouvoir nous arrêter.

À l'étranger, ce n'était pas important que nous ne parlions pas beaucoup. Nous lisions. Nous lisions les mêmes livres de poche en même temps, moi en me dépêchant pour arracher les pages une à une après les avoir finies afin de les lui donner. Je me rappelle qu'à Opatija – où nous sommes allées dans un ferry au départ de Trieste, à cause de Nabokov et d'une de ses nouvelles que j'aimais –, nous étions assises dans la chaleur de notre petite chambre derrière le *j* en métal de l'écriteau de l'hôtel *Opatija*, lisant solennellement la petite nouvelle *The Rich and the Beautiful*, nous passant une page après l'autre. Nous lisions tout le temps, même pendant les repas. Nous lisions les journaux locaux, les livres d'école des enfants ou des polars en français oubliés par d'autres voyageurs, s'il n'y avait rien d'autre.

Dans le meilleur souvenir que j'ai de nous, nous sommes en train de lire : l'une dans un petit lit sous le toit pentu en bois d'une mansarde, l'autre dans un petit lit coincé dans une alcôve en face. Nous étions dans une pension à Bergen, pour notre première nuit en Norvège. Nous avions traversé la ville déserte sous la douce pluie implacable d'un soir de la fin de septembre. Là, nous n'étions pas riches. Nous sommes restées devant un restaurant à regarder par la vitre des gens à qui on servait une bouteille de vin. « Vingt livres, au moins », avons-nous soufflé. Nous avons mangé chinois et bu du thé. Puis nous étions blotties dans nos lits, écoutant la pluie tambouriner sur le toit, regardant l'eau dégouliner sur les petits vasistas. Bien au chaud et complices, les troubles irlandais étaient oubliés. Nous étions entourées de petites lampes. La propriétaire devait les aimer, et nous les avions toutes allumées. La mansarde crépitante de pluie était remplie d'ombres et de lumières, et nous avions l'impression de voyager en voilier à travers la nuit.

XVII

And did you get what
you wanted from this life, even so ?
I did.
And what did you want ?
To call myself beloved, to feel myself
beloved on the earth.

Raymond Carver, « Late Fragment »

[Alors, as-tu obtenu
ce que tu voulais de cette vie, malgré tout ?
Oui.
Et que voulais-tu ?
Qu'on m'appelle bien-aimé, et que je me sente
bien-aimé sur la Terre.]

Rien ne m'obligeait à raconter ma vie. Je ne sais pas pourquoi cette histoire a tant voulu être racontée. Je pense, entre autres, que quelque chose a été déclenché en moi par le témoignage sur l'enfance de Brendan O'Donnell lors de son procès pour le meurtre du père

Walsh, d'Imelda Riney et de son petit garçon. Sa sœur a raconté les brutalités que Brendan a connues : il a vu son père casser les fausses dents de sa mère, sa mère essayer de sauter de la voiture tandis que Brendan hurlait pour qu'elle ne saute pas. Il a vu les raclées continuelles infligées par son père. Sa mère – qui allait bien avant de se marier – s'est effondrée. La mère et le fils tellement raccrochés l'un à l'autre qu'elle devait l'accompagner à l'école et rester dans le couloir jusqu'à ce que Brendan accepte de la laisser partir. Ce témoignage n'a même pas été publié dans *Clare Champion*, le journal local. Les eaux ont englouti une famille irlandaise de plus. Mes deux frères qui vivent en Angleterre ont été privés de la plus petite chance dans la vie dès leur enfance, tout comme Brendan O'Donnell. Peut-être ce procès a-t-il réveillé ma souffrance et ma propre colère.

Il est possible que je me fasse des idées. Ce qui importe c'est peut-être que j'aie pensé pour la première fois écrire sur moi quelques jours avant Noël. Noël est une période où nous sommes agités par de puissants sentiments. Et ce Noël allait être mon premier Noël en solitaire. Le tout premier. Il n'y avait même pas une personne spéciale que des circonstances m'auraient empêchée de rejoindre ce jour-là. Depuis que Nell et moi étions séparées, il n'y avait personne de tel. Je n'étais pas absolument seule, bien sûr. Je devais parler avec mes sœurs au téléphone, et j'allais recevoir d'autres coups de fil. Mais je n'étais liée à personne. À plus de cinquante ans. Je ne pouvais pas m'empêcher de revenir sans cesse à ce simple constat ni de l'affronter. Je n'étais pas malheureuse. Mais je continuais de penser – parfois avec surprise, parfois comme une simple observation, parfois prise de panique : « Tu es toute seule. Tu es toute seule. »

Que s'était-il passé ?

Je sais que ce n'est pas une tragédie. Le matin de Noël, j'étais dans le Clare, je gravissais la côte à la rencontre d'une amie qui m'accompagnerait à Ballyvaughan. J'allais passer la journée à traverser à pied les Burren pour retrouver ensuite ma voiture. Soudain, j'ai entendu ma voix à la radio. J'avais enregistré un petit texte pour l'émission *Miscellany* de ce matin-là, où je parlais des lumières et des couleurs merveilleuses des Noëls de mon enfance, et comment cette magie m'avait pour toujours insufflé la phrase « et qu'une lumière perpétuelle brille sur eux ».

Et c'était ainsi. Mais ma jolie filleule est morte à l'âge de huit ans. Je l'imagine, bercée quelque part dans un rayonnement doré. Et le mot « perpétuel » signifie qu'elle est partie dans cette lumière pour toujours. Pour toute l'éternité. Sa souffrance, son vain courage – tout cela pour rien. Ce qu'elle a traversé, ce qui a été perdu quand elle est morte – voilà ce qu'est une tragédie. Ou mon frère, qui a été envoyé chez moi à Londres il y a si longtemps pour que je m'occupe de lui (il n'y a pas de Noël sans passage en revue de la famille). C'est un adulte maintenant, avec sa propre vie. Mais je vois en lui un enfant qui souffre. Il a terminé ainsi une lettre qu'il m'a écrite sur les souffrances de son enfance : « Je n'accuse personne, je ne déteste personne. Seulement moi. » Seulement lui-même. Ça, c'est une tragédie. Et il n'est qu'un de ces Irlandais qui sortiraient d'Angleterre en trébuchant et en se frottant les yeux d'étonnement s'il existait un moyen de revenir sur le passé. Et c'était comme ça dans le monde entier – j'étais rentrée quelques semaines avant Noël de Manille où j'avais écrit sur le tourisme sexuel et les enfants sur le marché du sexe. J'étais encore emplie de tout ça.

Je sais parfaitement que je n'inspire pas la pitié dans un tel monde. Et j'avais organisé la journée de manière à empêcher toute bouffée de pitié envers moi-même. Mais il ne faut pas non plus sous-estimer ce problème. Des millions de gens, en dehors de moi, ont pensé qu'un autre être humain était ce dont ils avaient besoin pour combler leur vie et pour combler celle de l'autre – que, ensemble, on peut découvrir le meilleur côté du monde et le meilleur de soi-même. Il n'y a pas longtemps, j'étais en Hollande, où j'ai pris le train pour visiter un musée en plein air, avec des canards, des pommiers et des vieilles cabanes de pêcheurs. Soudain, une pluie très fine s'est abattue sur l'endroit dans une brise douce. Je voudrais être avec quelqu'un ! ai-je crié intérieurement. C'est ridicule de se balader toute seule dans un musée en plein air ! Je me sens pleine à ras bord d'expériences qu'il est maintenant trop tard pour partager. Avant de rencontrer Nell, je n'avais pas de vrai compagnon avec qui m'émerveiller du monde. Une fois, j'ai entendu ses pas s'arrêter derrière moi sur la route de la forêt au-dessus de Glendalough. Quand je me suis retournée, elle était immobile, bouche ouverte, en train de regarder un oiseau qui, de son bec, déchiquetait un escargot sur un rocher. À Paris, nous avons trouvé le porche sous lequel est née Édith Piaf. Nell a quitté la rue à reculons, comme une enfant, incapable de s'en aller. Il y a des choses que j'ai vues à travers son regard étonné. Je pouvais aussi lui raconter comment j'avais vu les choses quand elle n'était pas là : « Le bateau pour Paros est entré dans les autres îles et en est ressorti en se dandinant », par exemple. « Comme la camionnette du laitier en train de distribuer ses bouteilles. »

Qu'ils sont courageux, les veufs et les veuves ! Les gens ont tellement de ressources, et ils emportent tant de secrets avec eux ! Il ne s'agit pas de sexe dans ce besoin de partage avec quelqu'un. Il s'agit de création. Même s'il reste le mystère de savoir ce que signifie être « ensemble ». L'automne dernier, je suis allée dans un village des Pyrénées. Il était petit et calme. Le soir, sur la place devant l'église, quelques adolescents, garçons et filles, ont joué à un jeu qui ressemblait au badminton. Ils ont continué de jouer alors que la nuit tombait, s'interpellant doucement jusqu'à ce qu'il fasse trop noir pour distinguer le volant blanc et brillant. Cela n'aurait pas été différent si quelqu'un avait été avec moi pour regarder par la fenêtre de l'hôtel. Mais le tableau aurait été achevé : nous, ici, et la scène là-bas. Au lieu de cette chose brisée avec moi, toute seule, consciente de ma solitude, qui regardais cette charmante scène.

Quand je suis avec ce couple, mes amis les plus proches, je les entends rire et parler au lit, et quelquefois au milieu de la nuit, l'un d'eux descend faire du thé, et quand le réveil sonne au matin, ils recommencent, ils se parlent l'un à l'autre.

Que s'est-il passé pour moi ?

Ma journée de Noël était intelligemment organisée. Je me suis fait des sandwiches de luxe – avocats et bacon. Je les ai mis dans un panier avec une thermos de café pour moi, ainsi qu'une bouteille d'eau et une boîte de nourriture pour chien gourmet pour Molly, mon colley bâtard. Quand mon amie nous a déposés sur la route verte de l'autre côté de la colline au-dessus de Ballyvaughan, la chienne a sauté et couru dans ce paysage craquelé de gel, clair et brillant dans le soleil d'hiver. Il n'est pas possible de ne pas être reconnaissant de tout notre cœur devant un tel ciel, haut et bleu, et devant l'immensité de cette vallée étincelante. Quelle bonne idée d'être là ! Mais, intérieurement, je ne croyais pas en ma sagesse. Tout en aimant ce que je faisais, je n'y croyais pas. Comment puis-je être aussi raisonnable ? ai-je pensé. Serai-je capable de rester aussi positive ? Que se passera-t-il l'année prochaine ?

Que s'est-il passé pour rendre mon bien-être si précaire ? J'ai essayé dans ce livre de comprendre la manière dont a fonctionné ma vie. Et bien que ce que j'ai écrit soit personnel, une partie de ma situation difficile est générale. D'autres personnes que moi font face aux défis de l'âge moyen et aux défis de la solitude – qui, je le sais, existe aussi dans une relation –, de même que l'endroit où j'ai grandi et les influences que j'ai subies ont affecté plus de gens que moi. Mes professeurs me disaient : « Mademoiselle bloc-notes ! Tu n'es rien d'autre qu'un bloc-notes ! » Mais quand des adultes rembarrent leurs enfants et leur disent de ne pas faire attention à eux, que font-ils, les adultes ? Pourquoi veulent-ils que l'enfant reste tranquille et s'en aille ? Des femmes célibataires d'âge moyen ne sont pas supposées attirer l'attention non plus. Qui a envie de les connaître si aucun compagnon ne dépend d'elles ? Si elles ne sont la mère de personne ? La femme de personne ? L'amante de personne ? Si elles ne sont ni célèbres, ni influentes ? Mes problèmes sont banals uniquement parce que tant de personnes les partagent.

L'époque et la culture dans lesquelles j'ai grandi m'ont promis que quelque part dans la création il y aurait une autre personne – mon autre moitié – qui marcherait vers moi. Cette personne me découvrirait. Mais une femme qui a dépassé l'âge où elle peut être considérée comme une partenaire sexuelle est à peine visible. Elle devient une silhouette. Personne ne la regarde de près. Elle pourrait devenir une « personnalité » – en Irlande, au moins. Mais être regardée avidement parce qu'à n'importe quel moment on pourrait faire rire tout le monde c'est une parodie de l'attention qu'on nous porte lorsqu'on est désiré. Durant la première partie d'un long voyage, j'ai rencontré deux vieilles dames dans un train en Californie. Elles étaient à la recherche franche, pour ne pas dire grossière, d'un mari. En Irlande, à partir d'un certain âge, on n'est pas censé parler d'amour. La vie nous apprend pourtant à apprécier l'amour de plus en plus. L'amour humain, si vous réussissez à en avoir. Et, si ce n'est pas le cas, vous n'avez qu'à espérer que d'autres amours vous conduiront jusqu'à la fin – l'amour pour une maison, un jardin, un pays, un travail toujours mieux fait, l'argent, ou des animaux. Mais comment donner à ces amours-là la place de l'amour pour un être humain ?

La chienne m'attendrissait. Elle n'arrivait pas à croire à sa chance en ce jour de Noël. Elle courait sur le chemin devant moi, pour ensuite revenir s'accroupir à mes pieds, me regarder dans les yeux de sa manière douce et pleine d'espoir, pour vérifier que nous étions toujours engagées dans cette activité merveilleuse. Nous avons continué notre chemin derrière Newtown Castle, sous le flanc de la colline, et puis nous avons grimpé la petite route vers la crête où se trouve une vieille forteresse, pour nous asseoir sur des pierres qui brillaient sous le givre et y pique-niquer. Cette nuit-là, j'ai regardé autour de moi dans la chambre du cottage : Molly dormant profondément sur le dos, les quatre fers en l'air, son ventre rose offert ; Hodge, le chat, regardant, immobile, la flamme de la bougie de Noël. J'aime ces animaux beaucoup plus que je ne voudrais le dire. Mais ce ne sont pas des enfants.

Rob a un enfant. Il m'a appelée de temps en temps ces dernières années, en général quand quelqu'un que nous avions connu tous deux était mort. « Je n'ai pas pu aller à l'enterrement, j'ai dû récupérer mon fils à l'école », disait-il par exemple, ou : « Je l'ai vu pour la dernière fois quand j'ai fait un tour à vélo avec mon fils. » Un jour de l'année dernière, alors que j'étais à Londres, il m'a invitée à déjeuner. Je voulais le revoir tant que j'avais encore mes vraies dents. Je suis donc allée chez lui, j'ai bavardé avec lui dans la grande cuisine familiale tandis qu'il préparait le repas, et puis quelques amis sont arrivés et il a débouché des bouteilles de vin, et puis sa femme est rentrée du travail, accueillant chaleureusement tout le monde, et finalement personne n'avait envie de retourner travailler. Puis lui et sa femme ont penché leurs têtes pour parler doucement de quelque arrangement domestique. Elle a ensuite disparu un instant. J'ai vu que Rob regardait vers la porte. Puis – c'était comme si la densité de l'air dans la pièce avait changé – un petit garçon aux cheveux clairs, dans son uniforme usé d'écolier, s'est arrêté sur le seuil. Il a levé le visage vers son père avec l'espoir de ne pas être obligé de dire bonjour à tout le monde. Cet être, qui attendait d'être libéré pour courir s'asseoir devant le téléviseur, était d'une autre espèce que nous, les adultes, autour de la table. Sa tête, ses doux cheveux, la cravate de l'école mal nouée autour de son petit cou : plus on le regardait, plus on comprenait pourquoi son père avait envie de le mentionner dans chaque phrase qu'il prononçait, pourquoi il avait envie de dire « mon fils, mon fils ». Il nous a raconté – dans un chuchotement, mais plein de confiance – que l'équipe d'Arsenal allait gagner la coupe. Puis son père lui a fait un signe de tête et il s'est éclipsé.

J'aurais été une très mauvaise mère durant presque toute ma vie. Mais je serais une bonne mère maintenant. Trop tard. Parfois, je dois détourner le regard quand je vois des petits enfants sautillant sur place pendant que leurs mères essaient de leur enfiler leurs petits pulls, ou se parlant à eux-mêmes, appuyés contre la vitre du bus en face de moi. Ils sont tellement beaux, c'est insupportable. Mais, à d'autres moments, je vois ce qu'on leur inflige. Une année, sur une plage élégante dans le Sud de la France, j'ai vu un père balancer son petit garçon terrifié au-dessus de l'eau, le plonger dans les vagues. Épuisée aussi bien par ma propre couardise que par la pitié et la colère, je pense parfois, après un tel épisode – et c'est la vérité – que je veux juste en finir avec tout cela. Mais le plus souvent, une force vitale en moi se manifeste bruyamment. Les gens regardent les femmes d'âge moyen et parlent de frustration sexuelle. Mais qu'est-ce qui a été frustré ? Est-ce que la vie d'une femme est dominée par deux marées hormonales, l'une se retirant à l'âge moyen, tandis qu'elle lui court après sur la plage ? Les enfants qu'elle n'a pas eus, est-ce qu'ils l'appellent intérieurement ? On a la sensation que le corps voudrait que quelque chose commence. Ce n'est pas la sensation d'un adieu. Les gens disent sans réfléchir : « Oh, ce qu'il lui faut, c'est du sexe. » Ce serait une belle distraction. Mais le désir est aussi bien dans la tête et dans le cœur que dans le corps.

Le corps est là où il s'exprime. Il y a quelque temps, j'ai tapé le premier paragraphe d'un texte que j'ai qualifié de « roman ». Il n'y avait que quelques lignes :

Parfois quand elle se réveille la nuit et qu'elle s'étire, ses mains glissent le long de ses seins, et elle est piégée par la sensation de leur douceur avant de pouvoir l'éviter. Elle se voit alors comme d'en haut. Une femme d'âge moyen sous une couette, dans un lit, dans son espace à elle à la surface de la planète qui tourne, pressant contre sa propre épaule son visage tourmenté par l'angoisse du corps solitaire. Elle plisse les yeux de honte, comme si quelqu'un pouvait entendre son gémissement. Parfois, elle laisse glisser ses mains le long de ses côtes, se caresse le ventre, se frotte les cuisses de ses mains inutiles. Elle a un bourrelet de graisse autour des hanches. Mais elle est toujours souple. « Je suis toujours une femme ! » dit-elle.

« Utilise-moi ! Cherche quelqu'un qui m'utilise. Ou laisse-moi devenir vieille – vite, vite ! »

Elle réclame, je pense, non seulement les plaisirs physiques mais aussi de ne pas devenir invisible, au moins pour Dieu.

Ce qu'on regrette, ce sont les souvenirs du naturel éprouvé avec un autre, cette aisance avec soi-même, cette complexité de l'imagination enfin dans une harmonie parfaite. Je suis passée par une période, il y a trois ou quatre ans, où je voyais l'amour partout. J'ai vu deux beaux touristes d'âge moyen – peut-être des Italiens – vêtus d'imperméables blancs se mettre à courir en riant, bras dessus bras dessous, quand une ondée s'est abattue sur Nassau Street. J'ai vu un homme d'âge moyen avec qui je travaille poser un baiser sur la tête de sa femme d'âge moyen alors qu'ils attendaient pour traverser Eden Quay. Je voudrais avoir quelqu'un qui m'a connue jeune pour qu'il suive avec une tendre familiarité les lignes qui se sont formées sur mon visage. Et j'ai envie aussi d'être folle de quelqu'un. Je voulais plus de temps ! Et j'aurais voulu effacer du temps, du temps mal employé !

Le temps. Je remarque chaque jour les détails physiques de l'âge mûr. Les excroissances transparentes qui se sont formées sur la peau de mon cou. Le premier poil blanc dans mes sourcils. Des taches sur mon ventre qui ne bronzeront plus jamais. Je vois des gens de mon âge chérir leurs parents. Rien ne leur semble trop grand pour les aider. Si ma mère avait vieilli, et si j'avais été capable de l'aimer, serais-je capable d'aimer mon propre corps maintenant ? Si j'avais eu des enfants ? Comment les gens s'arrangent-ils pour aimer leur moi vieillissant ?

Comment se convaincre d'accepter son destin ? J'étais aussi chanceuse que n'importe qui dans le pays ce jour de Noël, et je le savais. Nous sommes descendues de la crête, la chienne et moi, glissant sur le chemin verglacé, et nous avons traversé la rivière tumultueuse au bout de la vallée. Nous avons ensuite repris notre chemin de l'autre côté à travers la neige crissante qui s'était amassée derrière les murs en ruine et les bouquets d'arbres, là où elle se conservait. Dans cet air parfait, nous avons chantonné énergiquement. Nous étions à mi-chemin de la maison. Tout comme je le suis, moi. « *Nel mezzo del cammin.* » De retour au cottage à la tombée de la nuit, j'ai empilé de la tourbe dans la cuisinière. J'ai chatouillé le petit coussin de velours rond formé par Hodge pour le réveiller. J'ai débouché du vin. Mes voisins ont vu la lumière s'allumer et à ce signal ils m'ont envoyé une de leurs filles avec un plateau où trônait un dîner de Noël enveloppé dans des torchons. Je m'étais gardé une nouvelle de Henry James que je n'avais jamais lue pour accompagner mon repas. Il n'y avait personne sur terre avec qui j'aurais préféré parler plutôt que de lire *Madame de Mauves*. J'étais bien au chaud. J'ai pleuré en écoutant la musique de Noël à la radio – bon, c'est presque sa raison d'être. Et j'avais sommeil : c'est pour cette raison que j'avais marché si loin. J'avais tout. La seule chose dont j'avais besoin, c'était être capable de me convaincre que je n'étais pas pitoyable parce que j'étais seule. Et qu'il n'y avait aucun mal à avoir tout cela.

« Je ne veux pas vivre ainsi ! » ai-je crié une fois à Nell pendant une dispute. « Je veux vivre comme Colette ! » Malgré notre scène, nous nous sommes mises à rire toutes les deux. Je ne suis pas Colette. Mais il me tarde d'avoir un peu de son talent pour vivre, maintenant que j'en ai tellement besoin. Colette était septuagénaire quand elle a écrit que l'amour, un des grands lieux communs de l'existence, quittait lentement la sienne. Que l'instinct maternel était un autre grand lieu commun. Qu'une fois que nous les avions laissés derrière nous, nous découvrions que tout le reste était gai et varié. Mais qu'on ne laissait pas tout cela derrière soi comme et quand cela nous plaît.

Je ne peux pas être d'accord avec elle (pas encore, pas encore) quand elle dit que la vie sans amour est gaie et variée. Maintenant des femmes mûrissantes écrivent avec insistance sur les joies de l'après-ménopause. Nous sommes censées devenir des sorcières bienveillantes. Pour moi, cela n'a aucun sens. Je suis allée, il y a quelques années, à une conférence de Germaine Greer à Dublin, dans l'espoir de trouver une inspiration dans sa vision d'une nouvelle poussée de vitalité aux alentours de la cinquantaine. La salle était pleine de femmes aussi avides que moi, je suppose, d'écouter quelqu'un qui parle de notre condition biologique et culturelle. Ça valait la peine d'y aller, déjà pour la voir parce qu'elle est si belle et si sûre d'elle. Mais elle a choisi, comme le font les prima donna, de tromper les attentes. Elle a donné une conférence académique plutôt ennuyeuse. J'ai besoin d'un prophète plus vraisemblable. Je veux pouvoir croire qu'il ne faut pas avoir peur de l'âge avancé.

Heureusement, dans la vie réelle, les petites choses rendent les gens très heureux. Je le vois dans l'indolence qu'ils ont à venir ouvrir la porte parce qu'ils étaient confortablement installés devant la télévision, ou dans l'empressement avec lequel ils tendent le bras vers l'étagère dans la maison de la presse pour prendre le tout dernier magazine de jardinage ou le *Gramophone*, l'ouvrant alors qu'ils font encore la queue pour payer. Les hommes ne vivent pas dans un seul état d'esprit. Je suis aussi souvent heureuse que malheureuse. Et si je ne sais pas ce qui fait ma solitude, ce n'est en tout cas pas le manque de compagnie. J'ai dans ma tête la « compagnie des amis » de Yeats. J'ai des compagnons imaginaires aussi réels que les caissières de chez *Dunnes Store*, ou le voisin qui sort devant sa porte pour fumer une cigarette. « Rat de bibliothèque », c'est ainsi qu'on m'appelait à l'école. C'est vrai. J'ai creusé mon chemin à travers mes lectures, et personne ne pourra jamais me les enlever.

La musique en revanche est un élément autrement dangereux. Elle peut me surprendre, m'atteindre avant que je puisse l'arrêter. Particulièrement la voix humaine, et surtout les voix qui se mêlent dans des septuors, des quatuors ou des duos. Des voix qui s'implorent, qui se résistent, qui jouent l'une avec l'autre. Même dans la musique pop ce sont les voix à l'unisson – Dolly Parton et Kenny Rogers, Sarah Brightman et José Carreras – qui servent de catalyseur. J'écoute, dans l'état que Martin Amis appellerait un « miasme de vieille fille », *Les Pêcheurs de perles*, *Madame Butterfly*, *Roussalka* implorant la lune, des comtesses pleurant l'amour passé. Cette remarque romantique provient de la culture qui m'entoure, veut m'atteindre, essayer de me perdre. Le trio à la fin du *Chevalier à la rose*, où la femme plus âgée tourne le dos à l'amour dans son couplet d'acceptation et de renoncement d'une relation complexe avec les vers extatiques chantés par Octavian et son jeune amour tout neuf, me terrasse chaque fois de chagrin. Excepté une fois, quand un petit chat bizarre a montré sa tête dans l'entrebâillement de la porte au moment où je l'écoutais. Le chat n'a rien fait d'autre que jeter un œil à l'intérieur, alerte. Pourtant, il était si différent de cette musique, si réel et si présent, il a apporté un monde si différent du monde de l'émotion humaine, de l'art humain et de la performance humaine, qu'il a éloigné le pouvoir de la musique.

Ce jour de Noël, j'avais mobilisé toutes mes ressources. La santé. Des paysages. Des amis. À manger et à boire. Un livre, et de la musique. Et mon chat et ma chienne. Ces petits êtres me sauvent beaucoup plus par leur reconnaissance ou par leur drôlerie que par leur simple compagnie. Ils m'ont donné la mesure de ce qui manquait chez mes parents. Je n'aime ni ma mère ni mon père quand je pense à eux par rapport à ces animaux. Hodge est assis replié sur lui-même, parfaitement immobile, le regard plissé et fixé dans le lointain de ses yeux dorés – un sphinx minuscule, somptueux. Il a la tête comme une petite balle, le corps comme une grosse larme de velours, des pattes larges et innocentes, une grosse queue. « Miaou ! » crie-t-il quand il a faim, comme le chat dans le sous-sol de Molly Bloom. Il se laisse tomber dans le sommeil. « *Eck ?* », dit-il doucement, quand il est à moitié réveillé, « *eck ?* » – « Sors ce chat d'ici», voilà ce qu'aurait dit ma mère ou mon père.

Je considérais comme normal qu'ils aient si peu de tendresse pour nous. Ils me l'ont fait admettre, autant à moi qu'à mes frères et sœurs. Mais je suis capable de sortir de ma passivité quand je pense qu'ils n'auraient pas eu de tendresse pour Molly ! Ils auraient dit : « Tu ne t'attends pas que je fasse attention à cette chienne, non ? » Molly qui, quand quelque chose dans la rue lui fait peur, rentre en courant à ma recherche, peut-être devant l'évier ou la cuisinière, pour presser son petit corps contre mes jambes en quête de protection. Et je pense pour la première fois – je me permets cette idée – qu'est-ce qui fait que mon père et ma mère n'ont pas prêté plus attention aux petits enfants autour d'eux ? Comment ne les ont-ils pas pris dans leurs bras, ne les ont-ils pas consolés ? Comment mon père a-t-il pu battre des fils sans défense avec une ceinture de l'armée ? La chienne prend ses bouts de bois et ses cailloux et les arrange entre ses pattes pour pouvoir les surveiller dans son sommeil. Ces animaux me donnent une idée de ce que nous devons aux êtres sans défense. Quand je rentre à la maison, la chienne m'attend parfois derrière la porte d'entrée. Le chat se glisse dans le couloir quand il entend la clé, lève sa petite tête vers moi, cligne de ses yeux dorés et miaule avec candeur. Quand je rentre, je sens que dans la maison il y a un air de souffrance, comme dans notre maison à Clontarf. Maman prenait ses messages quand elle faisait sa visite rapide au pub à midi, pour se cuirasser contre papa qui se levait dans l'après-midi. Les enfants à la maison, sans forces, devaient attendre les messages. Si je voulais tourmenter ma chienne et mon chat, ils ne pourraient pas se défendre.

Le mieux à faire c'est sortir. Ce jour de Noël, j'ai fait ce que faisaient mes parents à Bray Head, à Howth ou à Inishowen quand ils étaient jeunes et beaux et que tout allait être bien. Je me suis assise sur un promontoire pour regarder le monde. La chienne et moi, nous étions accotées contre un mur au-dessus de Fanore, dominant comme des conquérants l'horizon au bout de cette île dans une brume scintillante où se confondaient la mer et le ciel. Les contours turquoise d'Aran s'étiraient sereinement au loin. On peut toujours aller au-delà. Chaque fois que je quitte Dublin en direction de Naas, de Maynooth ou de Swords – à la recherche de quelque chose pour moi seule, avec personne d'autre que moi-même dont m'occuper, la radio allumée, de l'essence dans le réservoir et de l'argent dans mon sac –, je suis persuadée que c'est la meilleure chose à faire. J'en suis toujours consciente, et remplie d'une reconnaissance muette. Et je me demande souvent si c'est par hasard ou par un destin inconscient que je fais exactement ce que faisait mon père. Il avait l'habitude de disparaître une fois par semaine pour écrire sa page pour *The Sunday Press* intitulée « Sur la route avec Terry O'Sullivan ». Et, plus tard, quand il écrivait son « Dubliner's Diary », il ne se limitait pas non plus à Dublin. Il faisait partie intégrante des événements qui sont devenus son milieu : le Festival de la rose de Tralee, le Festival de l'huître de Galway, le Festival de la chanson de Castlebar. Quand des secrétaires honoraires dans les halls d'hôtels se dépêchaient pour venir à sa rencontre le saluer avec une serviabilité extrême, claquant des doigts pour faire porter le sac de Terry, pour faire élaborer le cocktail préféré de Terry, on aurait dit qu'il avait besoin d'être soudoyé pour être là. Mais, en dépit de son ton enjoué et impersonnel, il était là par amour. Il avait un amour excessif pour l'Irlande. Et je récolte ce qu'il a semé pour moi, en cela comme dans bien d'autres choses.

Il y a tant de choses à découvrir. Je suis tombée sur une œuvre d'art installée dans une maison déserte sur une route de campagne tranquille, entre Belturbet et Clones, dans ce pays mystérieux où on ne sait pas où se trouve la frontière. C'était une journée de fin d'automne, silencieuse et fauve. La maison avait été laissée ouverte pour tous les passants. Mon cœur battait fort quand j'ai poussé la porte pour pénétrer dans le silence des pièces. L'artiste avait couvert le mur de la cuisine avec des chaussures, des chaussures portées dans lesquelles s'était accumulée une poussière bleue. Les marques sur les chaussures – les talons usés de façon inégale, des bosses faites par les orteils, les fissures où le pied et le cuir se sont arrangés entre eux – étaient pitoyablement fidèles à la nature et au poids humains de ceux qui les avaient portées. Il y avait des marques sur les murs en crépi grossier et, en haut de l'escalier en pitchpin, des enveloppes de vieilles lettres et des étiquettes à bagages d'émigrés. Une chambre était décorée avec des draps disposés comme une voile. Dehors, des champs de laîche, des joncs et des saules en broussaille, et tous les gens partis... Quand j'ai fait démarrer la voiture pour m'en aller, une cassette de Bach s'est mise en route que j'ai éteinte – rapidement – parce qu'une telle élégance provocante n'est pas décente. Pas pour cette Irlande. Mais n'est-il pas merveilleux que ce qui était dans cette maison était modelé et truqué, et non pas incohérent, comme la souffrance ? Ces transformations soudaines ont lieu tout le temps en Irlande ; elles existent pour moi.

Je sortirai pour voir de telles choses. Ou plutôt – les choses se feront voir toutes seules. Je voudrais pouvoir me souvenir parfaitement des vitraux de Chartres, mais je me souviens, en effet, avec exactitude, de la surface gluante d'une table de café à côté de la gare. J'étais seule à Dubrovnik, à la saison des pluies torrentielles. Je me souviens bien de l'aspect de la ville. Mais ce que j'ai vraiment vu, alors que j'attendais le bus à côté d'un terrain vague, c'est la pluie s'abattant sur une flaque en face de moi. Une fois, je suis montée en bus dans une petite ville au nord de Toronto. J'y ai passé un week-end avant de reprendre la route pour un autre endroit. J'y ai trouvé une chambre dans un de ces hôtels habituellement mortels pour hommes d'affaires – avec des fenêtres panoramiques fermées, un restaurant sombre et vide derrière le hall résonnant faiblement de la musique de Muzak, une piscine sentant le chlore, et un ou deux représentants de commerce derrière une vitre, suant en silence dans la salle de gymnastique. C'était une ville de deux ou trois rues qui avait servi aux colonisateurs du XIXe siècle et aux paysans d'avant-guerre, et qui n'a plus aucun rôle à jouer aujourd'hui. Le temps était moche et froid. Je n'avais rien à faire. Mais j'ai marché, heureuse, dans ces rues aux petites maisons dont les volets sont gris hiver. C'était un endroit sans intérêt. Mais il semblait avoir une signification. Et parfois les choses ont une telle signification que je reçois comme un choc électrique – comme lors de ma première visite à Athènes, quand j'ai ouvert les volets de ma chambre d'hôtel et que là, flottant à l'horizon, il y avait – surprise totale – le Parthénon, doré sur fond bleu marine.

Peut-être les lieux sont-ils pour moi ce que les livres ont été pour ma mère ? Ils sont tous pleins de promesses. Ils soulagent un peu du regret de toutes les vies que je n'ai pas eues.

Ce qui se trouve là-bas sera mon partenaire. Ce que j'écris à ce propos sera le rapport de notre relation. Là où j'étais assise au-dessus de l'Atlantique, cet après-midi de Noël, devient presque une illustration. Derrière moi, là-haut dans les Burren, rien ne se tient. Il y a un site funéraire préhistorique. Il y a un village abandonné pendant la Famine. Il y a une minuscule église du XIIe siècle. Il y a un puits sacré. Il y a un monticule de coquilles à côté d'un trou à cuisson. Chaque chose est elle-même, discrète : proches l'une de l'autre, faites de la même matière, sans pourtant se rejoindre jamais. C'est ainsi qu'a été la vie que j'ai décrite ici. Il n'y a pas eu d'accumulation suivie : tout s'est passé en des moments séparés.

Mais, en face de moi, il y a un panorama : vide, mais indiciblement vaste. Entre les deux – le paysage de pierres et l'air bleu et le large –, c'est là que je suis.

Postface

C'est ainsi que s'est terminé un jour de Noël. Pour le Noël suivant, cette histoire de ma vie – écrite pour moi, comme pour venir à bout de moi-même – avait tout changé. Elle avait toute seule empli le vide qui m'aurait sans doute attendue.

Le coup de théâtre final de mon histoire, c'est que le livre est instantanément devenu un best-seller. Plus qu'un best-seller – un épisode plein d'émotions, en fait, de la vie publique, en Irlande. Il a eu une telle importance pour quelques lecteurs que, quand j'allais dans des librairies à des séances de signature – jamais je n'avais imaginé faire cela un jour –, il ne s'agissait pas d'un événement littéraire. C'était comme si les gens venus à la signature et moi nous nous connaissions déjà intimement. Pendant un certain temps, après avoir parlé du livre à la télévision, je ne pouvais presque pas marcher dans Dublin entre chez moi et la maison de la presse, parce que des gens sautaient de leurs voitures pour m'embrasser, ou s'arrêtaient pour me parler d'eux, ou couraient derrière moi pour me dire que, si je pouvais les attendre une minute, ils iraient dans un magasin en acheter un exemplaire afin que je puisse le signer.

La perturbation causée par la publication a duré six mois. À la fin, la semaine avant Pâques, *On s'est déjà vu quelque part ?* a été remplacé sur la liste des meilleures ventes par un autre livre, après vingt semaines en première position. Ce jour-là, le Vendredi saint – le jour où j'ai vu dans le journal que mon livre commençait à perdre de son éclat –, je me suis sentie autorisée à retourner à ma vie privée. À monter et à descendre ma rue dans ma peau de personnage anonyme qui regarde partout autour de lui. À ce moment-là, j'avais accepté que quelque chose d'extraordinaire ait eu lieu. Mon compte rendu vertigineux sur moi-même avait été réimprimé encore et encore. Ce n'est pas le nombre d'exemplaires vendus qui a changé ma vie. Mais le fait que ce que j'avais cru si personnel s'était révélé avoir tant d'importance pour d'autres. C'est cela que j'avais à assimiler.

Quelque chose s'était passé entre ce livre et les gens qui l'avaient lu. Alors que, quand j'étais assise à ma table de cuisine afin de trouver les mots pour dire mon histoire, je n'avais guère pensé aux lecteurs. Je n'ai jamais eu en tête l'image de quelqu'un en train de lire un livre à mon nom. Mais les lecteurs ont insisté pour que je les voie. Ils m'ont offert des images d'eux dans des petits mots glissés sous ma porte, dans des lettres qui m'étaient adressées dans les journaux, dans des lettres envoyées chez moi ou chez mon éditeur. Des centaines et des centaines de lettres. Oui, même une en provenance d'un refuge au Népal. En provenance de cuisines, de chambres ou de fauteuils près de la cheminée où des femmes et des hommes que je ne connais pas ont passé toute une nuit – avec moi, pour ainsi dire – à me lire. Des lettres sont venues de Trinidad, d'Australie, de Chine et de Chicago. Et de Rome, d'un jésuite que j'avais connu jadis et qui avait lu mon livre entre deux confessions.

*J'avais mon après-midi hebdomadaire de présence (*CONFESSORE, DIREZIONE SPIRITUALE*, dit l'inscription au-dessus de mon bureau) dans un coin de l'église de la plus grande université d'Europe. J'ai profité de chaque minute libre que me laissaient les jeunes Italiens bavards (qui aiment se confesser et qui approfondissent la foi et d'autres questions surtout avec un étranger) pour poursuivre la lecture de votre histoire.*

Des lettres sont venues de gens qui brossaient des tableaux que je trouvais parfois difficiles à supporter :

Je lis un peu de votre livre tous les soirs – ça fait partie de mon rituel familial. Ma plus jeune fille, âgée de cinq mois, va au lit (les bons soirs) vers huit heures et demie. Je blottis son petit corps contre moi, mets une couverture sur elle pour la protéger de la lumière, lui donne le sein, et dans ma main libre je tiens votre livre pour le lire.

Je n'avais jamais envisagé d'être aimée à ce point-là. Quand j'ai appelé mes Mémoires *On s'est déjà vu quelque part ?* c'était surtout pour devancer les gens hostiles qui auraient pu dire de moi écrivant sur moi-même : pour qui se prend-elle ? Je n'aurais jamais imaginé éveiller cette chose qui ressemble à l'amour.

Je sens bien qu'une partie du sens de ce mot « amour » explicite ce qui s'est passé. Cette semaine de Pâques, le Vendredi saint, en revenant à pied du centre de Dublin, si je suis entrée dans l'église catholique démodée devant laquelle je passe tous les jours, c'est en partie pour rendre hommage à la chrétienté, et en partie pour essayer de tirer un trait sur cette part de ma vie. Il y a l'espace suffisant pour penser dans ces églises immenses, qui ne sont que des coquilles vides jusqu'à ce que la foi des gens les emplisse. Un prêtre était en train de mener un troupeau de petits garçons à la répétition de quelque cérémonie : on porte la bougie ici, maintenant on prend le livre, puis on passe derrière l'autel… Le travail ecclésiastique habituel. Alors qu'ils se précipitaient et chuchotaient, le tabernacle restait ouvert. Dieu était absent. Occulté. En bas dans l'enfer. Mais le lendemain Il se lèverait de nouveau pour irradier la Création de Son amour. J'essayais de l'imaginer. Être aimée. Quelqu'un qui me connaisse, et qui m'aime complètement. Assez pour mourir pour moi. J'essayais d'être juste avec ce que les gens qui m'avaient écrit m'avaient offert, quand ce n'était pas une sorte d'amour.

Une femme formidable à qui j'avais envoyé un exemplaire du livre au début – je ne pense pas qu'elle l'aurait lu autrement – m'a répondu : « Je suis certaine que votre récit a permis à beaucoup de gens de se sentir bien vis-à-vis d'eux-mêmes. » J'étais glacée par un tel recul. Mais j'ai compris finalement qu'elle avait raison. Raconter une souffrance, ce que faisaient de nombreuses lettres, et en même temps avoir une émotion chaleureuse pour moi faisaient partie du même mouvement. Un exemple type :

Je me suis mariée et, à l'âge de trente-trois ans, il a eu une liaison, tandis que moi je tenais bon parce que je n'avais pas d'argent et que je voulais que les enfants aient deux parents. Je l'ai soigné pendant cinq ans parce qu'il avait un cancer des os, et je suis seule maintenant. Je vous ai croisée une fois, vous étiez à vélo près de Trinity, dans un manteau de fourrure. J'ai chuchoté : « Je vous admire tellement. »

C'est exactement comme cette femme l'a écrit : l'histoire condensée d'une vie et mon éloge se font dans un seul souffle. J'avais l'impression qu'elle me louait uniquement parce que, bien qu'elle reconnaisse son propre sacrifice, elle était incapable de s'admirer elle-même pour cela. Mais ensuite je pensais que peut-être elle avait lu mes articles dans les journaux, qu'elle m'avait vue à la télévision et qu'elle m'admirait vraiment, et que c'était moi qui ne pouvais pas accepter son compliment.

Parfois je pouvais voir plus nettement que c'était l'Irlande de la fin du XXe siècle qui était en train de bouger. Jusqu'ici, des voix silencieuses dans le pays étaient à deux doigts de parler haut et fort. J'étais juste un peu en avance – juste assez pour être considérée comme un leader.

Je suis une grand-mère de soixante-dix ans du comté d'Armagh qui a partagé cette réalité ou cette irréalité d'une mère alcoolique douée et aimée... Continuez d'avoir ce courage! Vous avez la mission de dire ce que nous, les inarticulés ou les hésitants héréditaires, sentons et pensons.

J'interrompis ma lecture, troublée, après une telle lettre. Cette femme projetait sur moi le courage dont elle aurait eu besoin pour parler. Mais il ne m'avait pas fallu tant de courage que ça. Je n'étais pas impliquée dans la société par des petits-enfants. En effet, en écrivant mes Mémoires, deux phrases – contradictoires, je le vois maintenant – se sont répétées dans ma tête. L'une était: «C'est sûr, personne ne les lira», et l'autre: «Qu'est-ce que j'ai à perdre de toute façon?»

Des lecteurs masculins m'ont téléphoné plutôt que de m'écrire. La plupart du temps, ils ont appelé anonymement, juste pour établir un contact, ils ne m'ont rien raconté sur eux-mêmes, bien que quelques-uns m'aient écrit de longues lettres révélatrices sur l'alcoolisme, les déceptions sexuelles, la solitude dans le mariage, les violences subies à la maison et à l'école. Mais, le plus souvent, c'étaient des femmes qui me parlaient comme si nous étions les meilleures amies. Des femmes très jeunes, comme celle-ci:

... un sentiment obscur de honte d'être femme – dont je ne savais même pas qu'il était là – me quitte. Je voudrais pouvoir vous donner quelque chose en retour. Tout ce que j'ai à offrir c'est de la gratitude. P.-S. *Finalement, j'ai plus à offrir. Connaissez-vous tous les livres d'Alice Munro? Sinon, j'aimerais vous en donner un en cadeau.*

Mais c'étaient surtout des femmes plus âgées, comme moi-même, qui avaient vécu assez longtemps pour regarder en arrière et se demander : « C'est quoi, ma vie ? » Le grand nombre de ces lettres était totalement convaincant.

Je ne suis pas assez folle pour m'attendre que la passion puisse encore brûler après toutes ces années, d'ailleurs la plupart d'entre nous se contenteraient de questions simples sur nous, mais les seules questions que nous entendons, c'est : « Qu'est-ce qu'il y a à manger pour le dîner ? » – « Est-ce que le même putain de dîner est prêt ? » – « Est-ce que la facture d'électricité est arrivée ? » – « Est-ce que les enfants rentrent ou pas, sont-ils malades ou en bonne santé, font-ils de l'argent ou des dettes ». Jamais un mot sur moi en tant que personne, si quelque chose ou quelqu'un me fait plaisir ou si je le déteste, si j'aime ou m'intéresse à quelque chose ou à quelqu'un. Non – je ne pleure pas sur moi –, je fais partie de celles qui ont de la chance. Je suis désolée de ne pas pouvoir donner mon nom ici – hélas, je n'ai pas votre honnêteté et je ne dois pas abandonner les miens. Je dois continuer à faire partie de cette troupe très nombreuse – le grand nombre des mariages sévèrement heureux d'Irlande. En avant, petit soldat chrétien. Merci, merci encore, Nuala, pour ce livre. Tout le monde vous aime.

« Tout le monde vous aime. » Toutes les lettres contenaient des mots de ce genre. C'était comme si j'étais à mon propre enterrement, et des louanges extravagantes étaient émises. J'ai souvent pleuré durant les mois qui ont suivi la parution du livre. Je n'arrivais pas à assumer la générosité de gens qui n'avaient attendu qu'une occasion pour s'exprimer. Mais je n'étais pas fondamentalement émue. Pour moi, c'était comme si quelqu'un disait des choses apparemment gentilles mais dans une langue étrangère. Dans l'église, je me suis souvenue des mots exacts qui terminaient une de ces lettres, et j'ai de nouveau pleuré comme au moment où je les avais lus.

« Vous êtes une femme bien », disait la lettre, « et Dieu ne vous aime pas seulement, vous lui plaisez aussi. » « Oh non, ce n'est pas vrai », me suis-je dit. « Où est-Il, si c'est le cas ? Où y a-t-il de l'amour dans *ma* vie ? » Les statues autour de moi sont restées muettes.

Cela m'humilie de le dire, mais la vérité est que j'ai eu des amants. C'est ainsi que je les aurais appelés à l'époque. Eux, ils auraient dit que, moi, j'étais leur maîtresse. Ils ont dû lire le livre. Mais je n'ai pas reçu un seul mot gentil de mes anciens amants. Je ne peux pas imaginer de meilleure preuve du fait qu'on ne peut pas m'aimer. De ne pas avoir gardé un seul ami après tant d'ardeur.

Pourtant, j'allais beaucoup mieux depuis. J'avais une vitalité nouvelle, même si mon champ d'action était toujours très étroit, et même si mes émotions gravitaient toujours autour de ma propre compassion. Mon ancien apitoiement sur moi-même – je pouvais le sentir, en faisant le point – avait été transformé par les réactions qu'il avait provoquées. Il était devenu quelque chose de valable. Il parlait si franchement aux étrangers qu'il était devenu un moyen d'échanger les expériences entre eux et moi. Il y avait tant de choses qu'ils ne s'étaient pas sentis capables de pleurer, jusqu'au moment où ils m'ont vue pleurer sur moi. Entre nous, nous pourrions peut-être même nous débarrasser des larmes. Il n'y a rien, ai-je pensé, assise sur mon banc, dont les gens peuvent dire que je ne pourrais pas le supporter dorénavant. Je pouvais même supporter le silence.

J'ai répondu à toutes les lettres. Parfois, je me suis arrangée pour rencontrer des gens quand je ne trouvais pas les mots. J'ai rencontré un homme âgé qui avait pris sur lui toute la tristesse de ses frères et sœurs, élevés comme lui dans un orphelinat après la mort de leur jeune mère. Chaque phrase de sa longue lettre tremblait de douleur. Il y avait une litanie de vies gâchées, de morts à briser le cœur :

Et une fois tous les quinze jours, je rends visite à une autre sœur qui a été une jolie fille, dotée d'une belle voix quand elle était jeune. Vers vingt ans, elle hantait différents hôpitaux psychiatriques avant d'aller à Londres. C'était le dernier lieu pour une fille innocente comme elle, et je crois qu'elle y a été séduite par un Irlandais plus âgé qu'elle. Cela a probablement eu comme effet de la pousser dans le précipice. Mon père et moi y sommes allés pour la ramener à la maison. Pendant plus de quinze ans, elle a été dans l'aile de haute sécurité d'un hôpital psychiatrique, sans espoir, effrayante, dérangée. En apparence, mes visites ne servent pas à grand-chose, et certainement elles ne me font pas de bien. Mais elle a dit une fois : « Je n'ai que toi », et je continue donc d'y aller en espérant que la mort survienne vite pour lui donner la paix qu'elle n'a jamais trouvée dans la vie.

Dans le pub où nous nous sommes rencontrés autour d'une tasse de café, cet homme précis et fringant a très bien su maîtriser ses émotions. Nous avons développé tous les sujets jusqu'à l'abstrait. Nous avons parlé de l'évolution du soin des malades mentaux en Irlande, par exemple, en contraste avec sa sœur malade. Nous avons parlé de son chien et de ma chienne. Les gens ne savent pas parler comme ils savent écrire. La même réticence les maintient solitaires et debout.

J'ai répondu à des lettres même si je ne savais pas quoi dire. Une mère dont les enfants avaient grandi pour ensuite la quitter, et dont l'amie et amante – sa première femme – était partie, m'a écrit :

Après la douche, la serviette tombe et, me sentant douce et tiède, je me caresse. Jusqu'à ce que mes yeux se voient dans la glace et mon cœur devient lourd. Est-ce que ce sera suffisant ? Ou peut-être tout se rétablira ? Avec un peu de chance ?

Comment pouvais-je répondre à cela ? Je lui ai écrit : « Peut-être quelque chose de merveilleux va arriver. »

Un homme m'a écrit de sa chambre dans laquelle, assis toute la nuit, il a été content de ne pas être complètement seul au moment où une lumière s'est allumée dans la maison voisine :

Mon amie de longue date, en qui j'avais confiance et pour qui je vivais, a dit simplement un jour : « Le rêve est fini. Cela ne marchera jamais.» La confiance, la sincérité et les émotions sexuelles sont reliées entre elles. Comment puis-je rétablir ma raison de vivre ?

Je ne sais pas comment. Je lui ai écrit, à lui aussi, pour dire que quelque chose de magnifique pourrait peut-être se produire. Bien que cela ne m'arrive pas à moi, ai-je ajouté en mon for intérieur. Puis, un jour, j'ai réalisé que c'était cela : que ce flot de lettres confiantes, c'était ça. C'était la chose magnifique.

Mais ça n'empêchait pas qu'elles faisaient mal. Une femme qui avait passé Noël complètement seule m'a écrit :

J'ai eu une relation pendant quatre ans, commencée quand j'avais trente ans. C'était une chance merveilleuse pour moi. Il était marié avec des enfants, très amoureux de sa famille et, pour une raison bizarre, il m'a aimée aussi pendant quelques années. Je ne l'ai plus jamais revu, je l'aime à en mourir, et je pense à lui régulièrement. Je suis pourtant arrivée à un stade où je suis la plupart du temps assez heureuse. J'ai toujours eu une santé fragile. Je dépends de transfusions sanguines. Je sais que j'ai vraiment de la chance. Comme cette femme dans Sur la route de Madison, *qui a fait l'expérience du vrai amour, je peux tout assumer.*

Je ne sais pas comment consoler quelqu'un d'une telle perte. Et quant à la douleur amère de la solitude sexuelle, les humains semblent avoir été abandonnés par leurs dieux pour se débrouiller avec ça tout seuls.

Rien dans l'église dans laquelle j'étais assise ne pouvait m'aider à aider une femme – une femme que je connaissais vaguement, jadis une beauté célèbre – qui m'avait écrit à propos d'une réflexion de mon livre sur l'amour physique :

Ce matin, j'ai buté de nouveau sur votre phrase qui commence par : « Les souvenirs du naturel éprouvé avec un autre… » À vrai dire, Nuala, je n'ai jamais eu ça, jamais. Toujours, et d'aussi loin que je m'en souvienne, je tourne autour seule et anxieuse, derrière mes barrières et mes remparts constitués de livres, de projets pour améliorer ma maison et de radio allumée vingt-quatre heures sur vingt-quatre. J'ai peur de regarder dans les miroirs, d'y voir mon père, la folie ou le vide.

Les histoires racontées dans ces lettres ont vécu en moi. Elles m'ont été données et je les ai gardées, même si je suis aussi impuissante à tendre la main et à les changer que le sont mes lecteurs à changer ma vie. Un vieil homme m'a écrit :

J'ai un savoir de première main pour réagir à la dépression, car ma femme en a souffert pendant cinquante ans. Heureusement, elle n'a pas touché à l'alcool, mais j'ai eu l'expérience de deux tentatives de suicide et d'un accident de voiture.

Je veux lui dire que j'ai de la peine pour tous les deux. Une jeune mère m'a écrit :

Je regarde Maîtres et valets *et* Dallas *avant que les enfants rentrent de l'école, et quand je vois les actrices et les acteurs sortir la bouteille dès qu'ils arrivent à la maison, moi aussi j'ai envie de boire un coup. C'est une tentation. Ma mère réussissait à faire plusieurs tours au pub tous les soirs. Maintenant, Nuala, tout le monde dit que je suis à son image. Je peux le voir moi-même quand je me regarde dans le miroir. J'aime bien boire un petit sherry, et j'ai maintenant progressé vers le gin-tonic.*

Je veux lui dire que j'ai peur pour elle.

Je veux dire : « Je suis heureuse que vous vous soyez enfuie en Amérique » à une Irlandaise qui m'a écrit de là-bas :

Ma mère a eu dix enfants, neuf garçons et une fille (moi), et elle a survécu à l'obscurité sordide de l'Irlande rurale des années 1940 avec un mari qui « n'a jamais frotté une allumette pour allumer une bougie ni fait chauffer un biberon pour aucun de vous » – ce sont ses mots, souvent cités, et admis par lui.

Je voudrais dire la même chose à une autre qui m'a écrit de là-bas :

Ma plus jeune sœur est morte à l'âge de dix-huit ans de leucémie, et sept des huit enfants restants sont alcooliques, certains sont aussi toxicomanes. Tous ces bébés absolument superbes qu'a eus ma mère (et nous étions tous beaux à voir) ont systématiquement été détruits émotionnellement par un père abusif.

Pendant des années, j'étais vraiment furieuse contre ma mère parce qu'elle ne nous a pas sauvés, mais maintenant je réalise qu'elle n'avait pas vraiment d'autre choix que de rester avec lui. Une fois, elle a parlé au curé du comportement abusif de notre père, et il lui a ordonné de retourner chez lui. Quand elle est partie, il lui a complètement coupé les vivres. Ce qu'il voulait, c'était dans l'ordre : 1. son sexe ; 2. son repas chaud sur la table quand il rentrait ; 3. son feu allumé. Tout le bien qu'elle a fait en tant que mère a été complètement détruit par lui, par ses abus, son ivresse, ses colères terribles.

Je ne voulais rien faire de significatif en entrant dans l'église – rien de religieux. C'était juste un endroit où m'asseoir et réfléchir. Si les pubs avaient été ouverts, je serais entrée dans un pub du matin, tranquille. Mais je me suis souvenue des lettres en regardant autour de moi, ce Vendredi saint, et j'ai vu les tissus de couleur pourpre qui camouflent les images pieuses durant la Semaine sainte, pour nous rappeler la Passion du Christ. Et la passion ordinaire des gens ? ai-je pensé. Regardez combien de choses savent les hommes et les femmes ordinaires sur la crucifixion ! Il n'est pas étonnant que nous ayons du mal à croire qu'il existe un Dieu qui nous aime.

Une de mes lectrices m'a envoyé un extrait d'un long poème. Elle l'avait copié sur une carte de vœux. J'ai trouvé son numéro de téléphone et l'ai appelée tout de suite pour lui demander le poème entier. Elle me l'a envoyé le jour même, et elle aurait pu aussi bien m'envoyer de l'or. Le poème s'appelle « In the Wake of Home » d'Adrienne Rich. Voici ce qu'il dit, en partie :

The family coil   so twisted, tight and loose
anyone trying to leave
has to strafe the field
burn the premises down

The home houses
mirages   memory fogs the kitchen panes
the rush-hour traffic outside

has the same old ebb and flow
Out on the darkening block
Somebody calls you home
night after night   then ever again
Useless for you to know
they tried to do what they could
before they left for good…

[Le nœud familial   si entortillé, serré et défait
quiconque essaie de le quitter
doit bombarder le champ
réduire les lieux en cendres

Les maisons
mirages   la mémoire embue les carreaux
  de la cuisine
l'heure de pointe au-dehors
a le même vieux flux et reflux
Dehors, dans la pénombre de l'immeuble
Quelqu'un t'appelle pour que tu rentres à la maison

nuit après nuit   alors, comme toujours
Inutile pour toi de savoir
qu'ils ont essayé de faire ce qu'ils pouvaient
avant de partir pour de bon…]

Ce poème semblait s'élever au-dessus de tout ce qui m'avait été dit, comme s'il disait la vérité sur certaines enfances, il pouvait me montrer comment accepter la mienne. Car j'étais toujours à la recherche de mes propres parents. Et parmi les lettres que j'ai reçues, il y en avait de précieuses qui m'ont ramenée vers eux, les révélant, comme si des photos d'eux avaient été jetées dans un bac de révélateur, montant à la surface avec des fragments de leurs images troublées prises au hasard – ici un coude, là une lanière de chaussure – pour prendre de la définition.

Je n'ai jamais pu imaginer, par exemple, ma mère petite fille. Elle avait éliminé tout ça, d'elle-même. Je ne savais même pas que son prénom était alors Caitlin. Mon père l'appelait Katherine. Mais j'ai reçu quelques lettres. Une femme qui était allée avec elle à l'école élémentaire :

J'ai connu votre mère et je l'ai aimée. C'était un leader et elle nous a menées dans toutes sortes de bagarres. Caitlin a écrit une pièce pour Noël sur un pauvre péquenot débarqué de sa campagne qui cherche la cafétéria Woolworth – *la première dans cette ville. Je parle des années 1930. Je me rappelle comme nous étions pliées de rire, et bien sûr elle faisait le plouc et le jouait à la perfection, le maquillage et tout. Nous avions dans les douze ans, c'est ça. On m'a donné votre livre en cadeau, mais j'étais si triste pour votre maman, je n'ai pas pu le lire.*

Puis une bonne sœur très âgée m'a écrit. Elle avait été l'amie de maman dans l'école suivante, au pensionnat de Donegal. J'ai mentionné la tragédie de ma mère qui y avait eu un béguin pour une fille plus âgée qu'elle, une fille de première. Je savais que maman avait été renvoyée à cause d'elle, et que ce renvoi a été en quelque sorte le traumatisme de sa vie. La bonne sœur m'a envoyé une photo vieille de soixante-quatre ans d'une fille – ma mère – dans son uniforme de pensionnaire, et je n'étais presque pas capable de la regarder. C'était la seule photo de ma mère jeune fille que j'avais vue jusque-là. Cette bonne sœur avait commencé à lire mon livre en « mangeant un sandwich et en buvant une tasse de café dans un bar. Malgré ma grande faim, j'ai dû laisser le sandwich et m'en retourner dans l'intimité de ma voiture – tellement j'étais triste. » Imaginez – deux vieilles femmes qui aimaient assez ma mère pour être tristes de ce qu'elle était devenue !

La bonne sœur m'a raconté que le feu qui couvait chez ma mère était d'une ardeur effrayante.

Aucune de mes attitudes terra firma *n'a suffi pour maintenir les passions de Caitlin en équilibre, une fois sous l'emprise de sa beauté de première ! Vous pouvez vous figurer comment l'imagination de Caitlin se déchaînait quand elle avait un stylo et du papier sous la main ! Une bonne sœur a trouvé un sac de linge rempli de notes au pied du lit de Caitlin. Je crois fermement que le jugement s'est fait sur ces chefs-d'œuvre. Le tribunal a siégé durant tout le carême. La fille de première et Caitlin ont été renvoyées. Caitlin s'est échappée* en route[1] *vers chez elle et on l'a retrouvée à Belfast. J'avais le cœur brisé pour votre mère. Même avec du recul, nous étions des adolescentes innocentes, naïves – follement romantiques, mais rien de plus.*

Je ne me rappelle pas que maman ait mentionné Belfast. Et elle n'a pas pu l'oublier. Jamais.

Puis un soir, peu de temps après avoir reçu ces lettres, j'ai trouvé en rentrant un message sur mon répondeur. La voix était celle d'une autre vieille dame, incertaine et lente – pas habituée à laisser des messages, peut-être. « Allô ? Allô ? » disait la voix. « Est-ce que je suis bien chez Nuala ? Je voudrais parler à Nuala. J'étais en première quand votre mère était à l'école – celle qui lui a causé des problèmes. J'aimerais beaucoup vous rencontrer et parler parce que… » Je n'avais pas osé demander à cette femme, la seule fois où je l'avais rencontrée à une réception à Dublin, ce qui s'était vraiment passé. Mais le message sur mon répondeur a été coupé ! Il y a eu le bip. Elle n'avait pas laissé de numéro ni d'adresse, et je ne connais pas son nom.

Mais ce n'était pas l'histoire d'un passé lointain qui m'a le plus émue. C'est un éloge sur ma mère alors qu'elle était la femme que je connaissais moi-même, le seul que dans toute ma vie j'ai entendu sur elle.

---

1. En français dans le texte. *(N.d.T.)*

Il y a plus de vingt ans [ainsi commence la lettre d'une femme], *j'ai travaillé à la bibliothèque de Howth. J'ai rencontré votre mère durant cette période. Je la regardais venir de sa voiture, chargée de livres – oui, j'ai compris qu'elle avait un problème avec l'alcool, mais ce qui était plus important, c'est qu'elle était une dame. Elle parlait avec moi comme si nous étions égales – « Vous devriez lire celui-ci, il est très plaisant ; j'ai détesté celui-là, il n'y a pas d'intrigue ». Pour moi, votre mère était quelqu'un qui partageait ma passion pour les livres. Quand elle disait « J'ai relu celui-ci – je ne pouvais pas m'arrêter », je savais exactement ce qu'elle voulait dire. Je n'ai jamais pensé à elle en tant que mère-épouse-alcoolique – c'était une lectrice. Sa voix enrouée n'était jamais grossière. Pourquoi est-ce que je me souviens si clairement d'elle, je l'ignore.*

« C'était une dame. » Imaginez cela. C'était nous – la famille – qui la définissions comme « mère-épouse-alcoolique ».

Et mon père… Un autre soir, j'étais à la maison et j'ai répondu au téléphone à une voix hésitante, chucho tante. Il a fallu un moment à cette femme pour dire de quoi elle avait besoin de parler. Elle avait été pendant quelques années la psychologue de la plus importante maîtresse de mon père, Carmel. Carmel était apparemment une personne terriblement troublée, et un chauffeur dans une grande voiture la conduisait régulièrement jusque chez cette psychologue.

Il n'a jamais prêté sa voiture pour envoyer maman chez un psychologue, ai-je pensé amèrement, quand j'ai réalisé ce que la femme à l'autre bout du fil était en train de dire. « Saviez-vous que Carmel s'est tuée ? » disait-elle.

Non. Je ne savais pas que Carmel s'était tuée. J'ai dû rassembler mes esprits pour demander : « Est-ce qu'elle s'est tuée avant ou après la mort de mon père ? » – « Oh, avant. Elle s'est tuée à cause de votre père. Je n'ai jamais vu de femme aussi terrifiée d'avoir été quittée. C'était une overdose, je crois. Son fils l'a trouvée le lendemain matin. » Cela a dû se passer peu après la fin du *pas de trois*[1].

Un homme, célèbre dans les relations publiques – le genre de personnes que connaissait mon père et à l'égard de qui il ne baissait jamais la garde – m'a écrit une lettre choquée. En voici le début :

*J'ai connu votre père. J'ai connu votre mère. J'ai connu l'ami de votre père, Frank Finn. J'ai connu Carmel. Maintenant je comprends que je ne connaissais rien… Un jour – à la fin des années 1970 –, votre père est venu de manière inattendue à l'*Irish Open Golf *à Portmarnock et, bien qu'extrêmement occupé, j'ai tout laissé tomber pour être avec lui. Son emploi du temps n'était plus le même. C'était Frank Finn. Il a pleuré et parlé et pleuré encore. Il m'a raconté ses prières pour Frank et ses visites à la chapelle qui avaient remplacé le restaurant* Red Bank. *Il m'a raconté qu'il était lui-même malade. En un mot, il était angoissé et j'avais pitié de lui. Je savais peu alors,*

1. En français dans le texte. *(N.d.T.)*

et jusqu'à cette semaine-ci, à quel point il a dû être quelqu'un de torturé.

Oui, oui, ai-je envie de dire. Le pauvre homme solitaire. Mon cœur se remplit de pitié pour lui. Puis la pitié s'en va quand j'ouvre une autre lettre. Elle vient d'une femme qui est allée à l'école avec ma plus jeune sœur – une enfant dont personne ne s'occupait à part mon père, parce que ma mère était trop ivre et malade. « Notre professeur était une femme amère », dit une partie de la lettre, « et les punitions qu'elle distribuait aux petits bagarreurs que nous étions à cette époque étaient terribles. Ma mère me donnait à manger pour votre sœur, car elle n'en avait que rarement elle-même. Je me souviens du jour où votre petite sœur est venue à l'école sans culotte. Nous étions tous surpris par ça, et des gloussements et des rires nerveux ont attiré l'attention du professeur. Au lieu d'aider ou de consoler votre sœur, elle l'a frappée violemment sur les jambes et lui a dit : "Rentre chez toi. La fête n'est peut-être pas finie." »

Aujourd'hui, après avoir eu le temps de digérer cette information, je suis toujours ébranlée par la cruauté de ce professeur. Et par sa propre tristesse. Quelles images lascives a-t-elle dû avoir de la « fête » dans la triste maison de ma petite sœur ? Mais il y avait le contexte, pour le professeur et tous les autres et pour nous-mêmes, les O'Faolain. Il y avait une Irlande – une société entière – qui à cette époque permettait de telles choses.

J'ai trouvé une image très parlante de ce à quoi ressemblait cette Irlande. Notre famille, quand nous étions encore tous à la maison, a vécu dans une maison sur la côte à Clontarf. Elle faisait partie d'un alignement de maisons qui étaient séparées de la mer par une rue et par une mince bande herbeuse qui formait une promenade. C'était un endroit ennuyeux. Mais, parfois, pendant les tempêtes d'hiver, de grosses vagues passaient au-dessus de l'herbe pour s'abattre sur la rue. Il existe une photo prise par un journal un jour de tempête particulièrement dramatique. Ma sœur à Londres en a un agrandissement au mur. Des vagues écumeuses, terriblement puissantes, se lèvent au premier plan, et les maisons, la nôtre et celles de nos voisins, semblent se recroqueviller derrière. Il se trouve que l'atmosphère à l'intérieur des maisons pouvait être aussi menaçante.

Encore maintenant je suis étonnée et effrayée d'avoir reçu des lettres de, non pas une, mais deux femmes qui, jeunes filles, ont vécu à un jet de pierre de notre maison, l'une à notre droite, l'autre à gauche, bien qu'elles ne se connaissent pas entre elles. « J'ai détesté Clontarf, et le déteste toujours », dit l'une des lettres.

Souvent nous crevions de faim dans cette maison affreuse sur Clontarf Road, face à cette bande grise couverte de cendres qui était alors censée être la promenade. En surface, une grande respectabilité a été maintenue – c'était le pire – pour sauvegarder les apparences.

Et l'autre lettre, venant de la même rue, vingt ou trente portes plus loin, disait :

Alors que vous pensiez voir de la richesse dans ma

maison, je peux dire que j'ai souvent désiré la richesse de l'éducation que vous aviez chez vos parents. Ma maison avait tous les signes extérieurs de « tout ». Toute tentative d'appeler à l'aide ou de divulguer la cruauté aussi bien physique qu'émotionnelle a été pareillement détruite à la base par les adultes comme par les professeurs. Aujourd'hui, mon père serait simplement en prison pour sa cruauté envers ses enfants.

Quelles étaient les forces à l'œuvre dans l'Irlande de cette époque ?

Le poème d'Adrienne Rich décrit une enfance heureuse :

You sleep in a room with bluegreen curtains
posters   a pile of animals on the bed
A woman and a man who love you
and each other   slip the door ajar
you are almost asleep   they crouch in turn
to stroke your hair   you never wake

This happens every night for years
This never happened.

[Tu dors dans une chambre aux rideaux bleu-vert
des posters   une pile d'animaux sur le lit
Une femme et un homme qui t'aiment
et qui s'aiment   se glissent par la porte
  entrouverte
tu es presque endormie   ils s'accroupissent
  à tour de rôle
pour caresser tes cheveux   tu ne te réveilles jamais

Cela arrive toutes les nuits pendant des années
Cela n'arrive jamais.]

Ces filles de Clontarf n'ont pas vécu dans des maisons heureuses dans leur enfance, et moi non plus, et ma mère non plus. Et des milliers et des milliers d'autres. Mais ce que permet ce poème, c'est d'offrir à des enfants malheureux un endroit où ils peuvent être chez eux. Il nous met, nous qui sommes femmes et irlandaises, dans un contexte plus large. Et là, nous sommes chez nous. Là, nous constatons que nous parlons une langue maternelle.

What if I told you your home
is this continent of the homeless
of children sold   taken by force
driven from their mother's land
killed by their mothers to save from capture
– this continent of changed names and mixed-up blood
of languages tabooed
diasporas unrecorded
undocumented refugees
underground railroads   trails of tears
What if I tell you your home
is this planet of warworn children
women and children standing in line or milling
endlessly calling each others' names
What if I tell you, you are not different
it's the family albums that lie
– will any of this comfort you
and how should this comfort you ?

[Et si je te disais que ta maison
est ce continent des sans-abri
des enfants vendus   emmenés de force
conduits loin de leur terre natale
tués par leurs mère pour les sauver de la captivité
– ce continent de noms changés et de sangs mêlés
de langues interdites
de diasporas non reconnues
de réfugiés sans papiers
de voies ferrées souterraines   des traînées
  de larmes
Et si je te disais que ta maison
est cette planète d'enfants fatigués de la guerre
femmes et enfants se tenant tranquilles ou grouillant
s'appelant sans cesse l'un l'autre par leur nom
Et si je te disais, tu n'es pas différente
ce sont les albums de famille qui mentent
– cela te réconforterait-il
et comment cela pourrait-il te réconforter ?]

Une église semble être un endroit comme il faut pour s'asseoir. J'ai dû ressembler aux habituels fidèles solitaires dans une église le Vendredi saint : une femme d'âge moyen avec des sacs de provisions. Mais rien n'est comme il faut dans mon âme. Là, à l'intérieur, c'est comme si je vivais dans un état de turbulences, oscillant toujours entre les opposés – bien-être et tristesse, joie et ennui, acceptation et regret agité. Pas un seul jour depuis la parution du livre n'est passé sans que d'autres gens m'aient montré que leurs vies aussi, si statiques qu'elles puissent paraître, étaient constamment en mouvement. Et toutes les images autour de moi dans l'église parlaient des mêmes pôles magnétiques. Notre-Dame du Perpétuel-Secours ouvrait ses bras accueillants d'amour ; le Christ était tordu de douleur sur Sa croix.

Il y avait en moi le choc du marchandage entre amour et douleur. En partie c'était arrivé parce que j'avais osé écrire mes Mémoires. J'avais appelé le livre *On s'est déjà vu quelque part ?* Mais pendant longtemps, je voulais l'appeler *Petite Annonce personnelle*. C'était en effet une confession. Il confessait spécialement – évasivement et de manière beaucoup trop enjolivée – les désirs sexuels que je ne pouvais pas assouvir. Une fois que les réactions ont commencé à arriver par flots, je me suis mise à espérer même pour cela. Peut-être quelqu'un qui m'avait lue viendrait-il pour tout changer ? Mais rien n'est arrivé. Je suis sortie, et il y a eu des éloges, de l'affection et même des drames : une femme se tenant en face de moi, par exemple, les larmes lui coulant le long du visage, qui m'a dit : « Merci pour ce que vous avez écrit. Merci. Merci. » Et je suis rentrée dans ma chambre silencieuse. J'ai dit au chat et à la chienne : « Pas de prince charmant ni de princesse qui serait entré par la cheminée en mon absence ? Non ? C'est bien ce que je pensais. »

Et puis un homme m'a contactée. Il m'a dit qu'il avait lu le livre. Je l'ai rencontré un soir pour prendre un verre avant de rentrer chez moi. Il n'avait pas d'exemplaire du livre et je n'en ai pas parlé. En sortant du pub, dans le couloir sombre, il m'a surprise par-derrière, s'est soudain emparé de ma tête, la tirant en arrière pour superposer ses lèvres aux miennes, et quand j'ai levé les mains pour sentir son visage – le premier visage étrange, vivant que j'avais touché depuis des années – il a attrapé le côté de ma main avec sa bouche pour le mâchonner, comme s'il avait envie de me manger avec voracité. Et ce soupçon de désir pour moi m'a transformée en une montagne des Alpes pour qui le chaud printemps était arrivé. J'ai eu des feuilles, des fleurs et j'ai produit des prés d'herbe argentée. J'ai fredonné de vie intense. Il a marché près de moi jusqu'à la station de taxis, et les choses tranquilles qu'il a dites étaient des promesses merveilleuses sur la connaissance que nous ferions l'un de l'autre. Cette brève rencontre, voilà la sorte d'amour à venir dans ma vie.

Quant à la souffrance : cette même nuit, un coup de téléphone de Londres m'a appris que mon frère Don venait d'être retrouvé mort dans sa chambre. Je suis tombée par terre à côté du téléphone, affaiblie par la douleur, et j'ai appelé ma petite chienne, je l'ai tenue contre moi. Notre Don qui – ce que je ne savais pas avant qu'il m'ait répondu après la lecture de ce livre – se cachait dans la commode quand il entendait papa battre maman. Don qui était allé dans l'armée britannique pour survivre et qui n'a pas su survivre quand il en est sorti. Il est mort alcoolique. Et il s'est laissé mourir de faim. Et de tristesse. Il avait été en contact pendant ses derniers mois avec ma sœur Deirdre à Dublin, que nous aimons tous et en qui nous avons tous confiance. Deirdre savait qu'il buvait à en mourir et elle avait essayé de lui faire écrire quelques-uns de ces petits textes drôles qu'il avait l'habitude d'imaginer pour les faire publier et ainsi peut-être lui donner l'envie de vivre. L'un d'eux a été accepté – il y était question du cochon qu'il avait gardé pour nos grands-tantes à Athlone et de la manière dont le cochon avait mangé le béton frais avec lequel Don avait essayé de réparer sa porcherie, et comment le cochon a ensuite été vendu et que sûrement il ferait des tranches de jambon en béton. Le texte est sorti dans *Ireland's Own* la semaine même de sa mort. Il ne l'a jamais vu.

Deirdre m'a montré la dernière lettre qu'il lui avait écrite, celle après laquelle il n'y aurait plus rien :

> *Nuala m'a envoyé* On s'est déjà vu quelque part ? *Il est étonnant que sœur et frère puissent voir le même père de manière si différente. Bizarre. Le livre de Nuala n'a pas été écrit pour des gens comme moi. Un livre intellectuel loin au-dessus de ma tête, sauf quand elle frappe au point le plus faible. Mais je n'ai jamais lu Baudelaire ni Flaubert, et je n'ai pas bu non plus* Chez McDaid. *Je connais en effet de nombreux personnages qui y apparaissent. Rob – pourquoi ne pas parler du plus grand snob intellectuel qui existe ? Il y a trente ans, il m'a trouvé « grossier et bruyant ». À quoi s'était attendu ce gros con ? J'essayais d'impressionner le génie qu'est ma sœur. Ils parlaient des classiques, des teintes italiennes, des impressionnistes français : et moi j'essayais d'apprendre le fusil semi-automatique, la lourde mitrailleuse, le métier de la guerre et* Comprendre la discipline. *Je vais lui écrire pour la remercier du livre, mais en temps utile car je n'ai absolument aucune idée de la façon d'écrire quelque chose qui me fasse paraître balourd.*

Est-ce qu'il veut dire que le livre l'a fait se sentir balourd ? Ou que le livre l'a présenté ainsi ? Je ne le saurai jamais. Oh, si je pouvais lui parler – pour lui dire que jamais, jamais je n'ai pensé à lui comme à un balourd ! Mais je ne lui parlerai plus jamais. Il a essayé de m'appeler peu de temps avant sa mort. Il était quelque part dans une cabine téléphonique. Il n'avait pas assez de monnaie pour pouvoir dire autre chose que « allô ». On n'arrive pas à le croire, quand il s'agit de sa propre famille, que la discussion est terminée à jamais. Non que je l'aie vu souvent, ou que j'aie beaucoup communiqué avec lui. Mais ce n'était qu'une phase ! Rien du tout n'était conclu. Un jour, il y aurait quelque chose de plus.

Je ne suis pas réduite à vivre juste avec ce mot blessant, « balourd ». Deirdre ne m'aurait pas montré la lettre s'il n'y avait eu que cela. Ma sœur est gentille. Don était gentil, d'abord parce qu'il a continué à raconter son histoire :

Quand j'ai décidé que je ne pourrais pas vivre un hiver de plus dans les rues de Londres, qu'il n'était pas possible de rentrer à la maison, déguenillé, pour me ridiculiser devant mon père, je suis parti dans l'armée britannique. Pour moi, je n'avais pas de famille, personne ne savait où j'étais ou alors s'ils le savaient ils s'en fichaient. Un sergent de recrutement sympa m'a donné une livre pour les frais et un bon pour le train en direction de Sutton Coldfield. Durant treize semaines, ils ont fait de l'innocent maladroit, naïf et complètement perdu que j'étais, exactement la même chose, mais sachant marcher autour du champ de mars au son de l'orchestre et de la batterie, armé d'un fusil baïonnette au canon. Personne ne savait que je « finissais mes classes » et, de toute manière, j'étais au milieu d'un putain de nulle-part. La parade est finie. Je vous retrouverai dans la boîte là-bas. Nuala. Un petit signe d'adieu. Je suis trop choqué et estomaqué pour même correctement bafouiller. Elle avait fait tout ce chemin de son travail à Londres juste pour passer cinq minutes avec moi, et puis y retourner. J'avais dix-huit ans à l'époque et je suis toujours aussi ému par sa gentillesse, peut-être même plus maintenant que j'en ai cinquante et un. Drôle de monde.

Je me souviens très bien de ce long voyage à Sutton Coldfield. Je m'entendais bien avec Don quand il était ce garçon laissé pour compte. C'est cela qui m'a permis d'assumer sa mort. Parce que je n'avais aucun rapport avec lui quand il était adulte. Mais le secret désir pour l'homme que je venais de rencontrer m'a aussi aidée à supporter cette mort. J'avais le sang en ébullition : le gel de la tristesse n'arrivait pas à le refroidir. Il avait dit « Je t'appellerai ce soir, mon chou », quand nous nous étions séparés, mais il n'avait pas téléphoné. Il n'avait toujours pas appelé quand je suis partie pour Londres quelques jours plus tard, pour dire adieu au corps de Don. Mais j'attendais toujours. Je n'avais pas perdu espoir.

Cet espoir était un péché. J'étais censée ne rien ressentir d'autre que du chagrin pendant les obsèques de Don. J'aurais eu honte si quelqu'un avait su combien de fois je me suis éloignée d'eux pour, dans ma tête, revivre la rencontre avec cet homme et penser à ce qu'il avait dit sur l'avenir. Don n'avait plus besoin d'aide. Moi si. Je suis allée à Londres où j'ai pris un bus pour me rendre aux pompes funèbres de Camden Town, afin d'y voir le visage jaune et gris de mon frère et ses mains croisées sur son maigre corps dans le cercueil drapé de satin en polyester. Il n'avait pas mangé depuis des mois avant de mourir. Personne n'arrivait à le faire manger : ni ses filles, ni ses voisins, ni ses amis. Ses lèvres étaient toujours obstinées. Il ne dira plus rien à personne pour toute l'éternité. Mon frère blagueur, qui jadis avait ressemblé à Tony Curtis. J'ai vu de la pourriture noire au bout de ses doigts. Je n'ai jamais vu de toute ma vie quelque chose de si… si indifférent envers moi et tous les vivants que cette noirceur. Son corps ne prétendait même plus porter une personne. Ce qu'était Don et où il était, c'était une question à laquelle il était absolument impossible de répondre. Je n'ai jamais entendu un silence aussi intense que dans cette petite pièce où reposait son corps. Je n'ai jamais vu quelque chose d'aussi immobile que Don dans cet endroit silencieux.

Sa femme, dont il était séparé depuis longtemps, et leur fils, qui vivait avec elle, sont venus de Dublin pour la crémation dans la chapelle faussement gothique d'un cimetière de la banlieue de Londres. Il y avait le côté triste des choses ; il y avait aussi l'autre versant. Les filles de Don et ma sœur de Londres, par exemple, avaient enregistré pour la cérémonie au crematorium une cassette avec la musique qu'il avait aimée, et elles l'avaient fait avec amour. Elles avaient mis la douceur de John Lennon qui chantait *In My Life*, ainsi que *The Daughter of the Regiment* parce que c'est drôle et que Don aimait ce qui est drôle, et elles ont choisi l'air exubérant où Pavarotti chante une séquence de *do* aigus, parce que Don aimait aussi la frime. J'avais à peine connu cet homme qu'elles évoquaient avec tant d'enthousiasme. Mais dans la chapelle du crematorium, le garçon que j'avais connu, à l'intérieur de l'homme maigre, grisâtre, s'est éclipsé – ce glissement affreux, sans bruit, du cercueil – quand Elvis chantait sur la cassette le spiritual du milieu de l'*American Trilogy*:

Hush little baby, don't you cry,
You know your daddy's bound to die.
All my trials, Lord,
Soon be over[1]*...*

L'assemblée, si petite qu'elle fût, réunissait des personnes de tous les genres, ayant des situations bien différentes. Tout comme la vie de Don. Certaines personnes sentaient l'alcool, d'autres étaient impeccables. L'armée britannique était représentée. Il y avait un Union Jack sur le cercueil, même si le nom de Don était O'Faolain. Un clairon a joué la sonnerie aux morts. La douleur rendue audible. « Saviez-vous que votre frère a joué au golf avec le gouverneur des Malouines ? » m'a dit plus tard un major quand nous étions au pub. De petits enfants – les enfants de nièces et de neveux – couraient entre les chaises et les tables

1. Chut, petit bébé, ne pleure pas, / tu sais que ton papa doit mourir. / Toutes mes épreuves, Seigneur, / seront finies... *(N.d.T.)*

du pub. Ils étaient déjà beaucoup plus heureux que nous ne l'avions été, même à leur âge.

Le lendemain, nous sommes allés à l'appartement de ma sœur et nous avons passé de plus en plus bruyamment la trilogie d'Elvis. « *Glory, glory, hallelujah* », avons-nous crié. J'avais quelques lettres humoristiques que Don m'avait envoyées quand il était jeune soldat. Je les ai lues à voix haute. Mais personne ne s'intéressait vraiment à ce passé lointain. Moi seule étais bloquée dans le passé, et dans ma caricature de lui. Je me suis souvenue de son visage désespéré quand j'étais tombée sur lui un soir d'hiver dans une allée derrière Eden Quay alors qu'il avait dans les douze ans et qu'il avait disparu depuis un moment, vivant à la dure après une bagarre à la maison. Je vois ce visage maintenant, à moitié tourné vers moi, à moitié détourné sur le point de s'enfuir. Il était mort de fatigue, et c'était seulement un enfant ! Tout ce temps passé dans l'appartement, j'étais étonnée par les souvenirs que les autres avaient d'un homme, le Don décédé récemment. Un Don qui était père et grand-père. Aimé. Je suis étrangère à cet amour que connaissent mes frères et sœurs avec les familles qu'ils ont fondées eux-mêmes. Je me suis arrêtée à ma première famille. Le cortège funèbre avait attendu devant la chapelle après la crémation. J'aurais pu distinguer mes frères et sœurs par leur gaucherie. Aucun de nous n'a jamais été serré dans les bras, pour le plaisir, par ma mère, et mon père n'aurait pas pris dans ses bras un petit garçon, même pas pour une photo. La nouvelle génération se touche généreusement.

Une de ses filles a lu quelques textes que Don avait

écrits vers la fin. Il avait passé sept ans assis, couvert par sa couette. Parfois il n'a pas réussi à faire taire son esprit avec la vodka, et il a alors écrit avec un stylo à bille sur un bloc-notes à lignes, pour lui-même. Il a écrit un texte sur l'inceste. « Pourquoi ne pas le garder dans la famille ? » se terminait ce morceau supposé plein d'esprit. Les choses qu'implique le sexe ont peut-être sauvé Don, et il le savait. Mais il n'a pas pu s'éloigner du voisinage qui habitait en lui. Il a dû rester dans l'habitude familiale de boire. Il connaissait le chemin les yeux bandés. « Je recommande le célibat », avait-il dit à sa fille. « Je n'ai pas eu de rapports sexuels depuis des années et ça ne me manque pas. » Il voulait dire le contraire. Ces fanfaronnades veulent toujours dire le contraire.

Quand j'ai pensé à lui dans son fauteuil, j'ai vu maman avec lui, comme si son ombre était assise avec lui dans le fauteuil, levant sa bouteille vers son verre à lui, lisant son livre avec lui. Mais il était conscient que sa mort approchait, ce qui n'était pas le cas pour elle. Un poème de Ievtouchenko a été retrouvé près de lui quand il est mort réellement. Techniquement, il était ivre quand il est mort. Mais que veut dire « ivre » quand il s'agit de quelqu'un d'aussi sûr de ses propos que l'était Don ? Le poème nous dit ce qu'il avait en tête : la cathédrale qu'il y avait bâtie, l'endroit silencieux et voûté où il tenait en équilibre la conscience contre la dissolution de la conscience. Le poème commence ainsi :

La saison en moi est l'automne
le froid est en moi, vous pouvez voir à travers moi,

et je suis triste, mais pas totalement morne,
et empli d'humilité et de bonté.
Mais si parfois j'enrage,
alors je suis celui dont la rage fait tomber mes feuilles…

Et au milieu il dit :

Quelque chose, apparemment, m'est arrivé
Et je ne compte sur rien d'autre que le silence,
Lorsque les feuilles reposant les unes sur les autres
Sans bruit deviennent la terre.

Le corps de Don s'est transformé en cendres. À mon retour à Dublin, le mien, pour moi, est devenu tout aussi poussiéreux. Il a fallu un mois avant que l'homme qui avait dit qu'il voulait faire ma connaissance me téléphone. Je n'ai prononcé aucun des reproches que j'avais préparés. Il a dit qu'il viendrait avec une pizza et une bouteille de vin. Les heures ont passé. Une incrédulité grandissante est quelque chose de comique. La mienne n'était pas comique. Le lendemain c'était mon anniversaire. Il n'est jamais venu, et il n'a jamais rappelé.

Quelle importance ? La mort ne nous guette-t-elle pas, mes frères, mes sœurs et moi-même ? Ne sommes-nous pas comme des enfants qui jouent à Jacques a dit ? Quel que soit celui qui crie des ordres aux enfants qui s'approchent de lui à pas de loup dans son dos. S'il vous attrape alors que vous bougez au moment où il se retourne – si vous ne vous êtes pas assez rapidement transformé en statue, sur place – il vous déclare « hors jeu ». La mort a déclaré Don « hors jeu ». Un de nous autres sera le prochain à être déclaré « hors jeu ». La terre se fissure sous nos pieds. Depuis que le téléphone a sonné pour m'apprendre la mort de Don, j'ai peur de ce que m'annoncera le téléphone la prochaine fois.

C'est pour cela que cet homme compte. Parce que la mort approche. Pour cela. Parce que je veux vivre. Quand j'étais dans l'église le Vendredi saint, à passer en revue ce que signifiait la publication de mon livre, j'ai essayé de faire le point sur l'essentiel. J'étais pleine de rage contre Don. J'étais très irritée à cause de cet homme. Mais il y avait tous ces gens qui m'avaient envoyé leur amour, des centaines de gens. Donné gratuitement, et à quelqu'un qu'ils connaissaient uniquement à travers un autoportrait. Est-ce cela dont je dois me contenter désormais ? ai-je pensé. Je peux avoir de l'amour – mais l'amour de gens que je ne peux ni voir ni toucher ?

Il me semble que le poème d'Adrienne Rich dit qu'il y a des blessures qui ne guérissent pas.

Any time you go back
the familiar underpulse
will start its throbbing : HOME, HOME *!*
and the hole torn and patched over
will gape unseen again

[Chaque fois que tu reviens
Le battement familier
Commencera son lancinant : MAISON, MAISON !
Et la déchirure toute rapiécée
sera béante et invisible de nouveau.]

Ma sœur m'a dit : « Les filles de Don veulent que ses cendres soient rapportées en Irlande et mises dans la tombe de papa et de maman. » – « Elles veulent *quoi* ? Pourquoi le mettraient-elles avec ses assassins ? » Puis un moment plus tard, j'ai ajouté : « Bien sûr, pourquoi pas ? S'il y a un quelconque ciel, ils seront jeunes de nouveau tous les trois, et pleins d'espoir, et ils ne penseront jamais à se faire du mal les uns les autres. » Ma sœur : « Il avait des livres et de la musique à la fin, tu sais. C'est d'eux qu'il a ça. Ce n'est pas rien. » Moi : « Ce n'est rien comparé à ce qu'on voudrait recevoir de son père et de sa mère. » Mais quand j'étais assise dans l'église ce Vendredi saint – Don était mort depuis deux mois –, je pouvais penser, sans avoir trop mal pour lui ou pour le reste de notre famille : « Au ciel, papa et maman chercheront même sa compagnie. »

Dans une autre église de la rue, il y a un tabernacle de saint Valentin. De jeunes mariés japonais y vont pendant leur lune de miel. Moi, j'y vais. J'ai prié pour l'amour. Si je ne peux pas en recevoir, du moins puis-je en donner. Et si je ne peux vraiment pas en avoir, je peux au moins laisser les autres en avoir. Je vois une ligne tachée traverser notre famille. Comme de la rouille qui coule lentement de plus en plus bas sur un mur. Ma mère ne nous voulait pas. Elle ne s'était pas sentie désirée elle-même. Le poème ne trouve pas d'issue à cela.

The child's soul musters strength
where the holes were torn
but there are no miracles.
even children become exhausted

And how shall they comfort each other
Who have come young to grief?
Who will number the grains of loss
And what would comfort be?

[L'âme de l'enfant se concentre avec force
à l'endroit de la déchirure
mais il n'y a pas de miracles :
même les enfants s'épuisent
Et comment se réconforteraient-ils l'un l'autre
eux qui ont tout jeunes connu la douleur ?
Qui fera le compte de ce qui est perdu
Et quel serait le réconfort ?]

Ce n'est pas le mariage qui l'a épuisée. Elle voulait mon père. C'est la maternité. C'est nous. Mais nous ne l'avons pas fait souffrir. L'amour et la passion l'ont fait souffrir. C'est cela qui les a tous minés : ma mère, et mon père, et Carmel. J'ai réalisé qu'il y avait une gradation de douleur dans leur rapport à l'amour et à la passion que j'avais réussi à accepter, de façon inattendue, à travers mon livre. Pas en l'écrivant, mais en le publiant. Ce qui m'a rendue forte, c'est la chaleur avec laquelle il a été accueilli.

Et, plus mystérieusement, c'est ce qui les a rendus forts, dans mes pensées pour eux. Méritant, comme j'ai commencé à le voir, bien d'autre chose que de la pitié, même si je me suis rappelé des souvenirs qui m'avaient jadis paru terriblement tristes. Maman m'avait demandé un jour de la rencontrer dans un pub au centre de Dublin. Ce genre de souvenirs. J'avais environ dix-huit ans et je vivais dans une chambre meublée. Elle avait trouvé une lettre de Carmel dans la poche du manteau de mon père. Carmel était en Angleterre. « Mes seins sont devenus plus gros », disait une phrase de la lettre. « Tu le verras à mon retour. » Nous étions assises côte à côte à une table couverte de taches et nous regardions la lettre. Que pouvait faire ma mère ? Il n'y avait rien qu'elle puisse faire.

Peu de temps après, elle a été d'accord pour se rendre dans un hôpital psychiatrique pour soigner son alcoolisme. Ni lui ni sa voiture n'étaient là. Je l'ai accompagnée en taxi. Mais nous n'avions pas d'argent pour le taxi. Je suis descendue et l'ai fait attendre devant un mont-de-piété de Marlborough Street, mettant en gage son alliance pour pouvoir payer le taxi. Ce symbole de leur mariage était la seule chose qu'elle possédait qui vaille quelques livres. Mais au moins est-elle morte rapidement. Pensez à Carmel – si malheureuse qu'elle a laissé son fils trouver son corps. Pensez à mon père – incapable de parler à ces deux femmes, ou de parler d'elles. Pensez à la violation de sa vie privée quand maman et moi nous avons lu les choses intimes de sa lettre. Pensez que ses illusions sur lui-même ont souvent été bafouées par ses appétits.

« Mais je ferais la même chose ! » ai-je explosé ce jour-là à l'église. « Je ferais les mêmes choix qu'ont faits ces trois-là ! » Rien ne m'arrêterait dans ma recherche même d'une parodie d'amour. « Pardonne-leur », me suis-je entendue dire en moi-même, « comme tu te pardonnes à toi. Pour ces mêmes raisons qui font que tu te pardonnes. »

Et à ce moment-là – un tout petit instant, mais un

instant véridique –, quelque chose en moi qui avait été agité depuis toujours s'est calmé pour la toute première fois. Je ne me sentais pas soulagée, comme le sont les gens dans les romans. Mais j'ai pensé : pourquoi n'ai-je pas vu cela plus tôt ? C'étaient seulement des gens ordinaires eux aussi.

J'ai entendu répéter la voix du prêtre et celle des enfants – « Lentement maintenant, les enfants ! Lentement ! » – pour s'entraîner à faire la procession en remontant les bas-côtés. Quand ils sont tous arrivés à l'autel assez majestueusement, il a dit qu'ils pouvaient partir, et ils ont couru en passant devant moi, poussant les grandes portes qui grinçaient et claquaient à leur sortie, et puis l'église entière est redevenue silencieuse et vide, il ne restait plus que moi. Je m'apprêtais à partir. Je retourne à ma vie privée maintenant, me suis-je dit. Le truc avec le livre est fini. Il n'a pas trouvé sa fin là où moi je l'avais terminé. L'histoire n'avait pas pris fin dans la neige sur une colline au-dessus de l'Atlantique. N'est-ce pas extraordinaire ? Je n'étais pas responsable. Je n'ai rien contrôlé. Je ne savais pas que pour plus de gens que je n'aurais pu l'imaginer ce compte rendu sur une vie invisible serait une chose qui fleurirait encore et encore. Pas plus que je ne savais que Don était assis tranquillement dans son fauteuil et que, à la fin, ce silence se transformerait en raideur, et qu'il serait parti.

Que puis-je faire d'autre que tenter ma chance ? ai-je pensé de manière incohérente en sortant de la chapelle dans la lumière de midi. Et quoi d'autre encore ? M'occuper de mes dents, écouter le plus de musique possible et continuer. Continuer de travailler sur mes issues de secours pour en finir avec le passé. Continuer d'espérer me frayer un chemin pour arriver ici et maintenant. Être simplement moi-même, comme le chat qui est si parfaitement et inconsciemment un chat, ne sachant pas qu'il mourra un jour. Que puis-je faire d'autre, quand tout est si divers et si loin de moi que m'accrocher et remercier Dieu en qui je ne crois pas des miracles dont Il m'a comblée ?

De la même auteure
chez Sabine Wespieser éditeur :

Chimères, 2003
J'y suis presque, 2005
L'Histoire de Chicago May, 2006. Prix Femina étranger.
Best Love Rosie, 2008
Ce regard en arrière, 2011